suhrkamp taschenbuch
wissenschaft 1373

Der Versuch des Bewußtseins, sich selbst zu beobachten, stößt immer nur auf sozial angelieferte Unterscheidungen; das Bewußtsein trifft sich nicht selbst an, es hat keine privaten Selbstbezeichnungsmöglichkeiten, und wenn es diese Möglichkeiten gäbe, so wären sie nicht kommunikabel. Denn genau dann müßte das Bewußtsein für seine idiosynkratische Selbstbeobachtung Formulierungen finden, die ebendies nicht sein können: singulär.

Dieses Problem wird – mit einigen Vorspielen im 17. und 18. Jahrhundert – im 19. Jahrhundert virulent. Es wird registriert, daß das individuelle Bewußtsein sich in verschiedenen Hinsichten nicht selbst beobachten kann, daß es zumindest zu Teilen für sich selbst intransparent ist. Die folgenreichste Formulierung dieser Entdeckung findet Freud mit seiner Konzeption des Unbewußten, das als das Nichtbeobachtbare schlechthin konzipiert ist und dessen Dann-doch-Beobachtung eine moderne soziale Mythologie ins Leben ruft.

Auch Lacan reagiert auf das Ausgangsproblem der unterbrochenen Selbstreferenz des Bewußtseins. Beide Autoren werden im Blick auf die Ausgangsfrage diskutiert, und ihre Ergebnisse werden dann konfrontiert mit dem, was die Systemtheorie in Luhmannscher Prägung zur Frage der Selbstbeobachtung des Bewußtseins und zur Frage der unterbrochenen Selbstreferenz beisteuern könnte.

Peter Fuchs, geb. 1949, ist Professor an der Fachhochschule Neubrandenburg. Im Suhrkamp Verlag hat er bisher veröffentlicht: *Die Erreichbarkeit der Gesellschaft. Zur Konstruktion und Imagination gesellschaftlicher Einheit* (1992); *Moderne Kommunikation. Zur Theorie des operativen Displacements* (1993); *Die Umschrift. Zwei kommunikationstheoretische Studien* (1995, stw 1216). Zusammen mit Niklas Luhmann: *Reden und Schweigen* (1989, stw 848). Hg., zusammen mit Andreas Göbel: *Der Mensch – das Medium der Gesellschaft?* (1994, stw 1177).

Peter Fuchs

Das Unbewußte in Psychoanalyse und Systemtheorie

Die Herrschaft der Verlautbarung und die Erreichbarkeit des Bewußtseins

Suhrkamp

Bibliografische Information Der Deutschen Bibliothek
Die Deutsche Bibliothek verzeichnet diese Publikation in der Deutschen Nationalbibliografie
http://dnb.ddb.de

suhrkamp taschenbuch wissenschaft 1373
Erste Auflage 1998

Druck: Nomos Verlagsgesellschaft, Baden-Baden
Printed in Germany
Umschlag nach Entwürfen von Willy Fleckhaus und Rolf Staudt
ISBN 3-518-28973-X

2 3 4 5 6 7 – 10 09 08 07 06 05

Inhalt

217 Aufbau von Komplexität im System des Wahns
219 Definition der Psychoanalyse
221 bb. Das Unbewusste
225 „Das multiple Individuum" mit polykontexturalem Bewusstsein und [illegible] Adresse
=> Frauds Modell

234 Restauration von
Universalität

Einleitung

Wenn Theorien zu Schnellzügen avancieren, wird die Arbeit an den theoretischen Grundlagen schwierig. Man klammert sich an die Haltegriffe, wird Schienenschlag für Schienenschlag und Meile für Meile durch unerkundetes Terrain gezogen, der Gegenwind verschlägt einem den Atem, wenn man den Kopf aus dem Fenster zu halten wagt. An jeder Station werden im Vorüberdonnern Wolken von Staub aufgewirbelt, das Land verschwindet, es zischt vorbei. So mögen sich frühe Eisenbahnreisende gefühlt haben, die (im Falle sensibler Beobachtung) schon die Möglichkeit vermißten, das Rasen selber anhalten, selber bremsen, ja überhaupt nur Kommunikation über die bloße Möglichkeit des Anhaltens aufnehmen zu können.[1]

Im Falle der soziologischen Systemtheorie kann sich der Eindruck einstellen, daß ein mächtiger Theoriezug daherbraust, daß auf alle Fälle ein Tempo im Spiel ist, das dazu zwingt, die Maschine, die all das treibt, während der Fahrt, also unter unersprießlichen und irrtumsanfälligen Bedingungen, zu inspizieren.[2] Bei alledem darf der auf die Grundlagen versessene Inspizient nicht einmal in den Fehler des ontologischen Schielens, der ontologi-

1 Vgl. E. Müller, »›Der Einsame, der die Fahrt eines Eisenbahnzuges gestört hat‹. Wahrnehmungs-, Kommunikations- und Bewegungstechniken bei Kierkegaard«, in: B. J. Dotzler und E. Müller (Hg.), *Wahrnehmung und Geschichte. Markierungen zur Aisthesis materialis*, Berlin 1995, S. 43-82. Besonders schön ist der Bericht (die Parabel?) Kierkegaards über diese Kommunikationsschwierigkeiten und darüber, daß der Zug, als er auf offener Strecke hielt, von einer wehenden Gardine gestoppt wurde, durch ein Mißverständnis also, das in den Köpfen der Beteiligten völlig unterschiedliche Assoziationen auslöst, hier Poesie, dort eisenbahntechnische Vorschriften.

2 Die Systemtheorie selbst nutzt solche Bewegungsmetaphern, doch vorzugsweise gekoppelt mit Entfernungen, die das Unterscheidungsvermögen nicht behindern, vielleicht aber das Auflösungsvermögen. Die Metapher vom Flug über den Wolken ist bekanntlich schon Katachrese. Siehe zur Unterscheidung von Auflösungs- und Unterscheidungsvermögen K. Junge, »Zur räumlichen Einbettung sozialer Strukturen. Einleitende Überlegungen zu einer Topologie sozialer Systeme«, Diss., Gießen 1993, Kapitel II.

schen Diplobie (Merleau-Ponty), verfallen. Er hat keinen anderen Gegenhalt als die durch die Beobachtung selbst konstruierte Realität, als seine Unterscheidungen und Bezeichnungen, und er kann nur durch Unterscheidungen und Bezeichnungen unterstellen, daß er es im besten Falle mit sich selbst ontologisierenden (auto-ontologisierenden) Systemen zu tun hat.[3] Und auch dafür hat er keine andere Plausibilität als die, daß er Unterscheidungen trifft und sich deshalb selbst für ein System halten muß, das über Differenzen disponiert und gegenüber Differenzen nicht indifferent ist.[4] Und nicht nur nicht indifferent! Er muß sich selbst für ein differenzbasiertes System halten, für eines, das Unterscheidungen prozessiert und anders nicht zu irgendeiner Form der Beobachtung, des Anderes-Gewahr- und Seiner-selbst-Innewerdens gelangt.

Aber das alles wird ihn kaum überraschen, nachdem unser Jahrhundert alle ontosemantische Behandlung der Welt verabschiedet hat (unbeschadet des Umstandes, daß dieser Satz selbst in der Wiege einer Paradoxie schaukelt). Die Auflösung der Metaphysik der Präsenz ist nachhaltig bekanntgeworden; von der Einsicht in die Beobachtungs- und Unterscheidungsabhängigkeit der Realität (ihrer Konstruktivität, sei sie psychisch, sei sie sozial) blieb niemand verschont. Die Gegenwart löst sich auf in der Verschobenheit (*différance*), die Vergangenheit in einer Virtualität, die doppelt konstituiert ist als Effekt des je verfügbaren Auflösungs- *und* des je verfügbaren Unterscheidungsvermögens. Dazu kommt, daß sich über die Welt nur reden läßt wie über ein Land, das immer hinter dem Rücken des Beobachters liegt. In den Blick fällt nur, was schon geschehen ist, und immer nur das, und wenn man (wie wir Systemtheoretiker immer aufs neue) von Operationen und Beobachtungen spricht, dann ist dieses In-den-Blick-Fallen ein In-den-Blick-Nehmen, das Aufspannen eines

3 Vgl. A. Nassehi, »Wie wirklich sind Systeme? Zum ontologischen und epistemologischen Status von Luhmanns Theorie sozialer Systeme«, in: W. Krawietz und M. Welker (Hg.), *Kritik der Theorie sozialer Systeme. Auseinandersetzungen mit Luhmanns Hauptwerk*, Frankfurt am Main 1992. Vgl. auch P. Fuchs, »Theorie als Lehrgedicht«, Ms., Groß Wesenberg 1997.

4 Also nicht nur Natur! Vgl. F. W. J. Schelling, »Einleitung zu dem Entwurf eines Systems der Naturphilosophie«, in: ders., *Schriften von 1799-1801*, Darmstadt 1982, S. 309.

unterscheidungsdurchsetzten Rahmens, der das, was der Fall zu sein scheint, erst *sein* läßt: als Artefakt der Beobachtung im Modus der Befristung.

Das Intrikate daran ist, daß dies auch für die eben formulierten Beobachtungen gilt: Sie unterliegen dem Gesetz, das sie formulieren, sie fallen unter sich selbst, sie sind paradoxieträchtig, und das ist auch und gerade dann so, wenn die Beobachtungen die Form von (wie immer theoriegeleiteten) Kommunikationen in der Gesellschaft über die Gesellschaft annehmen. Sie erzeugen, genau besehen, wovon sie reden, sie blenden eine Welt auf, die durch ihre Unterscheidungen inszeniert ist und reversibel inszeniert ist.[5] Andere Unterscheidungen (die kommen werden) be*wirken* andere Realitäten, und nur der Umstand, daß alle Unterscheidungen historisch sind (sonst könnte man sie nicht verstehen), verhindert komplette Arbitrarität dessen, was gerade als Realität gelten mag oder nicht.

Die Empfehlung (wie so oft in unserem Jahrhundert) ist – der Sprung.[6] Er führt über den Abgrund zwischen der Konstruktivität der Realität und dem, was man Wirklichkeit nennen möchte jenseits aller Konstruktion, indem er die Konstruktivität real setzt – wenigstens sie, und dann so, daß ihre Produkte als verfestigungs- und bewährungsfähig erscheinen, als viabel oder nicht viabel, als ausgestattet mit Widerständigkeit oder nicht. Etwas (die Evolution der Konstruktionen) wiegt aus, was da erscheint, und verwirft, was zu leicht befunden wird. Was bleibt, konturiert sich als ›harte‹ Komplexion von Konstruktionen, die als Anhaltspunkt des Verwerfens (oder Akzeptierens) noch nicht bewährter Konstruktionen dient, als historische Universalattraktoren, die es nur unter Sonderanstrengungen (zum Beispiel durch Beobachtung mit der Unterscheidung wahrscheinlich/unwahrschein-

5 Daß diese Reversibilität als eine beobachtet werden kann, die sich auf die Vergangenheit beziehen kann, ist eine wichtige (wenn auch selten registrierte) Errungenschaft der Moderne. Siehe (unter dem Stichwort des ›Eingedenkens‹) St. Moses, »Eingedenken und Jetztzeit. Geschichtliches Bewußtsein im Spätwerk Walter Benjamins«, in: A. Haverkamp und R. Lachmann (Hg.), *Memoria, Vergessen und Erinnern* (= Poetik und Hermeneutik, Bd. XV), München 1993, S. 385-405, hier S. 404.

6 Pippi Langstrumpf setzt statt dessen auf die morphogenetische Kraft des Spunks. Diese Figur liegt näher an unseren Argumenten, als die Referenz auf Kinderliteratur erwarten läßt.

lich, also durch Introjektion von ›Erstaunen‹) gestatten, ihre Kontingenz mitzusehen. Der Sprung (als die Negation des nicht negierbaren Chorismos) eröffnet alle denkbaren Zirkularitäts- und Paradoxiemöglichkeiten, aber wenn man sich davon nicht erschrecken läßt, dann landet man als Beobachter an der Stelle, von der aus gesprungen wurde, aber nun als Beobachter von Konstruktionen, als Beobachter von Beobachtungen, der seine Operationen (nach innen, nach außen) mit Kontingenzbewußtsein bzw. Kontingenzkommunikation ausstaffiert.

Die besondere Komplikation dessen, wovon in diesem Buch die Rede sein wird, liegt darin, daß der Beobachter, der den Sprung vollzieht, irgendwie nicht und irgendwie doch in der Gesellschaft landet: Als psychischer Beobachter ist er ihr extern, lärmendes Moment ihrer Umwelt, eine Art gestikulierender und Geräusche produzierender Kaspar, der auf etwas hinblickt, das ihn (im gewissen Sinne träge) beobachtet, jedoch nicht mit seinen Mitteln, sondern mit ganz anderen Operationen; aber gerade weil der Beobachter gestikuliert, redet, gar schreibt, ist er nun doch (aber als das Andere seiner selbst) involviert. Er ist (als Bewußtsein), sagt man, in einem Medium (Sprache, Sinn) strukturell gekoppelt an die Kommunikationen, durch die sich die Gesellschaft betreibt, so wie die Gesellschaft mit dem Bewußtsein (in jenen Medien) verknüpft ist, ohne daß sich die Operationen (Gedanken hier, Kommunikationen dort) überlappen oder auch nur Berührung miteinander haben. Wie immer das im einzelnen funktionieren mag, auf alle Fälle kommt dadurch ein Moment der Unauflösbarkeit ins Spiel: Die Spieler lassen sich kaum trennen, sie sind miteinander verquickt, durchtränken einander auf eine Weise, die bewirkt, daß Bewußtsein nicht ohne Referenz auf Sozialität, Sozialität nicht ohne Referenz auf Bewußtsein ›besprechbar‹ und ›bedenkbar‹ ist.[7] Diese Unauflösbarkeit (unbeschadet der theoretischen Möglichkeit, Systemtypen zu trennen) ist die Crux der soziologischen Beobachtung der Welt: Immer sind beide Weltdomänen (Bewußtsein und Kommunikation) involviert, und nichts findet sich, wovon sich sagen ließe, es sei beobachtbar, ohne daß diese Beobachtung selbst schon unterfüttert wäre durch Effekte beider Domänen.

7 Man kann selbstverständlich sagen, daß man es mit zwei geschlossenen (und durch Schließung offenen) Systemtypen zu tun hat, aber das Sagen selbst partizipiert (parasitiert) an beiden Operationsformen.

Das läuft auf die alte Frage hinaus, ob ein psychischer Beobachter über die Gesellschaft *schreiben* kann oder ob die Gesellschaft sich unter Inanspruchnahme dieses externen psychischen Prozessors selbst (be)schreibt oder durch ihn hindurchschreibt. Schreibt er, schreibt sie? Schreibt *es* so, wie *es* blitzt (Lichtenberg)?[8] Und wer weiß, wenn es geschrieben hat, etwas über die Gesellschaft, sie selbst, einige Bewußtseine, beide Domänen gemeinsam? Zu dieser frühen Neubrandenburger Stunde sind es offenbar meine Finger, die die Tastatur bedienen, aber ebenso werden diese Finger durch die Tastatur gesteuert, spannt sie (und die historische Kommunikationsmaschine) den Rahmen dieser Bedienbarkeit auf. Fraglos hat *sich* etwas gedacht in diesen Augenblicken morgendlicher Stille, aber das, was daran idiosynkratisch und singulär war, erscheint nicht in diesen Zeilen, weil es privat und also inkommunikabel ist; aber diese Zeilen erschienen nicht, wenn nicht dies Idiosynkratische und Singuläre beteiligt wäre, das man mit einem Namen versehen hat, dem ein Ich so lange zugemutet wurde, bis es daran glaubt, eines zu haben, das einzigartig ist, oder in diesem (meinem?) Fall sich halbwegs daran gewöhnt hat, mit dieser Zumutung zu leben.

Wer ist, könnte man fragen, der Beobachter, der in der Gesellschaft über die Gesellschaft redet, obwohl er sie (gesetzt, er sei ein psychisches System) nicht wahrnehmen kann? Er sieht Menschen, Bücher, Bildschirme, Zeichen, er hört sich und andere sprechen, aber er sieht und hört nicht die Gesellschaft.[9] Und wenn man sagt, daß die Gesellschaft in sich über sich selbst redet, so muß man einkalkulieren, daß sie sich so wenig wahrnehmen kann, wie sie irgend etwas wahrnimmt, und dann hat man wieder die Frage: Wer ist der, der dies behaupten kann?

Eine Theorie, ließe sich antworten, die nur deswegen Theorie genannt werden darf, weil sie die Schau auf etwas konstruiert, das sich durch Wahrnehmung nicht fassen, ja nicht einmal kontrollieren läßt[10], eine Form der Beobachtung, die in das Medium al-

8 Siehe zu einer entsprechenden Diskussion der Frage, wer Gedichte schreibt: P. Fuchs und F. Schmatz, *»Lieber Herr Fuchs, lieber Herr Schmatz« — Eine Korrespondenz zwischen Dichtung und Systemtheorie*, Opladen 1997.

9 Und er sieht und hört natürlich auch nicht irgendein anderes Bewußtsein.

10 Der Begriff ›Autopoiesis‹ ist dafür ein bezeichnendes Beispiel.

ler möglichen Unterscheidungen ordnungschaffende Beobachtungsverdichtungen einschreibt, die gerade keine individualisierenden (den Zufall integrierenden) Geschichten sind, sondern kontingenzfest sein sollen, kopierbar und nicht idiosynkratisch.[11] Die Theorie ist der Beobachter, von dessen Unterscheidungen gefordert ist, daß sie sich wechselseitig kontrollieren und damit die Möglichkeit arbiträrer Unterscheidungen ausschließen. Dabei scheint zu gelten, daß nicht nur die Autoren, auf die sie sich zurechnen läßt, die sie betreiben oder von ihr betrieben werden, ihre Reinheit trüben, sondern auch die Sprache (diese historische Maschine), in der sie sich gleichsam bricht, weil jede Unterscheidung mehr mitführt, als die Theorie kontrollieren kann, weil die Form der Kausalität, die die Theorie setzt, in die Turbulenzen unendlich vieler Möglichkeiten anderer Verknüpfung von Ursache und Wirkung gerät.[12]

Dies alles wären Gründe, lieber zu schweigen statt zu reden, es sei denn, man legte sich nicht fest auf Gründe, die für oder gegen etwas sprechen. Man kann ja abwarten, ob das, was gesagt wird, sich ins Medium der Wissenschaft einbetten läßt, so daß darüber mit der Unterscheidung wahr/unwahr disponiert werden kann, oder ob es sich als Form im Medium der Intelligenz bewähren kann, womit die Selbstbeobachtung des Beobachters eingeschlossen ist. Das heißt »Begründungsverzicht und Ersetzung der wissenschaftsüblichen Begründungen durch den autologischen Schluß, durch die Selbsteinordnung in die Welt der eigenen Gegenstände«.[13] Theorie wird damit zur »Formfindungsform«. Und zugleich wird der Maßstab ihrer Bewertung das, was im Englischen *fitness* heißt: ihre Tauglichkeit.[14]

Aber Tauglichkeit hin, Tauglichkeit her! Nichts hindert daran, Zeit, Courage und *fitness* vorausgesetzt, während der Fahrt des

11 Siehe Junge, »Zur räumlichen Einbettung sozialer Strukturen«, a.a.O., S. 150 f.

12 Siehe zu dem hier genutzten Kausalitätsbegriff: N. Luhmann, »Kausalität des Südens«, in: *Soziale Systeme. Zeitschrift für soziologische Theorie*, Heft 1, 1995, S. 7-28.

13 N. Luhmann, »Gibt es ein ›System‹ der Intelligenz?«, in: M. Meyer (Hg.), *Intellektuellendämmerung? Beiträge zur neuesten Zeit des Geistes*, München/Wien 1992, S. 57-73, hier S. 68.

14 Siehe unter Verweis auf J. J. Gibson: E. H. Gombrich, *Das forschende Auge. Kunstbetrachtung und Kunstwahrnehmung*, Frankfurt am Main/New York/Paris 1994, S. 107.

Theoriezuges auf ihm, an ihm, unter ihm herumzuturnen, versuchsweise an diesen oder jenen Schrauben zu drehen, Kupplungen mit einem Hämmerchen abzuklopfen, Störgeräusche zu belauschen und, wie ein Kind im finstern Walde pfeifend, sich auf die Suche nach dem zu begeben, was sich der Theorie entzieht.

Die kalifornischen Pomos sagen, daß das Dekor, das Ornament (diese unendliche und bedrohliche Wiederholung) der Körbe, die sie herstellen, einen Webfehler enthalten muß, eine winzige Auslaßstelle für die Geister, die in den Körben wohnen und eine Fluchtmöglichkeit brauchen. Wehe der Frau, die vergißt, diese Fluchtstelle einzubauen. Sie würde vom Demiurgen zusammen mit dem Geist zum Tode verurteilt.[15]

Nun, dieses Geschick kann uns kaum bedrohen, wir glauben nicht mehr so recht an Geister und Demiurgen oder an die besondere Fähigkeit von Frauen, Auslaßstellen und Webfehler zu schaffen. Aber die Suche nach den Polstersteppunkten (*points de capiton*) der Theorie, den Inflexionsstellen, wo sie sich eindellt in einen für sie nicht mehr erreichbaren Raum, sie bleibt spannend.

Für wen? Für mich jedenfalls, denn dabei entstehen auf alle Fälle seltsame Bücher wie dieses. Vielleicht kann man es eine amplifizierte Invention nennen. Ich selbst nenne es ein Schlingschlangbuch, weil es sich seines Gegenstandes ornamental annimmt.

15 Man kann nicht hoffen, daß der Demiurg mehr als einmal Erbarmen zeigt. Vgl. dazu C. Lévi-Strauss, *Sehen, Hören, Lesen*, München/Wien 1995, S. 157.

»Sobald wir etwas aussprechen, entwerten wir es seltsam. Wir glauben, in die Tiefe der Abgründe hineingetaucht zu sein, und wenn wir wieder an die Oberfläche kommen, gleicht der Wassertropfen an unseren bleichen Fingerspitzen nicht mehr dem Meere, dem er entstammt.«
(Musil, *Törless*)

»›Das Leben ist eine Kettenbrück‹, sagt der eine. – ›Wieso?‹ fragt der andere. – Weiß ich? lautet die Antwort.«
(Freud, Beispiel eines witzig scheinenden Blödsinns)

»Was man nicht erfliegen kann, muß man erhinken.«
(Rückert, zit. nach Freud)

»Ich halte darauf, daß man Theorien nicht machen soll – sie müssen einem als ungebetene Gäste ins Haus fallen, während man mit Detailuntersuchungen beschäftigt ist.«
(Freud, aus einem Brief an Ferenczi)

1. Die Dominanz der Verlautbarungswelt

A. Eine primordiale Fissur

Kommunikation läßt sich, entgegen anderslautenden Annahmen, von außen beobachten. Das scheint sogar ganz einfach zu sein, solange der Beobachter für ein psychisches System gehalten wird, für ein Bewußtsein, das für jede Kommunikation extern ist, weil es immer sehr viel mehr und anderes registriert, als es die Kommunikation mit ihrer eigenen, langsameren Prozeßform kann. Auch Bewußtsein läßt sich, entgegen anderslautenden Annahmen, von außen beobachten. Auch das scheint ganz einfach zu sein, solange der Beobachter für ein Kommunikationssystem gehalten wird, das dem Bewußtsein extern ist und immer sehr viel mehr und anderes in seinen Operationen mitführt, als es ein singuläres Bewußtsein je könnte.

Die Chance der Beobachtung beruht also auf einer doppelten Tautologie: Bewußte Systeme beobachten bewußt, kommunikative Systeme beobachten kommunikativ. Sie überlappen sich nicht in ihren Operationen, sie sind füreinander wechselseitig ›Außen‹ und nur für sich selbst ›Innen‹. Das Ergebnis der wechselseitigen Beobachtung können mithin bewußte Konstruktionen einer sozialen Realität (also zum Beispiel einer Theorie) oder soziale Konstruktionen bewußter Realität sein. Die Schwierigkeit besteht darin, daß die bewußten Konstruktionen entweder ›stumm‹ sind oder kommuniziert werden (und dann sind sie nicht mehr nur bewußt), und daß die sozialen Konstruktionen entweder ›überhört‹ werden oder von informationsverarbeitenden Bewußtseinen vernommen werden (und dann sind sie nicht mehr nur sozial). Die bewußte Beobachtung von Kommunikation, die soziale Beobachtung von Bewußtsein ist an den Preis einer primordialen Verschattung gebunden.[1]

Die Chance externer Beobachtung kann genutzt werden, aber nur unter der Bedingung ihres Mißlingens. Entweder die Effekte der wechselseitigen Beobachtung werden verschwiegen, über-

1 Wofür dann mächtige Begriffe wie ›Entfremdung‹ einstehen. Die Geschichte der Moderne wird häufig unter dem Vorzeichen dieser Verschattung gelesen. Siehe etwa P. Bürger, *Prosa der Moderne*, Frankfurt am Main 1992.

hört, ignoriert – oder sie werden mitgeteilt. Im Augenblick ihrer Verlautbarung wechseln die Beobachtungsergebnisse den Kontext (oder besser noch: die Kontextur)[2]: Sie geraten in den Sog anderer Identitäts- und Differenzbildungsprozesse, in den Sog des sozialen Systems, gleichgültig, was ein Bewußtsein davon halten mag, in den Sog des Bewußtseins, gleichgültig, wie auch immer das von der Kommunikation thematisiert wird.[3] Das ergibt eine seltsame und noch nicht hinreichend analysierte Lage. Das Bewußtsein kann intermittierend weiterdenken, weiterbeobachten, während die Kommunikation läuft, und ganz besonders dann, wenn es nicht kommunikativ engagiert ist, darin liegt sein Vorteil, aber die Kommunikation, die das nicht kann (die das vor allem nicht unbemerkt kann)[4], okkupiert jede mögliche Beobachtung der Welt, die sich auf mehr als nur auf *ein* Bewußtsein bezieht. *Die Verlautbarungswelt, die Welt der Kommunikation, ist entschieden dominant, sie etabliert die einzige Form der Vernehmlichkeit, durch die alles, wovon immer wir wissen, gespült wird, ein Prozeß, der jede Privatheit, jede individuelle Idiosynkrasie vollständig auswäscht, auch dort, wo es um die erdenkbar raffinierteste Kommunikation von Einzigartigkeit geht, in Dichtung und Kunst.*[5]

2 Siehe dazu P. Fuchs, *Die Erreichbarkeit der Gesellschaft. Zur Konstruktion und Imagination gesellschaftlicher Einheit*, Frankfurt am Main 1992.

3 Dafür haben (jedenfalls entsprechenden Kommunikationen zufolge) poetisch gesonnene Psychen in den letzten hundert Jahren eine hohe Empfindlichkeit entwickelt. Siehe dazu den Aufsatz über moderne Lyrik in N. Luhmann und P. Fuchs, *Reden und Schweigen*, Frankfurt am Main 1989, ferner P. Fuchs/F. Schmatz, *»Lieber Herr Fuchs, lieber Herr Schmatz« – Eine Korrespondenz zwischen Dichtung und Systemtheorie*, Opladen 1997. Zu Duchamps gescheitertem Versuch, eigene Intentionen gegen die Kommunikation des Kunstsystems durchzusetzen, siehe P. Fuchs, *Moderne Kommunikation. Zur Theorie des operativen Displacements*, Frankfurt am Main 1993.

4 Sieht man noch genauer hin, kann man erkennen, daß unendlich viel Kommunikation ›hinter‹ jedem einzelnen Bewußtsein abläuft, abgelaufen ist, ablaufen wird und insofern nicht vom einzelnen Bewußtsein bemerkt werden kann. Aber wie und wo immer auch Kommunikation stattfindet, es sind immer irgendwelche Bewußtseine involviert.

5 Siehe Luhmann/Fuchs, *Reden und Schweigen*, a.a.O.

Das ist unter anderem bemerkenswert, weil die komplett symmetrische Ausgangslage (zwei differente, geschlossene Systemtypen: Bewußtsein/Kommunikation) in eine starke Asymmetrie kippt: Ein zu Bewußtsein und Kommunikation externer Beobachter sähe kein Bewußtsein, sondern nur abgestimmte Verhaltenspromulgationen, die auf Kommunikation schließen lassen.[6] Diese Asymmetrie jedenfalls erzeugt das Problem, daß die Fremdbeobachtung von Kommunikation durch das Bewußtsein zwar möglich, aber im Moment ihrer Kommunikation unmöglich ist (obwohl sie bewußt immer weiter laufen kann). Wenn wir uns auf den Fall psychischer Beobachtung von Kommunikation beschränken, dann heißt das, daß die psychische Beobachtung von Kommunikation entweder mit psychischen Unterscheidungen operiert – oder kommuniziert wird, also soziale Unterscheidungen und Bezeichnungen benutzt, und in der Regel wird das Bewußtsein seine Prozesse schon abgestimmt haben auf ebendieses Erfordernis.[7]

Vielleicht kann man sich hier auf das Paradox verständigen, daß die bewußte Beobachtung von Kommunikation möglich *und* unmöglich ist. Diese Paradoxie blockiert nämlich nicht, wenn sich beobachten läßt, wie sie zu Formbildungen führt, in unserem Fall zur Spiegelung der Unterscheidung von Kommunikation und Bewußtsein in eine Seite der Unterscheidung hinein, in das Bewußtsein. Kommunikation und Bewußtsein werden kommunikativ *und* bewußt unterschieden, sie kommen doppelt vor, sie unterscheiden sich noch einmal auf beiden Seiten ihrer Unterscheidung. Die Unterscheidung ist *re-entry*-mächtig.[8]

Der bewußte Unterscheider, der sich und die Kommunikation

6 Die Ausnahme wäre sicherlich Gott oder jede metaphysische Instanz, die auf die Seelen und das, was ihnen zustößt, zugleich durchgreift.

7 Insofern sind Ausnahmen instruktiv. Vgl. dazu die Studie über Autismus in: P. Fuchs, *Die Umschrift. Zwei kommunikationstheoretische Studien*, Frankfurt am Main 1995.

8 Sie ist es auch in dem Sinne, daß sie auf jeder Seite ihrer Unterscheidungsunterkopien *re-entry*-fähig bleibt. Die Unterscheidung von Kommunikation und Bewußtsein kann auf der Seite der Kommunikation wiederum unterschieden werden, und dies ist der Ansatzpunkt für die Möglichkeit sehr subtiler Analysen. Die folgenden Überlegungen lassen sich im übrigen auf die Kommunikation ebenfalls anwenden, vor allem darauf, wie Kommunikation Bewußtsein beobachtet.

unterscheidet, kann Kommunikation bezeichnen und zum Ansatzpunkt weiterer Informationsverarbeitung machen, mithin: Kommunikation beobachten. Die Operation, die dies tut, bleibt jedoch *Operation des Bewußtseins, bleibt also in jedem erdenklichen Sinne kommunikationsextern.* Die bewußte Operation, die Kommunikation bezeichnet, kommt nicht bei Kommunikation an, sondern wird von einer nächsten (hierauf achtenden, bewußten) Operation als eine beobachtet, die sich und Kommunikation intern unterscheidet und Kommunikation bezeichnet im Modus der Andersheit.[9] *Das eigene Medium (die andere Seite der Unterscheidung) fällt dabei an: Es ist das Bewußtsein, das die Kommunikation mit seinen Mitteln konstruiert. Das Bewußtsein entdeckt sich an dieser Konstruktion.*[10] *Es kann sich durch internes* crossing *selbst bezeichnen, selbst bemerken.* Es kann dies nicht ohne die Unterscheidung von Kommunikation und Bewußtsein, die es vollzieht, es kann dies nicht ohne die andere Seite seiner selbst, die es intern bearbeitet; aber wenn das *crossing* gelingt, dann registriert sich das Bewußtsein (mit Mitteln, die der Kommunikation abgelauscht sind) als das unsagbar Fremde, Nichtsprachliche, Quirlige, Dämonische, das – sich auf sich selbst richtend – sich selbst nur als Gegenstand, als Etwas, also tatsächlich nicht beobachten kann.[11] *Die Imagination der Differenz ist die Bedingung der Möglichkeit der sozialen Externität des Bewußtseins und damit der bewußten Möglichkeit, Kommunikation zu bezeichnen – vom Bewußtsein her, also nicht in Kommunikation verwickelt, wie sehr sich auch Bewußtsein (wenn es sich darüber zu äußern beginnt) erneut und unaufhebbar in Kommunikation verstrickt.*

Die Äußerung, die Verlautbarung ist Moment der Autopoiesis

9 Siehe zum theoretischen Hintergrund N. Luhmann, »Die Autopoiesis des Bewußtseins«, in: *Soziale Welt* 36, 1985, S. 402-446.

10 Deswegen wird in der Kommunikation mit Kleinstkindern Bewußtsein angekurbelt durch die kommunikative Unterstellung, das Kleinstkind habe Bewußtsein, das es erst anhand der Unterstellung gewinnt. Darauf komme ich umfangreich zurück.

11 Der Zenbuddhismus (wie die Mystik, die wir aus Europa kennen) ist der Versuch, durch das Löschen jeglicher, also auch dieser Differenz dieses Problem zu unterlaufen. Siehe dazu die Aufsätze über Mystik und Zenbuddhismus in: Luhmann/Fuchs, *Reden und Schweigen*, a.a.O.

von Gesellschaft, Moment also von Kommunikation, aber sie kann die Spur, den Schatten (und manchmal die Aura) jener externen Fissur des Bewußtseins nicht löschen, das Anwesen dieser besonderen Abwesenheit nicht tilgen.[12] Wenn im Gegenzug Kommunikation Bewußtsein bezeichnet (als Individuum, Subjekt, Person, als psychische Irritation, als kommunikative Adresse etc.), dann stützt sie sich schon ab auf den Effekten jener primordialen Fissur, darauf, daß das Bewußtsein sich intern an seiner internen Unterscheidung von Kommunikation entdeckt.

B. Hinc illae lacrimae

Wir übersehen asketisch, wie (oder gar durch welche Leute?) die absolute Dominanz der Verlautbarungswelt entdeckt wurde. Es genügt hier, den Befund festzuhalten, daß jene große Erzählung, die das Bewußtsein, das Subjekt, das Individuum die Welt konstituieren ließ, zu einer ›raunenden Beschwörung des Imperfekts‹ verkommen ist.[13] Das Bewußtsein wird (auch in der Theorie, die sich hier abspult) als relevante Lärmquelle beobachtet, die, was immer sie für sich selbst sein mag, ihre eigentliche Epiphanie in ihrem Jenseits hat: in der sozialen Welt, die vom Bewußtsein immer nur das versteht, was sie versteht, also das Nichtprivate, das Nichtidiosynkratische.[14] Statt also geistesgeschichtliche Traditionen zusammenzuschauen, die den Verlust jener großen Erzählung beklagen oder feiern oder einfach nur konstatieren, stel-

12 In unserem Theoriekontext würden wir genau hier von Interpenetration reden. Mit Bedacht habe ich hier Referenz auf Walter Benjamin, *Das Passagenwerk* (M 16 a, 4), in: *Gesammelte Schriften*, Bd. 5, Frankfurt am Main 1992, S. 560 genommen: »Die Spur ist die Erscheinung einer Nähe, so fern das sein mag, was sie uns hinterließ. Die Aura ist die Erscheinung einer Ferne, so nah das sein mag, was sie hervorruft.«

13 Es gibt sie aber doch noch, die großen Erzählungen. In einem gewissen Sinne ist das Werk von Niklas Luhmann (insbesondere: *Die Gesellschaft der Gesellschaft*, Frankfurt am Main 1997) ein Beleg dafür. Zu diesem gewissen Sinn vgl. P. Fuchs, »Theorie als Lehrgedicht«, Ms., Groß Wesenberg 1997.

14 Deshalb ist ja die Frage, ob das Bewußtsein in dieser sozialen Ausgewaschenheit mehr ist als der verdichtete Punkt eines sozialen Geplappers.

len wir die bizarre Frage, woher ein Bewußtsein weiß, daß es ein Bewußtsein hat?[15]

Eine Antwort haben wir gegeben: Es weiß sich anhand dessen, was es in sich selbst als nicht es selbst registriert, anhand jener Einspiegelung der Unterscheidung von Bewußtsein und Kommunikation in das Bewußtsein. Aber hier ist schon viel Theorie vorausgesetzt, und man könnte es sich einfacher machen, indem man sagt, daß es ihm gesagt worden ist, daß es ein Bewußtsein ist oder hat. Es könnte sich nicht einmal bezeichnen (also unterscheiden), wenn ihm nicht mitgeteilt wäre, daß es sich unterscheidet. Seine Selbstbeobachtung ist aus fremder Quelle gespeist, aus den Ressourcen und Sedimenten vergangener Kommunikation. Formal gesprochen, ist die Einheit, die sich als Bewußtsein beobachtet, die Differenz von Bewußtsein/Nichtbewußtsein im Bewußtsein. Die Konstitution der Eigensphäre ist gebunden an die immer mitgeführte Gegenseite der Form.[16]

Damit läßt sich die Frage danach, woher ein Bewußtsein weiß, daß es ein Bewußtsein hat, in einer Weise beantworten, die alle alltäglichen Evidenzen vernichtet: Der Selbstzugang des Bewußtseins ist sozial, er ist an die Verlautbarungswelt geknüpft, er unterliegt dieser besonderen Herrschaft. *Was wir vom Bewußtsein (und vor allem: von unserem je eigenen Bewußtsein) wissen, steht unter dem Regime der Kommunikation. Man könnte formulieren: Das Subjekt* (hypokeimenon) *des Bewußtseins ist die verlautbarte Welt, das Bewußtsein ist heterotopisch*. Die Innenseite der Form Bewußtsein verfügt über Eigenbezeichnungs- und Unterscheidungsleistungen durch die eingespiegelte Außenseite, und was an der Innenseite unaufhebbar privat ist, bleibt ununterschieden und unbezeichnet, es sei denn, der Versuch wird unternommen, ebendies Private zu unterscheiden und zu bezeichnen;

15 Daß diese Frage nicht trivial ist, habe ich in der Studie über japanische Kommunikation (in: Fuchs, *Die Umschrift*, a.a.O.) zu zeigen versucht.

16 Das ist eine Erklärung dafür, daß nach den Nachrichten, die wir davon haben, Bewußtseine ganz unterschiedliche Vorstellungen über sich entwickeln: dichte Vorstellungen, die an Begriffe wie Subjekt, Ich, Identität etc. geknüpft sind, oder andere, die es auf- und hinüberlösen in die Domäne des All-Einen und Ununterschiedenen. Und keine der diachron und synchron variierenden Nachrichten über das Bewußtsein verfügt, soweit ich sehe, über eine Superplausibilität.

aber genau das läuft über die interne Imagination der Außenseite.[17] Und daß dies so ist, verlautbare ich gerade – irgendwie im Kontakt mit jener bewußten Internität, aber unfähig, nur etwas von dem, was sich da tut, zu äußern, zu unterscheiden, zu bezeichnen, ohne jene dominante Externität, die Kommunikation genannt wird. Hinc illae lacrimae jener absoluten Entfremdung.

Das mag in dieser Schärfe und Härte eine schmerzliche Einsicht sein, aber sie eröffnet die Möglichkeit einer Frage: Wenn sich das Bewußtsein in der Welt der Verlautbarung nicht erreichen läßt, ohne von dieser Welt Gebrauch zu machen, dann könnte man die Aufmerksamkeit richten auf den Wiedereintritt der Unterscheidung von Bewußtsein und Kommunikation ins Bewußtsein und sich konzentrieren auf die interne Gegenseite der Kommunikation. Das heißt (unter unseren theoretischen Maßgaben) gleichzeitig, zu beobachten, wie im *re-entry* der Unterscheidung von Kommunikation und Bewußtsein in die Kommunikation das Bewußtsein erscheint. Damit wird eine Doppelaufmerksamkeit erzwungen, die immer sehen muß, wie Kommunikation im Bewußtsein und wie Bewußtsein in der Kommunikation traktiert wird, eine Doppelaufmerksamkeit, die nach Koinzidenzen fahndet in einem Kopplungsgeschehen, das Kausalitätszurechnungsmöglichkeiten tilgt, vergleichbar dem Bilde vom Strom und vom Flußbett, in dem sich nicht entscheiden läßt, durch wen die Spur gepflügt wird: durch das Wasser oder durch die Widerständigkeit bzw. Weichheit der Erde.[18]

Die Epiphanie des Bewußtseins im *re-entry* der Unterscheidung von Bewußtsein und Kommunikation kann auf einfache, sie kann auf schwierige Weise bearbeitet werden. Die einfache Weise geht der Frage nach, in welchen Formen, Metaphern, in

17 Und heute: über die Konstrukte der Psychologie, insoweit sie das Unbewußte voraussetzt. Vgl. im übrigen für viele zum Topos, daß das Denken das Außen denkt und sich nicht selbst erreicht, M. Foucault, *Die Ordnung der Dinge. Eine Archäologie der Humanwissenschaften*, Frankfurt am Main 1971, S. 390 f.

18 Siehe zu diesem Bild J. Ruesch und G. Bateson, *Kommunikation. Die soziale Matrix der Psychiatrie*, Heidelberg 1995 (1968), S. 19. Statt dieses Bildes könnte man sich auch an die Komplementarität von Piagets Begriffspaar *Assimilation* und *Akkommodation* erinnern oder an die Welle-Teilchen-Dualität oder an die Komplementaritätstheorie von Bohr.

welcher historisch variierenden Semantik die Kommunikation Bewußtsein bezeichnet, wie also in ihr über es so gesprochen wird, daß es sich diesen Bildern vermutlich anbequemt und analoge Selbstbeschreibungen entwickelt. Es wird also beobachtet, wie die Kommunikation Bewußtsein beobachtet.[19] Die Notate der Beobachtung können dazu genutzt werden, die Variation der kommunikativen Bilder vom Bewußtsein mit gesellschaftsstrukturellen Veränderungen zu verbinden und zum Beispiel zu prüfen, wie der Übergang von der stratifizierten Gesellschaftsordnung zur funktionalen Differenzierung auch die Kommunikation über das Bewußtsein verändert.

Die schwierigere Version der Bearbeitung richtet sich auf die Frage, wie die Fissur, die primordiale Verschattung, selbst beobachtet wird. Das hängt zweifellos mit dem ersten einfacheren Weg zusammen, insofern nur die eine Möglichkeit existiert, Kommunikation zu beobachten, durch die das Bewußtsein beschrieben wird, und nicht die Möglichkeit, zu beschreiben, wie das Bewußtsein selbst jenen fundamentalen *re-entry* vollzieht und beobachtet. Die Einschränkung (und damit die besondere Schwierigkeit) besteht darin, Fälle zu finden, in denen diese primordiale Verschattung eine isolierbare Rolle spielt, Fälle also, in denen es um die andere Seite der Form Bewußtsein im Bewußtsein geht und nicht nur um die Semantiken, mit denen das Bewußtsein im Laufe der Zeit auf sehr unterschiedliche Weise bezeichnet wurde.

In der Logizität unseres Argumentes kommen als Phänomenbereiche nur die Fälle in Frage, in denen das Bewußtsein an der Kommunikation von Idiosynkrasien (seiner Privatheit, der Innenseite der Form) scheitert und dies so bezeichnet, daß in der Verlautbarungswelt relativ stabile und anschlußfähige Formen darauf bezogener Kommunikation generiert werden.[20]

19 Und dabei kann sogar die Phänomenologie so beobachtet werden, als wolle sie nicht gerade durch die Epoché die Sedimente dieser kommunikativen Beobachtung wegräumen, um zu den Dingen selbst zu gelangen; aber in unserem Ansatz ist ja schon ausgemacht, daß sie die Ergebnisse ihrer subtilen Beobachtungen auf alle Fälle kommuniziert (sonst wüßten wir nichts davon), und damit unterliegt auch sie dem Gesetz der Verlautbarung: Sie redet über Bewußtsein, und bei alledem spricht nicht ein Bewußtsein.

20 Siehe als erste Versuche die Studien über Zenbuddhismus und Mystik

C. Das Idiosynkrasieproblem des Bewußtseins

Zunächst ist einleuchtend, daß das Bewußtsein einiges kann, was Kommunikation nicht kann. Zumindest ist ihm auch dies gesagt worden. Es verfügt zum Beispiel über die Funktion der Wahrnehmung, über die Kommunikation nicht verfügt, wiewohl sie Wahrnehmungen in ihrer relevanten Umwelt laufend voraussetzt.[21] Sie ist infrastrukturell darauf angewiesen, daß jemand etwas sieht, hört, riecht, spürt, und sie muß (ebendies ist mit dem Wort ›infrastrukturell‹ gemeint) diese Voraussetzung nicht explizit machen. Sie läßt sich in gewisser Weise indirekt von Welt ›durchfluten‹, die anderswo wahrgenommen wird, ohne daß Kommunikation selbst irgend etwas wahrnimmt. Gewiß kann sie Wahrnehmungen thematisieren, die Richtigkeit von Wahrnehmungen bestreiten, über die Qualität eines Grau mit purpurfarbenem Schimmer reden, über schmerzhaftes Neonlicht, scharfe Gerüche, wummernde Kanonenschläge und hell klingende Lieder; aber kaum bestreitbar ist, daß bei alldem ein dies wahrnehmendes Bewußtsein unterstellt ist.

Wahrnehmung als exklusive Bewußtseinsfunktion ist mithin *prinzipiell individuell, idiosynkratisch und privat, obgleich sie intern eine weithin gerade nicht idiosynkratische, nichtprivate, nichtindividuelle Welt errechnet.*[22] Sie fällt unter das allgemeine Gesetz der dominanten Verlautbarungswelt: Keine Operation

in Luhmann/Fuchs, *Reden und Schweigen*, a.a.O., die Studien über Autismus und japanische Kommunikation in Fuchs, *Die Umschrift*, a.a.O.

21 Wichtig ist, daß nicht nur das menschliche Bewußtsein Wahrnehmungen benutzt. Auch Tiere und Pflanzen haben diese Möglichkeit, ohne (obgleich darüber nichts Sicheres auszumachen ist) über ein Bewußtsein zu verfügen, und genauer noch: ohne jene primordiale Verschattung, ohne jenen *re-entry* der zentralen Unterscheidung, dessenthalben menschliche Wahrnehmung für Kommunikation relevant ist und nur selten die eines Hundes, eines Delphins, einer Spinne, einer Benjamini-Pflanze oder gar einer Katze. Für die weiteren Überlegungen sehr anregend war für mich D. Baecker, »Kommunikation über Wahrnehmung«, Ms., Bielefeld 1993.

22 Genau das könnte der Unterschied zur Wahrnehmung der Tiere und Pflanzen sein.

des Bewußtseins kann kommuniziert werden, wie immer aufwendig der Versuch dazu unternommen werden mag. Genau deshalb wissen wir nicht einmal, ob es jene individuelle, idiosynkratische und private Welt gibt. Denn auch dies wird nur gesagt, auch hierüber liegen nur Verlautbarungen vor, in denen kommunikative Schemata wirksam sind, die zum Beispiel zwischen ›individuell‹ und ›allgemein‹ unterscheiden. Und noch schärfer: *Nicht einmal das einzelne Exemplar eines Bewußtseins kann für sich selbst überprüfen, ob es in irgendeiner Weise idiosynkratische und private Bestandteile hat. Es steht – sich selbst beobachtend – sich selbst mit sozial angelieferten Unterscheidungen gegenüber*[23]*, und dort, wo das nicht der Fall wäre (aber von diesem Fall könnten wir nichts wissen), wäre es sprach- oder zumindest unterscheidungslos, identisch ohne jede Differenz und deshalb weder identisch noch different. Damit es bemerken kann, daß es idiosynkratisch ist, benötigt es schon die andere Seite, die nichtidiosynkratische Seite der Unterscheidung. Und eben von dieser Seite her läßt sich die Gegenseite nicht bezeichnen, es sei denn paradox: als Bezeichnung des Nichtbezeichenbaren.*

Die Rede also davon, daß Wahrnehmung idiosynkratisch, individuell, privat sei, kann nicht selbst ontologisch genommen werden, sondern bezieht sich auf die Differenz zwischen Kommunikation und Bewußtsein. Für die Kommunikation gilt, daß sie nicht wahrnimmt und daß deshalb jeder Versuch scheitern muß, Wahrnehmungen kommunikativ zu prozessieren. Von der Kommunikation aus gilt das Idiosynkrasietheorem absolut, denn keine Macht der Welt öffnet die Geschlossenheit des Bewußtseins. Im Bewußtsein jedoch zeigt sich die Dominanz der Verlautbarungswelt daran, daß es im Rahmen seiner internen Unterscheidung von Bewußtsein/Kommunikation die Abweichung, die es darstellt, die Idiosynkrasie, als die es sich empfinden mag, mit den Mitteln beobachtet, die der Kommunikation abgewonnen sind.[24] Es ist selbstbezeichnungsfähig in der Form einer *méconn-*

23 Dieses sozial angelieferte Unterscheidungspotential ist das, was man mit Lacan *connaissance* nennen könnte. Vgl. E. Ragland-Sullivan, *Jacques Lacan und die Philosophie der Psychoanalyse*, Bd. 1, Weinheim/Berlin 1989, S. 17.

24 So daß es keine ›kommunikationsfreie‹ oder, in einer Wendung Derridas, ›textfreie‹ Psyche gäbe. Siehe J. Derrida, *Die Schrift und die Differenz*, Frankfurt am Main 1989 (4. Auflage), S. 306.

naissance, einer primordialen (unauflöslichen) Verirrung. Oder nicht?

Ist die Rede von jener *méconnaissance*, jener Verkennung und Verirrung, selbst ein Irrtum? Zwingt die Dominanz der sozial angelieferten Unterscheidungen, die Dominanz der Verlautbarungswelt dazu, ein verkanntes, entfremdetes Original zu unterstellen?

Die Frage ist, ob es sich überhaupt lohnt, von Primordialität, von Verkennung, von ursprünglicher Entfremdung zu sprechen.[25] Das sind gewiß glanzvolle Wörter, aber sie implizieren, es gebe ein Schisma des Beginns, einen Uranfang der Innenseite der Unterscheidung von Bewußtsein und Kommunikation im Bewußtsein, oder es gebe überhaupt ein Etwas, das verkannt, entfremdet werde, eine Art Eigentlichkeit, die durch die Uneigentlichkeit der Sozialität gebrochen, deformiert und unkenntlich erscheint und über die sich trefflich (und wiederum: kommunikativ) spekulieren läßt. Das Bewußtsein wäre unter diesen Voraussetzungen ein Behälter, der sich selbst und das Andere gleichsam im eigenen Material enthält, und dieses Andere würde das Original überwuchern und sehr oft einfach auslöschen, aber die Sehnsucht stünde nach dem Original, dem bei sensiblen Beobachtern alle Leidenschaft der Selbstaufmerksamkeit gilt. Und da es sich entzieht, kann man es möglicherweise indirekt entdecken: indem man das Unbewußte konstruiert und Königswege sucht, auf denen sich wenigstens die Verschattungen des Originals beobachten lassen.[26]

Aber genau dies ist einer der bedeutsamen Fälle, an denen wir unsererseits die soziale Konstruktion der primordialen Fissur rekonstruieren können, hoch selektiv, das versteht sich, in experimenteller Haltung und auf Vollständigkeit des Zitierensmöglichen nicht im mindesten bedacht.[27] Diese bestimmte Rekon-

25 Der Akzent liegt auf ›sich lohnen‹. Und ich meine damit: ›sich wissenschaftlich lohnt‹. Daß das Problem, von dem ich rede, ein Daueranlaß für die Produktion literarisch und philosophisch anspruchsvoller Texte ist, wird nicht bestritten.

26 Wir könnten auch sagen, daß wir eine Anamorphose schräg zu beobachten suchen. Siehe dazu anregungsreich S. Žižek, *Mehr-Genießen. Lacan in der Populärkultur* (= Wo Es war 1), Wien 1992.

27 Vielleicht sollte angemerkt werden, daß auch diese Studien sich in das Projekt der Umschrift einordnen wie die Studien in Fuchs, *Die Um-*

struktion kümmert sich nicht darum, ob die Psychoanalyse recht und irgendein sinnvolles Modell für die Domäne des Psychischen anzubieten hat, sondern nur darum, was eigentlich geschieht, wenn auf ausgesprochen hohem Niveau das Bewußtsein bei seiner Selbstbeobachtung beobachtet wird.

schrift, a.a.O. Hinweisen möchte ich darauf, daß die Absicht der vorliegenden Studie es erfordert, sich im wesentlichen an Freuds Texten zu orientieren, an seinen Texten und nicht an Texten über ihn. Hilfreich war in diesem Zusammenhang I. Grubrich-Simitis, *Zurück zu Freuds Texten. Stumme Dokumente sprechen machen*, Frankfurt am Main 1993.

II. Die Beobachtung des Unbewußten

Wie immer die Ausstattung eines neugeborenen Menschen intern sein mag, wie er wahrnimmt, was er wahrnimmt, ob er überhaupt wahrnimmt (im Sinne der Frage, ob man überhaupt wahrnehmen kann, ohne zu bemerken, daß man es tut) oder ob er nicht ›nur‹ ein im Raum und Zeit verteiltes Leuchten, Lärmen, Schmerzen ist, sich selbst nicht von anderem unterscheidend, es wird jedenfalls nur wenige geben, die geneigt sind, anzunehmen, das Neugeborene verfüge schon über Bewußtsein und sei sich, wenn auch nur rudimentär, seiner selbst inne.[1] Das macht es über alle Maßen interessant, sich nach seinem Kopfzustand zu fragen, nach dem Modus einer Wahrnehmung, die nicht bewußt ist, die nichts ist als eine Verkettung von Operationen, die der Welt keinen Sinn entnehmen, die den aktuellen Aufmerksamkeitskern noch nicht in einen Horizont anderer Möglichkeiten rücken.[2] Diese bloße Verkettung bietet noch kein Quartier für Bedeutungszuweisungen, vor allem nicht für Antizipation, es gibt nichts weiter als den

1 Alltäglich merkt man das daran, daß niemand geneigt ist, Selbstreferenz beim Neugeborenen zu unterstellen. Noch macht man Eiteitei; wenige Monate später wird das Kind an die Kommunikation als Prozessor angeschlossen, indem man ihm Verstehen und Mitteilungsabsichten ansinnt, obwohl es noch nicht ›spricht‹.

2 Vielleicht eine kleine Geschichte, die dies verdeutlicht: »›Dich gibt es nicht‹, sagte Kippenbeck zu Gott. ›So? Und warum nicht?‹ ›Ein Gott würde nie zulassen, was hier auf der Erde geschieht.‹ Gott lachte. ›Es ist euer Spiel. Ich schaue nur zu.‹ ›So wie wir beim Eishockey?‹ ›Mhm, so ungefähr. Vielleicht denke ich mir neue Spielregeln aus – aber ihr haltet euch ja doch nicht dran. Die Bibel war schon ganz gut, oder?‹ ›Dich gibt es nicht‹, sagte Kippenbeck. Da verwandelte Gott ihn in einen Maulwurf – der nur hell und dunkel unterscheiden kann – und setzte ihn in ein Kino. Das Licht ging aus, gezeigt wurde *Batman*, Teil III. Aber das wußte der Maulwurf nicht: Er sah nur helle und dunkle Flächen, die zuckten und tanzten, miteinander verschmolzen und sich wieder trennten. ›Das ist ja phantastisch!‹ rief der Maulwurf. ›Ja, jetzt glaube ich, daß es dich gibt!‹ Gott lachte, er hatte den Film gar nicht gedreht ...« Nh., »Kippenbeck und das Kino«, in: *Ente. Schülerzeitung des Theodor-Mommsen-Gymnasiums zu Bad Oldesloe*, 1997, S. 45.

Durchsatz von Wahrnehmungen ohne irgendeine Möglichkeit sinnvoller Bezeichnung.[3]

Der Beobachter sinnt dieser Für-sich-selbst-noch-nicht-Unterschiedenheit nichtkognitive Formen der internen Beschaffenheit an. Er kann sich zum Beispiel die Vorstellung machen, da drinnen sei ›Begierde‹ und ›Begehren‹[4], eine an fundamentale Lebensbedürfnisse geknüpfte, aber durch kein Zeichen besetzte, also freie, mithin besetzbare Intentionalität, die, konfrontiert mit der Welt, also mit der Zeit, einen für das Individuum in seiner Morphogenese nicht mehr einsehbaren Paramount seiner Operationen erzeugt und irgendwann die bewußte Idee einer Urauthentizität, die hat verletzt, die hat verfehlt werden können.[5]

Dies ist, scheint mir, eine im Kern vollständige Beschreibung des Unbewußten, und wenn man sie akzeptiert, dann kann man die Unzahl der auf das Unbewußte bezogenen Theorien ordnen

3 Siehe aber zu dem Sonderfall archaischer Gesellschaft: P. Fuchs, »Die archaische Second-Order Society. Paralipomena zur Konstruktion der Grenze der Gesellschaft«, in: *Soziale Systeme* 2, 1, 1996, S. 113 bis 130. Siehe zum Parallelproblem der Informationstechnologie: ders., »Kommunikation mit Computern? Zur Korrektur einer Fragestellung«, in: *Sociologia Internationalis* 29, 1, 1991, S. 1-30. Wieder gilt im übrigen, daß wir dies alles nicht wissen außer dadurch, daß die soziale Welt Unterscheidungen liefert, die sich darauf beziehen, daß etwas Anzeichen von Selbstreferenz (Anzeichen des *re-entry* der Unterscheidung von Selbst/Nichtselbst in der Einheit, die sich dann als Selbst beschreibt) zeigt oder nicht zeigt. Es ist völlig klar, daß niemand sinnvolle Aussagen darüber machen kann, ob und wie sich ein Stein von innen anfühlt (abgesehen davon, daß man zwar sinnvolle, aber keinesfalls in irgendeinem ontologischen Sinne zutreffende Aussagen darüber machen kann, wie sich ein Bewußtsein von innen anfühlt). Niemand weiß, wie es ist, dergleichen zu sein. Aber ich kann auf diesen Stein einreden wie Mephistopheles selbst, er promulgiert kein Verhalten, das ich als die Kundgabe von invisibler Selbstreferenz zu begreifen vermöchte oder von irgend jemandem so beobachtet werden könnte. Er entspricht keiner sozialen Beschreibung, die dies zuließe. Er präsentiert, so könnte man auch sagen, keine Anhaltspunkte für die Unterstellung von Intentionalität.

4 Siehe zu einer besonderen Betonung dieses Aspekts: P. Ricœur, *Die Interpretation. Ein Versuch über Freud*, Frankfurt am Main 1974 (Original: Paris 1965).

5 Vgl. E. Ragland-Sullivan, *Jacques Lacan und die Philosophie der Psychoanalyse* I, Weinheim/Berlin 1989, S. 17.

nach solchen, die die entscheidenden Ereignisse dieser Morphogenese vorzugsweise in psychischer Systemreferenz abhandeln, und nach solchen, die den Verlust des Originals an die soziale Introjektion sozialer (also nicht originärer) Unterscheidungen knüpfen. Jene setzen ein wie immer opakes, präkognitives Subjekt voraus, das inskriptions- und dabei gleichsam selbstver- und bearbeitungsfähig ist[6]; diese machen das Subjekt zum sozialen Artefakt. Beide Theorietypen werden für uns interessant, wenn und insoweit sie sich auf die Form des Bewußtseins richten, also auf die Innen/Außen-Unterscheidung im Innen und nicht nur (aber genau das findet sich auf dem Weltmarkt der Psychologie sehr oft) auf die einfache Innen/Außen-Unterscheidung.[7]

A. Das Problem bei Sigmund Freud

Das umfangreiche Werk Sigmund Freuds, die gewaltig ausufernden Folgen dieses Werkes in einer vornehmlich durch ihn psychisch reizbar gewordenen Gesellschaft, der Umstand, daß seine Beobachtungstechnik aus den Bezirken der Wissenschaft hinübergeglitten ist in alltägliche soziale Operationen (kaum jemand beobachtet andere Menschen nicht so, als ob sie sich in gewissen Hinsichten nicht selbst beobachten könnten), schließlich die Vielzahl der Anschlüsse, Interpretationen, Kommentare – all dies macht es außerordentlich schwierig, aus diesem Werk und seiner Wirkungsgeschichte (diesem besonderen strittigen Überlieferungsgeschehen) einen Faden herauszupräparieren, der durch das Nadelöhr unserer Fragestellung paßt.[8]

6 Diese Voraussetzung erklärt die Verallgemeinerbarkeit dieser Ansätze: Jeder oder nahezu jeder tritt mit dieser Ausstattung an. Zugleich erklärt sie die Differenz, die Abweichung im empirischen Fall: Über den Zufall und die Unverwechselbarkeit der Kombination der Ereignisse, die einem Subjekt zustoßen. Auch darauf komme ich umfangreicher zurück.

7 Insbesondere Freud, mit dem wir uns eingehend beschäftigen werden, ist in einem geradezu unglaublichem Maße vereinfacht worden. Siehe als ein Beispiel für viele: Ch. T. Eschenröder, *Hier irrte Freud. Zur Kritik der psychoanalytischen Theorie und Praxis*, München 1989.

8 Siehe als einen ersten vorbereitenden Versuch die Studie über Psychoanalyse in: N. Luhmann/P. Fuchs, *Reden und Schweigen*, Frankfurt

Man könnte sogar meinen, daß die Frage nach der Beobachtung der primordialen Fissur gar nicht auf Antworten aus Freuds Theorie hoffen darf, weil es in ihr doch offenkundig um die Unterscheidung *Bewußtsein/Anderes im psychischen System (also einer umfassenderen Einheit)* geht.[9] Für die erste Topik ist diese Einschätzung evident, wir finden distinkte psychische Gruppen; aber auch die zweite Topik (das Strukturmodell) faßt das Unbewußte als ein System in einem System.[10] Das Besondere der Freudschen Theorie und deren Sprengkraft besteht ja gerade darin, daß sie das Bewußtsein aus der Zentrallage nimmt und das psychische System (den psychischen Apparat) ausstattet mit psychischen Instanzen oder Provinzen, die nicht bewußt operieren.[11] Das Seelische (das Psychische) formiert sich aus Elementen, die sich dem Bewußtsein entziehen.[12] Also, so scheint es, befaßt sich Freud nicht mit der ›Selbstspaltung‹ des Bewußtseins. »Das Unbewußte«, sagt er, sei »das eigentlich reale Psychische, *uns nach seiner inneren Natur so unbekannt wie das Reale der Außenwelt, und uns durch die Daten des Bewußtseins ebenso unvollständig gegeben wie die Außenwelt durch die Angaben unserer Sinnesorgane.*«[13]

am Main 1989. Von unserer besonderen Fragestellung her hoffen wir, die Diskussion um Freud doch »auffrischen« zu können, und zwar anders als H. Wasser, »Psychoanalyse als Theorie autopoietischer Systeme«, in: *Soziale Systeme. Zeitschrift für soziologische Theorie* 2, 1995, S. 329-350, hier S. 330.

9 Vgl. für viele Stellen in: Sigmund Freud, *Gesammelte Werke* (im weiteren zitiert als GW), Frankfurt am Main 1986 (8. Auflage), Bd. X, S. 266 (»Das Unbewußte«). Ich komme darauf zurück.

10 Das ist cum grano salis zu verstehen, wie ich weiter unten zeigen werde.

11 Vgl. zur Vorgeschichte des psychischen Apparates (zum sprachlichen Apparat, den wir aus Freuds Aphasiestudien kennen): S. Goeppert und H. Goeppert, *Sprache und Sprachanalyse*, Hamburg 1973, S. 19 ff. Daß dieser Sprachapparat vor dem psychischen analysiert wurde, wird wiederum interessant, wenn wir später die Rolle von Kommunikation untersuchen.

12 Vgl. als besonders nachdrückliche Darstellung GW, Bd. XI, S. 14 (*Vorlesungen zur Einführung in die Psychoanalyse*). Siehe auch GW, Bd. II/III, S. 616 (*Die Traumdeutung*).

13 Ebd., S. 617 f. Hervorhebung im Original. Es ist aber nicht von ungefähr, daß Freud der inneren Wahrnehmung größere Chancen der

Immerhin, diese so oft zitierte Textstelle hebelt das Bewußtsein nicht ganz aus seiner klassisch dominanten Position.[14] Unterschieden wird offenkundig zwischen einem inneren Innen und einem inneren Außen, zwischen einem Innen, das sich der internen Beobachtung durch das Bewußtsein entzieht, und einem Außen, das innen nicht vollständig repräsentiert wird.[15] Das Bewußtsein wird, wenn es erlaubt ist, so paradox zu formulieren, *ausgestattet mit einem Mangel.*[16] Es ist die prinzipiell defizitäre Instanz der Gegebenheit von irgend etwas. Es markiert die Bruchlinie zwischen zwei internen terris incognitis, und es ist zugleich dasjenige, was einzig bekannt ist.[17] Und es ist die

Korrektur einräumt als der äußeren. Er geht dabei sehr seltsam mit Kant um. Vgl. Bd. X, S. 270 (»Das Unbewußte«). Aber wir brauchen hier ja auch nicht hervorzuheben, daß die Freudsche Theorie des Unbewußten die Transzendentalphilosophie Kants aushebelt.

14 Das zeigen auch die aus Aufklärung und Spätromantik übernommenen Metaphern der Dunkelheit und des Lichtes. »Auf irgendeinem der dunklen Wege hin zu dem offiziellen Bewußtsein hat mich der Tod des Alten sehr getroffen«, schreibt Freud (Brief an Fliess vom 2. 11. 1886, zit. nach U. Hoffmann-Richter, *Freuds Seelenapparat. Die Geburt der Psychoanalyse aus dem Wiener Positivismus und der Familiengeschichte Freuds*, Bonn 1994, S. 68. Im übrigen rangiert Freud seine Beobachtung des Bewußtseins in eine Stellung zwischen Marginalisierung und Zentralrolle (bezogen auf herkömmliche Theorien) ein. Siehe GW, Nachtragsband, S. 403. Drei Seiten vorher erklärt er, »daß jede psychologische Theorie außer den Leistungen von naturwissenschaftlicher Seite her noch eine große Anforderung erfüllen muß. Sie soll uns erklären, was wir auf die rätselhafteste Weise durch unser ›Bewußtsein‹ kennen.«

15 Zugleich wird ein Beobachter eingeführt, das ›uns‹, das alles andere als nur rhetorisch fungiert. Wir kommen später beim ›Ich‹ darauf zurück. Im übrigen präludiert diesem ›uns‹ das ›Wir‹ Hegels in der *Phänomenologie des Geistes.*

16 Dieser Figur des Mangels korreliert, systemtheoretisch gesehen, die Idee der Fülle und die Notwendigkeit, diese Fülle einzuschränken: Selektion also statt Supplementierung. Vgl. (ohne den direkt systemtheoretischen Bezug) B. Waldenfels, *Phänomenologie in Frankreich*, Frankfurt am Main 1983, S. 507.

17 Freud sagt selbst, daß er deswegen darauf verzichten muß, für die Bestandteile des psychischen Systems eine Nomenklatur zu wählen, die das Wort ›bewußt‹ vermeidet, weil er die Instanz der Unterscheidung (das Bewußtsein) unabdingbar benötigt. Sie stellt den »Aus-

Instanz, die der (Selbst)Beobachter auf den Mangel hin beobachtet.

Die Figur des Mangels aber rechtfertigt es, die Theorie Freuds auf unser Problem zu beziehen. Denn auch unsere theoretischen Vorüberlegungen gingen über den Topos eines Ursprungsverlustes, über den Mangel der Möglichkeit des Bewußtseins, sich als Original zu beobachten.

1. Die Verzeitlichung der Verräumlichung

Vielleicht kann man vorläufig sagen, daß Freud das nichtbewußt Psychische am Bewußtsein beobachtet, also ebenfalls in die Falle einer in die Beobachtungsoperation eingebauten, quasi strukturellen *méconnaissance* gerät, weil in keiner Operation des Bewußtseins andere als bewußte Operationen vorkommen. Diese Falle zwingt die Theorie in eine Verräumlichung[18]: Sie muß das Bewußtsein als intern differenzierte Zentralinstanz aufgeben und ein psychisches System postulieren, in dem nichtbewußte Vorgänge (»psychische Gebilde«) auf eine Weise zirkulieren, die das Bewußtsein kausal beeinflussen. Die Instanzen des psychischen Systems treten in der ersten und der zweiten Topik auseinander, das psychische System ist plural organisiert und läßt sich nicht über die Funktion des Bewußtseins unifizieren. Die Theorie löst das Problem der Unmöglichkeit der bewußten Beobachtung des Nichtbewußten, indem sie sich ›topologisiert‹.[19]

gangspunkt aller unserer Untersuchungen« dar. Vgl. GW, Bd. X, S. 271 (»Das Unbewußte«).

18 Von Falle und Zwang reden wir hier, weil wir die Theorie beobachten. Das schließt nicht aus, daß die Lösung Freuds, die Augmentation des psychischen Systems, sinnvoll ist oder die Annahme eines autopoietisch geschlossenen Bewußtseinssystems bei uns sinnlos.

19 Man wird scharf darüber nachdenken müssen, ob Topologisierung, Verräumlichung, nicht immer ein Indiz dafür ist, daß Theorien auf Paradoxien auflaufen. Für mich ist jedenfalls bezeichnend, daß der Einbau des Spencer-Brownschen Kalküls in die Systemtheorie die Metaphorik der Räumlichkeit verstärkt hat oder zumindest das Raummißverständnis forciert. Differenzierung wird vorwiegend räumlich erläutert, und nicht, wie es naheläge, dadurch, daß bestimmte Kommunikationen mit höheren Gedächtnislasten ausgestattet werden.

Das ist Freud selbst nicht verborgen geblieben.[20] Er weist die »rohe« Vorstellung psychischer Lokalitäten zurück.[21] Sie sind Modelle der Veranschaulichung, die man aus diesem Grunde beibehalten darf, die aber dynamisiert, das heißt: verzeitlicht werden müssen.[22]

»Wenn wir also sagen, ein unbewußter Gedanke strebe nach Übersetzung ins Vorbewußte, um dann zum Bewußtsein durchzudringen, so meinen wir nicht, daß ein zweiter, an neuer Stelle gelegener Gedanke gebildet werden soll, eine Umschrift gleichsam, neben welcher das Original fortbesteht; und auch vom Durchdringen zum Bewußtsein wollen wir jede Idee einer Ortsveränderung sorgfältig ablösen. ... Für diese Gleichnisse setzen wir ein, was dem realen Sachverhalt besser zu entsprechen scheint, daß eine Energiebesetzung auf eine bestimmte Anordnung verlegt oder von ihr zurückgezogen wird, so daß das psychische Gebilde unter die Herrschaft einer Instanz gerät oder ihr entzogen ist. Wir ersetzen hier wiederum eine topische Vorstellungsweise durch eine dynamische; nicht das psychische Gebilde erscheint uns als das Bewegliche, sondern dessen Innervation.«[23]

Die Verzeitlichung, die Freud vorschlägt, ist ungemein komplex. Er arbeitet mit dem Bild einer Übersetzung, für die kein Original vorliegt.[24] Es gibt keinen Urtext, keine authentische Ausgabe,

20 Ich gestehe, daß dies einer der Gründe ist, derenthalben mich Freud fasziniert. Er ist einfach großartig.

21 Freud. GW II/III, S. 615 (*Die Traumdeutung*). Dort findet sich auch die Rede von der ›Umschrift‹, die mich zum Titel einer meiner Arbeiten (*Die Umschrift. Zwei kommunikationstheoretische Studien*, Frankfurt am Main 1995) inspiriert hat. Siehe dazu auch J. Derrida, *Die Schrift und die Differenz*, Frankfurt am Main 1989 (4. Auflage), S. 316, mit Referenz auf einen Brief Freuds an Fliess (vom 6. 12. 1896). Siehe zur Verräumlichung auch die Skizze des Strukturmodells in GW, Bd. XV, S. 85 (*Neue Folge der Vorlesungen zur Einführung in die Psychoanalyse*). Vgl. auch GW, Bd. XIII, S. 252 (*Das Ich und das Es*). Auch dort ist die Zurücknahme der räumlichen Assoziationen explizit

22 Auch das damit verbundene Problem, eine Ordnung der Simultaneität (des Nebeneinanders in der Aktualität) in die Form des Nacheinander verzerren zu müssen, ist Freud bekannt. Siehe GW XVII, S. 136 (*Abriß der Psychoanalyse*).

23 GW, Bd. II/III, S. 615 (*Die Traumdeutung*).

24 Ich beziehe mich hier auf die Analyse bei Derrida, *Die Schrift und die Differenz*, a.a.O., S. 323 f., der, wenn ich es recht sehe, die Fußnote

zu der sich die »Umschrift« gesellen könnte, die dann ihrerseits umgeschrieben würde auf eine dritte Fassung des Originals. Das Bewußtsein erfährt nicht etwas über verborgene Deponate oder ihm unzugängliche Engagements. Es kreiert sich paradoxerweise als ›originale Reproduktion‹. Es findet sich, folgt man Freud an dieser Stelle, kein Durchschimmern von Vor-Schriften, sondern einzig die Operation, in der ein Sinn sich zum ersten Mal niederschlägt, dessen Sekundarität, ›Nachträglichkeit‹[25], dessen Verschoben-Sein keine irgendwie noch präsente Garantie aus der Vergangenheit mitführt. Nirgends ist das Konservat zu entdekken, mit dem jene ›originale Reproduktion‹ vergleich- und abgleichbar wäre.

Das ist ein seltsames und faszinierendes Ergebnis, aber so abenteuerlich nicht, daß es nicht gelingen könnte, zwischen dieser Verzeitlichung und den spezifischen Zeitannahmen moderner Systemtheorie eine starke Ähnlichkeit zu entdecken.[26] Die Zeit der Autopoiesis sozialer und psychischer Systeme als ereignisbasierte Zeit ist ja gerade durch die *différance* (im genauen Derridaschen Sinne) gekennzeichnet, durch die Form eines immerwährenden Aufschubes, der Niemals-(beobachtbaren-)Originalität jeder Aktualität. Dabei ist dieser Aufschub kein Teil des Prozesses selbst, er ist *metaphysisch par excellence*.[27]

auf der hier analysierten Seite nicht mit ins Kalkül zieht, die sich auf GW, Bd. X, bezieht, dort insbesondere auf S. 300 (»Das Unbewußte«). Festgehalten wird an der Aufgabe der Erhaltung verschiedener Niederschriften desselben Inhaltes; geändert wird durch Referenz auf Sprache.

25 Siehe zur frühen Einführung des Motives der Nachträglichkeit: S. Freud, *Briefe an Wilhelm Fliess 1887-1904*, hg. von J. M. Masson, Frankfurt am Main 1986, S. 147.

26 Wenn sie überhaupt sinnvoll sein kann, müßte eine ernsthafte systemtheoretische Rekonstruktion der Freudschen Theorie hier ansetzen: an dieser Zeitlichkeit, an dieser Strukturdetermination.

27 Vgl. zu dieser Temporalität Fuchs, *Die Umschrift. Zwei kommunikationstheoretische Studien*, Frankfurt am Main 1995 (das Kapitel über die Kommunikationsmaschine, das ja nicht zufällig auf Derrida rekurriert); ders., »Vom Zeitzauber der Musik. Eine Diskussionsanregung«, in: D. Baecker (Hg.), *Theorie als Passion*, Frankfurt am Main 1987, S. 214-237; ders., »Die soziale Funktion der Musik«, in: W. Lipp (Hg.), »Gesellschaft und Musik. Wege zur Musiksoziologie«, in: *Sociologia Internationalis*, Beiheft 1, 1992, S. 67-86. Aus-

Freud jedenfalls formuliert in der zitierten Passage das Problem einer fundamentalen Unbeobachtbarkeit: *Der Text des Bewußtseins ist kein Palimpsest, er ist undurchlässig, und das nicht etwa, weil er intransparent oder opak wäre, sondern weil sich unter ihm, neben ihm, hinter ihm nichts befindet, das als irgendwie noch präsente Urschrift oder Umschrift von Urschriften oder Umschriften von Umschriften erfaßt werden könnte.* Dies genau, so wollen wir behaupten, ist das Problem Freuds.[28] Sein Verfahren kann nur das der »bewußten Beobachtung« sein, die sich (raffinierte Kautele, auf die ich zurückkommen werde) auf die »abnormen seelischen Vorgänge bei anderen« richtet[29], aber dieses Beobachtungsinstrument selbst unterliegt dem Gesetz einer durchlaufenden, nie fixierbaren Verschiebung, deren ursprünglicher (oder umgeschriebener) Ort nicht erhalten ist. Dies mag, aber darauf kommen wir zurück, einer der Gründe sein, warum das System des Unbewußten (der Primärvorgang generell) *zeitfrei* angesetzt ist.[30]

gangstexte zu solchen Zeitanalysen sind natürlich N. Luhmann, »Die Autopoiesis des Bewußtseins«, in: A. Hahn und V. Kapp (Hg.), *Selbstthematisierung und Selbstzeugnis: Bekenntnis und Geständnis*, Frankfurt am Main 1987, S. 25-94; ders., »Zeit und Handlung – eine vergessene Theorie«, in: *ZfS* 8, 1979, S. 63-81.

28 Wir wollen das behaupten für Freuds Theorie auf ihren reflexiven Höhepunkten und natürlich im Blick auf das Nadelöhr, durch das wir sie ziehen. Freuds Theorie hat nicht immer und an allen Stellen diese Schärfe, aber angesichts der Komplexität des Problems muß man sich nicht darüber wundern.

29 Das sagt er gelegentlich der Diskussion der »Gradiva«, GW, Bd. VII, S. 120 f. Vgl. auch GW, Bd. X, S. 264 (»Das Unbewußte«): »Wie sollen wir zur Kenntnis des Unbewußten kommen? Wir kennen es *natürlich nur* als Bewußtes ...« (Hervorhebung von mir).

30 GW, Bd. X, S. 285 f. (»Das Unbewußte«). Man wird sich daran erinnern, daß die Einführung von Zeit schon einmal eine zentrale frühe Theoriestelle besetzte, in: S. Freud, »Entwurf einer Psychologie«, in: ders., *Aus den Anfängen der Psychoanalyse, 1887-1902. Briefe an Wilhelm Fliess*, Frankfurt am Main 1962. Die Wahrnehmungsneuronen, deren Funktion es ist, die Quantität in Qualität zu transformieren, haben die Eigenschaft der Periodizität. Vgl. auch Ricœur, *Die Interpretation*, a.a.O., S. 89.

Was zur Verfügung steht, ist das Bewußtsein. »Wie sollen wir«, fragt Freud, »zur Kenntnis des Unbewußten kommen?«[31] Und warum ist es überhaupt »notwendig« und »legitim«, Annahmen über ein Unbewußtes zu machen? – Das zentrale Argument ist in immer neuen Variationen geknüpft an die Figur des Mangels, der Lücke, der Beobachtung des fundamental Unbekannten.

»Die Psychoanalyse macht eine Grundvoraussetzung, deren Diskussion philosophischem Denken vorbehalten bleibt, deren Rechtfertigung in ihren Resultaten liegt. Von dem, was wir unsere Psyche (Seelenleben) nennen, ist uns zweierlei bekannt, erstens das körperliche Organ und Schauplatz desselben, das Gehirn (Nervensystem), andererseits unsere Bewusstseinsakte, die unmittelbar gegeben sind und uns durch keinerlei Beschreibung nähergebracht werden können. Alles dazwischen ist uns unbekannt, eine direkte Beziehung zwischen beiden Endpunkten unseres Wissens ist nicht gegeben. Wenn sie bestünde, würde sie höchstens eine genaue Lokalisation der Bewusstseinsvorgänge liefern und für deren Verständnis nichts leisten.«[32]

Das Verhalten der Menschen läßt sich nicht immer, ja meistens nicht durch Bewußtseinsdaten vollständig erklären. Das Bewußtsein ist offensichtlich ›lückenkonfiguriert‹.[33] Es bezeugt nicht alles, was in uns, und schon gar nicht das, was in anderen vorzugehen scheint.[34] Wenn man versucht, zu beobachten, was das Bewußtsein beobachtet, wird man (sofern man auf Konsistenz, Komplettheit etc. Wert legt) enttäuscht. Ob es um Fehlleistungen, Träume, Zwangserscheinungen, um Intuitonen geht, deren Zustoßen man nicht erklären kann, oder um Resultate des Denkens, deren »Ausarbeitung uns verborgen geblieben ist«, immer stellt sich die Nötigung ein, die Lücken zu »interpolieren«.[35]

31 GW, Bd. X, S. 264 (»Das Unbewußte«).

32 GW, Bd. XVII, S. 67 (*Abriß der Psychoanalyse*).

33 Zu diesem Begriff: P. Fuchs, *Moderne Kommunikation. Zur Theorie des operativen Displacements*, Frankfurt am Main 1993, S. 38 ff.

34 GW, Bd. X, S. 265 (»Das Unbewußte«).

35 Ebd. Die Metapher des Interpolierens ist in jedem Sinne aufschlußreich. Sie setzt sich fort im Argument der Tauglichkeit: Das Schließen der Lücke (diese Hypothesen) erzeugt einen »Gewinn an Sinn und Zusammenhang«, und schon das ist ein »vollberechtigtes Motiv«.

Sobald sich das Bewußtsein auf sich selbst richtet, entdeckt es diesen Interpolierungszwang: Es muß sich selbst auffüllen (supplementieren) oder irgendwie aufgefüllt werden.[36] Der wissenschaftliche Beobachter (Freud) kommt nicht an die Strategien dieser Selbstkomplettierung heran, wiewohl dies schließlich sein Ziel sein wird; er muß Annahmen über die Ressourcen machen, aus denen sich die Auffüllung speist, und diese Quelle kann nicht das lückenkonfigurierte Bewußtsein selbst sein.

Die Lösung ist berühmt und berüchtigt: Das Psychische ist nicht nur das Bewußte. Das, was dem Bewußtsein bekannt wird, ist nur ein Bruchteil dessen, was durch psychische Operationen betrieben, bewirkt, in Gang gesetzt oder für das Bewußtsein inszeniert wird. Die Ursache alles dessen, was auf das Bewußtsein einwirkt, ohne daß es direkten Zugriff darauf hätte, ist selbst psychisch, aber genau nicht: bewußt. Das psychische System ist in Instanzen, Provinzen, Domänen differenziert, die allesamt psychisch sind (gleich welche Namen sie im Verlauf der Freudschen Theoriearbeit annehmen). Der geniale Kunstgriff besteht in dieser Extension dessen, was als psychisch aufgefaßt werden kann, und in dieser Differenzierung, die es gestattet, innerpsychische Einheiten zu isolieren und sie zugleich als interagierend zu denken. Die Freudsche Kränkung der Autonomie des Menschen ist identisch mit der Extension des Psychischen, mit einer Erweiterung also statt mit einer Einschränkung.[37]

Das zeigt sich daran, daß Freud den Zugewinn durch die Extension als Behebung eines hergebrachten Beobachtungsdefektes beschreibt. Psychische Zustände sind prinzipiell nur dem Selbstbeobachter zugänglich, andere psychische Beobachter erreicht

Vgl. auch GW, Bd. XVII, S. 81 (*Abriß der Psychoanalyse*), dort mit den Metaphern der Lücke, der Ergänzung und der Übersetzung. Ebenda auch das Eingeständnis, daß das Problem darin besteht, daß der Beobachter *sich beobachtet*. Vgl. auch ebd., S. 126 f.

36 Das ist vollkommen richtig, wie wir sehr viel später sehen werden. Es supplementiert unentwegt. Und die Frage ist nur, wo dieses Füllmaterial her bezogen und mit welchen Strategien es plausibilisiert wird: intern und extern. Zur Metapher des Auffüllens vgl. ebd., S. 82 (*Abriß der Psychoanalyse*). Wir werden später sehen, daß das Instrument des Lückenfüllens die Phantasie, insbesondere die Urphantasie, ist.

37 Siehe zur Abfolge der großen Kränkungen GW, Bd. XII, S. 7 ff. (»Eine Schwierigkeit der Psychoanalyse«).

man nur per analogiam: Wir schließen, sagt er, von uns auf andere Menschen, denen wir (aus Verhalten schlußfolgernd) ein Bewußtsein unterstellen, wie wir es haben. Wir projizieren Selbstreferenz auf Einheiten, deren »Benehmen« uns »verständlich« erscheinen soll. Und es ist diese Technik, diese Inferenztechnik, die sich eingeschliffen hat. Wir identifizieren Seelisches an anderen Menschen, interpretieren es, beurteilen es, füllen Erklärungslücken auf, ›erzeugen‹ konsistente Arrangements, aber wir sind es nicht gewohnt, diese Technik des Schlußfolgerns auf uns selbst anzuwenden.[38] Aber ebendies wird möglich, wenn man die Selbstrepräsentanz des Beobachters für unvollständig erklärt: Er muß (unter der Voraussetzung eines erweiterten psychischen Systems) Inferenzprozesse über sein Innenleben laufen lassen, wie er es in der Beobachtung der Anderen gewohnt ist.[39] Und entdeckt sich dabei als Fremder und die nicht bewußten, psychischen Anteile seines psychischen Systems, als gehörten sie zu einem Anderen.[40] Auch hier gilt: Hinc illae lacrimae einer absoluten Entfremdung. Fortan ist die These, daß der Selbstzugang des

38 Die Umkehrung führt in die Paranoia: Wir beobachten, daß wir beobachtet werden, und sobald aus bestimmten Gründen das Wissen des Beobachters überschätzt wird, prägen sich paranoide Strukturen aus. Das ist der »Mißbrauch eines im Normalen sehr häufig gebrauchten psychischen Mechanismus der Verlegung oder Projektion. Bei jeder Veränderung haben wir die Wahl, ob wir eine innere oder äußere Ursache annehmen wollen. Wo uns etwas von dem inneren Vorgang abdrängt, werden wir natürlich zum äußeren greifen. Zweitens sind wir gewöhnt, daß unsere inneren Zustände (durch den Ausdruck der Gemütsbewegung) den anderen verraten werden. Das ergibt den normalen Beachtungswahn und die normale Projektion.« Vgl. Freud, *Briefe an Wilhelm Fliess 1887-1904*, a.a.O., S. 109, Manuskript H.

39 GW Bd. X, S. 267 ff. (»Das Unbewußte«). Diese Figur ist im Kern soziologisch, und sie ist wundersam kühn. In der Linie unseres Arguments wird später liegen, daß die Anwendung dieser sozial gelernten Inferenztechnik auf das sich selbst beobachtende Bewußtsein die ›Inhalte‹, die Formen und Motive der Fremdbeobachtung (der Kommunikation) auf sich projiziert oder in sich selbst einbaut.

40 Ebenda mit der vollkommen logischen Diskussion der Anschlußfrage, ob es dann Sinn mache, ein doppeltes, mehrfaches Bewußtsein zu unterstellen, mit dem Ergebnis, daß die dabei auftretenden Paradoxien (infiniten Regresse) umgangen werden können durch die Annahme, es gebe unbewußte psychische Akte.

Menschen fundamental blockiert ist. Er ist nur indirekt, nur via Inferenz, ohne Durchblick auf das Original, möglich. Die Extension der Psyche bietet im Blick auf diesen Befund nur einen Trost: Im Verlust des Selbstzuganges gewinnt man sich als terra incognita.[41]

3. Aber was für ein System, um Gottes willen?

Jene Extension und Binnendifferenzierung ist, wie wir schon wissen, von eigentümlicher Form. Die Theorie arbeitet sie aus in Metaphern des Raumes, die von der gleichen Theorie bestritten und verzeitlicht werden. Aber die Verzeitlichung zieht die Metaphorik der Schrift heran (Derrida), die dann, wie man heute sagen könnte, eine neue Verräumlichung einführt, zum Beispiel über die Differenz der Bahnungen, der Einschreibungen, der Spuren, durch die die interne Wahrnehmung virtualisiert wird. Die Bilder (die Repräsentanzen) sind nirgends gelegen, ein Apparat entwirft sie, der selbst nicht psychisch ist.[42] Das System (und die Systeme, in die es zerlegt ist) hat keine psychische Qualität. Es ist eine Zusammenschaltung von Projektoren, nicht die Projektion, und als Zusammenschaltung ist es »räumlich ausgedehnt…«, »zweckmässig«, den »Bedürfnisse(n) des Lebens« angepaßt.[43]

Dieses System ist gegenüber jeder Beobachtung geschlossen.[44] Es ist als Realität abgeriegelt gegen jede Erkennbarkeit, weil die

41 Oder, moderner formuliert: die sattsam nachgewiesene Möglichkeit, endlos unabschließbare Kommunikation zu betreiben.

42 Siehe zu der von Freud sehr geschätzten Metapher des optischen Apparates GW, Bd. II/III, S. 541 und S. 616 (*Die Traumdeutung*); Bd. XVII, S. 67 (*Abriß der Psychoanalyse*). Zur allmählichen Umarbeitung der Metapher bis hin zum Wunderblock vgl. Derrida, *Die Schrift und die Differenz*, a.a.O. Die Vorstellung, daß die Systeme selbst nicht psychisch sind, ist außerordentlich interessant. Sie läßt sich beziehen auf die Sinnfreiheit der Operationen erster Ordnung. Vgl. Fuchs, *Die Umschrift*, a.a.O. Deutlicher Ausdruck dieser Freudschen Vorstellung ist die Idee, daß niemand es mit Trieben, sondern jeder es nur mit Triebrepräsentanzen zu tun hat.

43 GW, Bd. XVII, S. 126 (*Abriß der Psychoanalyse*).

44 Das System ist nicht geschlossen gegen die Zufuhr von Energie. Das wird weiter unten wichtig werden. Vgl. jedenfalls GW, Bd. XIII, S. 30 (»Jenseits des Lustprinzips«).

Beobachtungsinstrumente an Unterscheidungen aus der Wahrnehmungswelt gebunden sind, also an die Projektionen des Systems, also wiederum an eine fundamentale *méconnaissance* von der Form des Theorems, daß das Auge sich nicht selbst sehen kann, es sei denn: als Bild.[45] Die einzige Technik, dennoch etwas darüber aussagen zu können, ist die der Schlußfolgerung, deren Formulierung an Begriffe der Wahrnehmung geknüpft ist (mithin prinzipiell ›verkennt‹, was sie sagt) und deren Nützlichkeit sich im Auf- und Ausfüllen der Lücken, des Mangels bewußter Wahrnehmung erschöpft. Einerseits ist es legitim, ja gar nicht vermeidbar, das Bewußtsein als mangelhaft zu begreifen und ihm deswegen einen Hintergrund des nichtbewußt Psychischen zu verschaffen, das den Mangel supplementiert; andererseits ist der Zugang zum nichtbewußt Psychischen blockiert. Was dort, darinnen, drüben geschieht, kann nur im Modus der Indirektheit, des Interpolierens besprochen werden. Dadurch wird eine Ontologie des psychischen Systems ausgeschlossen.[46]

Die Rede vom System ist aber nur dann sinnvoll, wenn der Beobachter eine Einheit errechnen kann, in der sich das System reproduziert, eine Einheit, die die Schnitte interner Differenzierung verkraftet, weil sie diesseits und jenseits der Schnitte immer noch dem System zugerechnet werden kann und nicht irgendeinem Weltsachverhalt. Die Einheit des Systems ist aber (entsprechend der Aussage, daß das System selbst nichts Psychisches ist) doppelt konstituiert. Sie muß, könnte man in unserer Terminologie sagen, unbeobachtet *und* beobachtet vorkommen, oder auch als *signifiant und signifié*, wenn man auf andere Anschlußmöglichkeiten Wert legt.

45 Ebd.

46 Sie setzt sich (wie wir auch als Systemtheoretiker wissen) hinterrücks durch, in der Sprache oder (bei Freud) in der Notwendigkeit der Veranschaulichung. Es bleibt deshalb nötig (und geziemt sich auch so), Freuds Theorie vollständig zu rezipieren, um sich dessen zu vergewissern, daß es Freud nicht um eine Ontologie ging. Im Prinzip sagt er nur: »Es gibt Psychisches«, und er wählt damit dieselbe Form, die Luhmann wählt, wenn er sagt: »Es gibt Systeme!«

a) Die Energie und die entscheidende Differenz

Die unbeobachtete Einheit des psychischen Systems ist die Erregung, die Energie, die Kraft, der Trieb. Sie ist keiner Hermeneutik zugänglich, ist sinn- und sprachfrei.[47] Sie ist die nackte »Quantität«. Irgendeine Form ihrer Selbstbeobachtung wäre mystisch, ihre Beobachtung durch Bewußtseinsakte unmöglich.[48]

Immer wieder wurde dieses Konzept in den Horizont der Quasi-Physikalität der Freudschen Theorie und ihrer Zeitverhaftetheit eingeordnet.[49] Das Modell einer Strömung, einer Energie, wird als Manko der Theorie behandelt, seine allmähliche Transformation in ein dezidiert (also rein) psychologisches Modell begrüßt oder gefordert, die Entwicklung der Theorie insgesamt als Versuch der Loslösung vom physikalischen Konzept aufgefaßt.[50]

47 Wir würden sagen: Sie ist die schiere Operativität erster Ordnung.

48 Vgl. GW, Bd. XVII, S. 152 (»Ergebnisse, Ideen, Probleme«): »Mystik, die dunkle Selbstwahrnehmung des Reiches ausserhalb des Ichs, des Es.« Vgl. dazu, daß sehr viel später Schopenhauer als Ahnherr vereinnahmt wird, wenn es um jene Unbeobachtbarkeit geht: GW., Bd. XII, S. 12 (»Eine Schwierigkeit der Psychoanalyse«). Der Trieb ist im übrigen, um das Freudsche Leitmotiv zu benennen, das Bedürfnis nach Wiederholung eines nicht mehr erreichbaren Originals. Vgl. GW, Bd. XIII, 61 ff.

49 Siehe Hoffmann-Richter, *Freuds Seelenapparat*, a.a.O., als ein Beispiel auch für die dabei anfallenden Naivitäten. Natürlich war Freud auf der Höhe der Diskussion der Zeit im Blick auf Energetik, aber sein Konzept modifiziert den Energiebegriff erheblich und stellt eine Umkehrung der etwa für Helmholtz typischen Sichtweise dar. Auch wenn Breuer von Freud als der Erfinder/Entdecker dieser psychischen Energie namhaft gemacht wird, so unterscheidet sich doch seine Behandlung des Problems entschieden von Breuers Einschätzung. Vgl. dazu J. Laplanche und J. B. Pontalis, *Das Vokabular der Psychoanalyse*, Frankfurt am Main 1994 (12. Auflage), S. 132 f.

50 Prominent etwa bei Ricœur, *Die Interpretation*, a.a.O., S. 82 ff. et passim. Derrida, *Die Schrift und die Differenz*, a.a.O., dagegen sieht in den Frühformen des Modells (im »Entwurf«) die Exposition eines Problems, das seine erstaunliche Lösung im Modell des Wunderblocks findet, und bewundert Freuds erstaunliche Kontinuität im Durchhalten seiner Fragen.

Das kann man, das muß man aber nicht so sehen. Vielleicht wäre es nützlicher, darauf zu achten, daß Freud die Energie *im System* kreisen, strömen, arbeiten läßt: Sie ist Inhalt des Systems, sie ist nicht (wie moderne Systemtheorie es lehren würde) *infrastrukturell zum System*. Wäre sie das, wäre sie externe und kausale Erhaltungsbedingung des Systems, hätte man das Problem des nichtpsychischen psychischen Systems nicht und könnte heute über das Theoriestück ›strukturelle Kopplung‹ leicht erklären, warum die Erhaltungsbedingungen des Systems selbst nichtpsychisch geartet sind. Die Theorieschwierigkeit liegt also in der Freudschen Auffassung von Systemen, und ein Indiz dafür mag sein, daß er den Systembegriff »der Anschaulichkeit zuliebe« benutzt und den Begriff der ›Instanz‹ für abstrakter hält.[51] Ohne die Einkapselung der Energie im System wäre es möglich gewesen, sie zu spezifizieren; mit dem Einschluß wird sie zur seltsamen Unbestimmtheit, die der physikalischen Energie »homolog« gedacht ist, aber so, daß numerische Aussagen über sie (über ›Q‹) ausgeblendet werden.[52]

Jene Energie, jene Kraft einmal vorausgesetzt, lassen sich Hypothesen plazieren, die die Eigenschaften eines Systems bezeichnen, das auf dieser zirkulierenden Energie operiert, die Trägheitshypothese und die Konstanzhypothese. Die Trägheitshypothese unterstellt, daß das System möglichst spannungsfrei arbeiten will, also geneigt ist, Spannungen (mithin, wenn man die physikalische Metaphorik genau nimmt: Differenzen!) abzuführen, sich zu entladen. Die Konstanzhypothese besagt dem Grunde nach, daß die Komplettabfuhr (die Reduktion der Spannungen auf 0) ausgeschlossen ist und daß das System deshalb bestrebt ist, das Spannungsniveau so gering wie möglich ausfallen zu lassen.[53]

51 Vgl. GW, Bd. II/III, S. 542 (*Die Traumdeutung*).

52 Ricœur, *Die Interpretation*, a.a.O., S. 86 f. Der Vorteil der Homologie liegt darin, daß sie einen ganzen Metaphernkosmos heranassoziiert, der für Freuds Theorie von ausschlaggebender Bedeutung ist: Besetzung, Widerstand, Verdrängung, Kontaktschranken, freie und gebundene Quantitäten etc. Dieses Heranmarschieren von Metaphern kennt auch die moderne Systemtheorie, insbesondere im Blick auf die Innen/Außen-Unterscheidung, die markierbare Räume erzeugt.

53 Siehe zur Konstanzhypothese: Th. Briebach, *Das Konstanzprinzip im theoretischen Werk Sigmund Freuds. Ein Beitrag zur Aktualität*

Die Differenz von Trägheitsprinzip und Konstanzprinzip ist nun sehr seltsam gebaut. Sie differenziert *dasselbe*. Die Notwendigkeit eines beständig niedrigen Energieniveaus ist identisch mit der Unmöglichkeit (oder der Lebensgefahr) einer Komplettabfuhr der Energie, einer Komplett-Entdifferenzierung des Systems. *Das Konstanzprinzip ist das Trägheitsprinzip in Operation. Es ist die Tendenz, die sich nicht durchsetzen kann, weil die Durchsetzung selbst an Energie gebunden ist, und sei es nur, weil intern auftauchenden Problemen nicht via Reizflucht ausgewichen werden kann.*[54] Das System muß

»die ursprüngliche Tendenz zur Trägheit d. h. zum Niveau = 0 auf... geben. Es muß sich Vorrat von Quantität gefallen lassen, um den Anforderungen zur spezifischen Aktion zu genügen. In der Art, wie es dies macht, zeigt sich indes die Fortdauer derselben Tendenz modifiziert zum Bestreben, die Quantität ... wenigstens möglichst niedrig zu halten und sich gegen Steigerung zu wehren, d. h. konstant zu halten.«[55]

Die Differenz zwischen Trägheits- und Konstanzprinzip (und deshalb sollte man sich hüten, sie nur auf eine frühe energetische Phase der Theoriebildung zu beziehen) ist in dieser Form das primum movens des Systems. Sie ist, indem sie dasselbe differenziert, *selbstentfaltend* oder *autogenetisch*.[56] Sie zwingt zur Idee einer Morphogenese, weil sie die Vorstellung der Entladung, der Abfuhr an deren Inhibierung knüpft (und sehr viel später Abfuhr, Inhibierung und Desinhibierung kombiniert). Sie enthält,

der Metapsychologie, Frankfurt/New York 1986. Auf S. 132 ff. findet sich eine Diskussion der Kritik, die an dieser Hypothese geäußert wird. Ausdrücklich betone ich noch einmal, daß es mir nicht darum geht, die Gültigkeit oder Ungültigkeit der Freudschen Thesen zu belegen. Es geht vielmehr um die theoretische Komplexität, die beim Versuch entsteht, das Bewußtsein zu beobachten.

54 Die von innen ansetzenden Angriffe sind Triebreize, denen man nicht durch physische Reflexe entkommen kann. Vgl. GW, Bd. X, S. 212 f. (»Triebe und Triebschicksale«). Dort wird auch interessanterweise die Innen/Außendifferenzierung des Systems an die Differenz Fluchtmöglichkeit/keine Fluchtmöglichkeit geknüpft.

55 S. Freud, »Entwurf einer Psychologie«, a.a.O., S. 306 f.

56 Ich benutze hier das Wort ›Autogenesis‹ anders als R. Drazin und L. Sandelands, »Autogenesis: A Perspective on the Process of Organizing«, in: *Organization Science* 3, 2, 1992, S. 230-249.

wie wir heute wissen können, die Keimzelle der Differenzierung von Eros und Todestrieb.[57] Sie erlaubt es sogar, die Begegnung mit anderen Menschen als unabdingbar notwendige Introjektion von Vitaldifferenzen (also von Differenz, von Negentropie) zu begreifen, die Fortsetzung des Lebens an das ›Ableben‹ zugeführter Spannung zu binden.[58]

57 E. Kris, hier zitiert nach Ricœur, *Die Interpretation*, a.a.O., S. 87, Anm. 12, hat mit Recht darauf aufmerksam gemacht, daß diese Vorstellung die Keimzelle des ›Nirwanaprinzips‹, also des Todestriebs darstellt. Das Energieniveau 0, gegen das das System tendiert, entspräche dem Tod des Systems. Die Installation des Todestriebes ist bei weitem nicht so absurd, wie man das mitunter behauptet findet. Im übrigen enthält die Differenz auch die von Primär- und Sekundärvorgang und damit, genau besehen, schon die von bewußt/unbewußt. Siehe auch Laplanche/Pontalis, *Das Vokabular der Psychoanalyse*, a.a.O., S. 134. Vgl. auch für eine die französische Diskussion beeinflussende Debatte des Punktes: G. Deleuze, Nachwort zu L. von Sacher-Masoch, *Venus im Pelz*, Frankfurt am Main 1980. Siehe auch U. Irion, *Eros und Thanatos in der Moderne. Nietzsche und Freud als Vollender eines anti-christlichen Grundzugs im europäischen Denken*, Würzburg 1992, S. 168. Im übrigen wird man mitsehen müssen, daß der Zusammenhang von Eros und Thanatos ein zutiefst konservatives Moment in die Freudsche Kosmologie einbaut: »Auf Grund theoretischer, durch die Biologie gestützter Überlegungen supponierten wir einen Todestrieb, dem die Aufgabe gestellt ist, das organische Lebende in den leblosen Zustand zu überführen, während der Eros das Ziel verfolgt, das Leben durch immer weitergreifende Zusammenfassung der in Partikel zersprengten lebenden Substanz zu komplizieren, natürlich es dabei zu erhalten. Beide Triebe benehmen sich dabei im strengsten Sinne konservativ, indem sie die Wiederherstellung eines durch die Entstehung des Lebens gestörten Zustandes anstreben. Die Entstehung des Lebens wäre also die Ursache des Weiterlebens und gleichzeitig auch des Strebens nach dem Tode, das Leben selbst ein Kampf und Kompromiß zwischen diesen beiden Strebungen. Die Frage nach der Herkunft des Lebens bliebe eine kosmologische, die nach Zweck und Absicht des Lebens wäre dualistisch beantwortet« (GW, Bd. XIII, S. 268 f. [*Das Ich und das Es*]). Zum Todestrieb siehe die gründliche Arbeit von C. Schmidt-Hellerau, *Lebenstrieb & Todestrieb, Libido & Lethe. Ein formalisiertes konsistentes Modell der psychoanalytischen Trieb- und Strukturtheorie*, Stuttgart 1995.

58 Ein hoch soziales Argument, das wir der Form nach ähnlich zu traktieren pflegen: Die psychische Autopoiesis braucht die Zufuhr von

»Das stimmt nun aber gut zur Annahme, daß der Lebensprozeß des Individuums aus inneren Gründen zur Abgleichung chemischer Spannungen, das heißt zum Tode führt, während die Vereinigung mit einer individuell verschiedenen lebenden Substanz diese Spannungen vergrößert, sozusagen neue *Vitaldifferenzen* einführt, die dann *abgelebt* werden müssen. Für diese Verschiedenheit muß es natürlich ein oder mehrere Optima geben. Daß wir als die herrschende Tendenz des Seelenlebens, vielleicht des Nervenlebens überhaupt, das Streben nach Herabsetzung, Konstanterhaltung, Aufhebung der inneren Reizspannung erkannten (das *Nirwanaprinzip* nach einem Ausdruck von Barbara *Low*), wie es im Lustprinzip zum Ausdruck kommt, das ist ja eines unserer stärksten Motive, an die Existenz von Todestrieben zu glauben.«[59]

Jene seltsame Energie wird durch diese (wir sagten: autogenesisfähige) Differenz organisiert, aber das Spiel der Differenz, das Abströmen und Hemmen der Energie ist selbst nichtpsychisch. Sie ist nicht ausgestattet mit Bedeutung, kommt also nur sinnfrei vor, woraus ja auch folgt, daß sie nur ›verkennend‹ formuliert werden kann. Der Sinn (oder vielleicht besser: alles, was auf plausiblere Weise psychisch genannt werden kann) wird sich der *Zeit* verdanken, deren eigentümliche Bewandtnisse weiter unten (später) werden diskutiert worden sein.[60] Die Vorgänge der Entladung, der Hemmung, der Hemmung der Hemmung etc. gewinnen psychische Qualität dadurch, daß das Abströmen der Energie (aber ich erinnere hier an nur allzu Bekanntes), das Ab-

Differenz, also von Kommunikation – oder erlischt in Einsamkeit und Depression.

59 GW, Bd. XIII, S. 60 (»Jenseits des Lustprinzips«).

60 Die Transformation von Quantität in Qualität ist schon im Entwurf an die Periodizität der Neuronenbewegung geknüpft. Vgl. Freud, »Entwurf einer Psychologie«, a.a.O., S. 318. Da es nicht die Absicht dieser Untersuchung ist, Freud systemtheoretisch zu rekonstruieren, soll ein kurzer Hinweis darauf genügen, daß die Energie, die Freud im *Entwurf* ansetzt, theoretisch gewinnbringend als primäres Medium begriffen werden kann, das für ganz verschiedene Forminskriptionen zur Verfügung steht. Siehe als Ausgangstext für diese Möglichkeit F. Heider, »Ding und Medium«, in: *Symposion. Philosophische Zeitschrift für Forschung und Aussprache* 1, 1926, S. 109-157. Vgl. zur Anwendung in der modernen Systemtheorie für viele Texte N. Luhmann, »Das Kind als Medium der Erziehung«, in: *Zeitschrift für Pädagogik* 37, 1, 1991, S. 19-40; ders., »Das Medium der Kunst«, in: *Delfin* 4, 1986, S. 6-15.

senken der Spannung als *Lust* begriffen, die Steigerung des Spannungsniveaus als Unlust. *Dieses durch und durch Freudsche Leitmotiv besagt ebenfalls (jene Differenz von Trägheit/Konstanz vorausgesetzt), daß der Grenzfall der Lust der Tod ist, die Hemmung deswegen unverzichtbar: Menschen, so kann man dies interpretieren, existieren unaufhebbar ›gebremst‹ – oder nur sehr befristet.*[61]

b) Der psychische Apparat aus dem 7. Kapitel der Traumdeutung*: erste Differenzierungen*

Die Konstruktionen des »Entwurfs« (zu Lebzeiten Freuds nicht veröffentlicht) münden zu einem guten Teil in der Beschreibung des psychischen Apparates, die in der *Traumdeutung* vorgenommen wird.[62]

»Wir stellen uns also den seelischen Apparat vor als ein zusammengesetztes Instrument, dessen Bestandteile wir *Instanzen* oder der Anschaulichkeit zuliebe *Systeme* heißen wollen. Dann bilden wir die Erwartung, daß diese Systeme vielleicht eine konstante räumliche Orientierung gegeneinander haben, etwa wie die verschiedenen Linsensysteme des Fernrohres hintereinander stehen. Streng genommen brauchen wir die Annahme einer wirklich räumlichen Anordnung der psychischen Systeme nicht zu machen. Es genügt uns, wenn eine feste Reihenfolge dadurch hergestellt wird, daß bei gewissen psychischen Vorgängen die Systeme in einer bestimmten zeitlichen Folge von der Erregung durchlaufen werden.«[63]

Die Einschränkung des topographischen Moments in dieser Textstelle ist schwieriger gebaut, als die einfache Idee einer Rei-

61 Wir hüten uns in dieser Studie, Freuds Person und Freuds Werk nach beliebtem Brauch miteinander zu verquicken. Aber dies wäre zum Beispiel eine schöne These, die das »ermäßigte« Leben und Denken Freuds erklärt (oder umgekehrt: eine Stelle, die durch diese Tendenz der Ermäßigung erklärt wird). Vgl. zur Ermäßigungsinterpretation L. Marcuse, *Sigmund Freud*, Hamburg 1956. Es gefällt mir persönlich sehr in diesem Zusammenhang, daß Luhmann, wenn man ihn nach einem Motto fragt, zu antworten pflegt: Guter Geist ist trocken. Zum Freudschen Leitmotiv vgl. auch Derrida, *Die Schrift und die Differenz*, a.a.O., S. 310.

62 GW, Bd. II/III, 7. Kapitel (*Die Traumdeutung*).

63 Ebd., S. 542.

henfolge suggeriert. Es kommt nicht auf die räumliche Anordnung der Subsysteme an, nicht auf ihre Lokalisierung in einer gestaffelten Reihe. Ein Zeitschnitt durch die Subsysteme fände, wenn wir es unsererseits streng nehmen, nichts als eine Art konfigurierter Erregung, die sich transformiert, und wenn man eine Reihe von Zeitschnitten vornähme, würde man immer dieselbe Erregung in einem anderen Zustand beobachten und müßte dann den verschiedenen Zuständen der Erregung (der Energie) differente Systemnamen geben.[64] Warum wird dann (bei soviel Problembewußtsein) die Metapher des ›Durchlaufens‹ verschiedener Systeme noch benötigt?[66] Warum überhaupt verschiedene Systeme, wenn das Einbauen von Zeit die Idee einer sich selbst transformierenden Erregung zuläßt?

Die Antwort liegt auf der Hand: Eine sich selbst transformierende Energie hätte kein Gedächtnis.[66] Es muß die Möglichkeit

64 Das ist im Kern schon die Frage nach der Identität und der Differenz der Erregung, nach ihrem Original und den verschiedenen Phasen der Umschrift des Originals, das nicht erhalten ist.

65 Wir sehen hier ab von der neurophysiologischen Semantik, durch die die entsprechenden Passagen unterfüttert sind. Die Zeitrichtung ergibt sich aus der Annahme einer Anfangs- und Endstelle, eines Inputs, eines Outputs, hier konkret: »sensibles und motorisches Ende«. Mit der sensiblen Position startet ein Prozeß, der »die Schleusen der Motilität eröffnet«. Die Normalzeitrichtung im Modell ist dadurch gekennzeichnet. Vgl. ebd., S. 542.

66 Das ist identisch mit der Aussage, die ich treffen würde, daß nämlich autopoietische Systeme kein Gedächtnis haben, es sei denn: differentiell, in Relation zu Langsamkeiten oder Trägheiten. Vgl. dazu Fuchs 1993; ders. 1995; ders., »Das Gedächtnis autopoietischer Systeme. Einige Anmerkungen zu Tempodifferenzen in Gleichzeitigkeitslagen«, Ms. Groß Wesenberg 1995. Die Fragestellung und das Problem ist modern geblieben. »Streichen wir Gedächtnis, kennt das System nur Durchsatz«, formuliert Heinz von Foerster, »Was ist Gedächtnis, daß es Rückschau und Vorschau ermöglicht«, in: S. J. Schmidt (Hg.), *Gedächtnis. Probleme und Perspektiven der interdisziplinären Gedächtnisforschung*, Frankfurt am Main 1991, S. 56-95, S. 62. Vgl. aber schon E. Mach, *Die Analyse der Empfindungen* (Nachdruck der 9. Auflage Jena 1922), Darmstadt 1991, S. 192. Übrigens muß von Foerster ebenfalls Metaphern des Imprägnierens von Elementen benutzen und hat damit mutatis mutandis dasselbe Problem, das Freud hat. Vgl. H. v. Foerster, *Das Gedächtnis. Eine quantenphysikalische Untersuchung*, Wien 1948. Auf die Ähnlichkeit der Skizze des psy-

des Erhalts von Spuren geben, einer Remanenz, eines irgendwie gearteten Erhalts im Prozeß der auf sich selbst ablaufenden Transformation.[67] Oder kurz gesagt: entweder Gedächtnislosigkeit oder Differenzierung.[68] Die Differenzierung im psychischen Apparat von Freud setzt direkt an der Startstelle (der sensiblen Zone) ein.

»Von den Wahrnehmungen, die an uns herankommen, verbleibt in unserem psychischen Apparat eine Spur, die wir ›*Erinnerungsspur*‹ heißen können. Die Funktion, die sich auf diese Erinnerungsspur bezieht, heißen wir ja ›Gedächtnis‹. Wenn wir Ernst mit dem Vorsatz machen, die psychischen Vorgänge an Systeme zu knüpfen, so kann die Erinnerungsspur nur bestehen in bleibenden Veränderungen an den Elementen der Systeme. Nun bringt es ... offenbar Schwierigkeiten mit sich, wenn ein und dasselbe System an seinen Elementen Veränderungen getreu bewahren und doch neuen Anlässen zur Veränderung immer frisch und aufnahmsfähig entgegentreten soll.[69] Nach dem Prinzip, das unseren Versuch leitet, werden wir also diese beiden Leistungen auf verschiedene Systeme verteilen. Wir nehmen an, daß ein vorderstes System des Apparats die Wahrnehmungsreize aufnimmt, aber nichts von ihnen bewahrt, also kein Gedächtnis hat, und daß hinter diesem ein zweites System liegt, welches die momentane Erregung des ersten in Dauerspuren umsetzt.«[70]

chischen Apparates bei Freud (vgl. die Skizzen in GW, Bd. II/III, S. 542 f.) mit dem Retentionsschema Husserls in seinen Analysen zum inneren Zeitbewußtsein braucht man nicht eigens hinzuweisen. Schon Breuer hatte im übrigen darauf aufmerksam gemacht, daß der Wahrnehmungsapparat (wir werden sehen, was er bei Freud mit dem Bewußtsein zu tun hat) »die rascheste *restitutio in statum quo ante*« voraussetzt, das Löschen also statt des Erhalts von Spuren. Breuer, hier zit. nach Laplanche und Pontalis, *Das Vokabular der Psychoanalyse*, a.a.O., S. 99.

67 Dies ist der Grund, und darauf komme ich zurück, warum die ›Wiederholung‹ und der durch sie angestoßene Metaphernkontext eine so erhebliche Rolle spielen.

68 Differenzierung ist aus soziologischer Sicht (und sozusagen baugleich mit dem Freudschen Problem) *nicht eine Differenzierung im Raum (jedenfalls nicht, wenn man die Einheit der Gesellschaft als Kommunikation begreift), sie ist nichts weiter als die Zunahme von Gedächtnislasten oder, was dasselbe ist, das Aufrechterhalten von Spezifik.*

69 Vgl. dazu auch Freud, »Entwurf einer Psychologie«, a.a.O., S. 308.

70 GW, Bd. II/III, S. 543 (*Die Traumdeutung*). Das Bewußtsein ist also auch bei Freud gedächtnislos, insofern es ein »Sinnesorgan ... zur

Aber auch dieses zweite System ist differenziert. Es ›enthält‹ nicht nur die Erinnerungsspur, sondern muß auch der Tatsache Rechnung tragen, daß die Erinnerungsspuren, die sich ihm einschreiben, assoziativ verknüpft sind, »und zwar vor allem nach ihrem einstigen Zusammentreffen in der Gleichzeitigkeit«.[71] Die Wahrnehmung kann nicht selbst durch »Rest(e) früherer Verknüpfungen« überlastet werden. Daß bestimmte Erinnerungsspuren sich präferentiell mit bestimmten anderen Spuren verbinden, ist eine Folge von »Widerstandsverringerungen und Bahnungen«.[72]

Wieder ist es die Energie- und Erregungsmetapher, der auf scharfsinnige Weise Tribut gezollt wird: Die erste Spur schafft assoziative Arrangements unter der Bedingung der Gleichzeitigkeit der einlaufenden (Wahrnehmungs-)Erregung. Dieselbe Erregung wird, weiterlaufend, spätere Spuren erzeugen, deren Ordnung nicht mehr die der Gleichzeitigkeit ist, sondern etwa die der Ähnlichkeit. Die Raffinesse besteht darin, daß die scheinbare Zeitrichtung der durchlaufenden Erregung und der durch sie erzeugten Spuren im Blick auf die Bahnungen, Widerstandsverringerungen bzw. Hemmungen umgekehrt wird: Die Erregung durchläuft ›gespurte‹ Systeme, deren ›Spurung‹ immer früher liegt als die Veränderung, durch die Assoziationskomplexe der Gleichzeitigkeit oder der Ähnlichkeit produziert werden. Das Erste ist das Letzte.[73] Das große Thema der Regression klingt in dieser unscheinbar anmutenden, aber außerordentlich bedeutsamen Wendung an.[74]

Wahrnehmung psychischer Qualitäten« ist (ebd., S. 620). Es hat kein Gedächtnis (ebd.), sowenig wie es ein Gedächtnis in der modernen Systemtheorie hat. Über zwei Dekaden nach der Erstausgabe der *Traumdeutung* entsteht die »Notiz über den ›Wunderblock‹« (GW, Bd. XIV, S. 2-8). Sie stellt vielleicht die ultimate Form einer mechanischen Analogie des psychischen Systems dar, die auf eine Dreifachanalogie des Skripturalen hinausläuft. Vgl. dazu insbesondere Derrida, *Die Schrift und die Differenz*, a.a.O., S. 337 ff.

71 GW II/III, S. 544.

72 Ebd.

73 Die Träume gehen meist nach alten Bahnungen, heißt es im »Entwurf«.

74 Und die Genauigkeit des Theoretikers Freud zeigt sich daran, daß er diesem Chiasmus der Zeit Rechnung trägt: Die Erinnerungsspur ist nicht das Gedächtnis. Vgl. GW, Bd. X, S. 288 (»Das Unbewußte«).

c) Die lineare Abrollung des Schemas: Wo ist das Bewußtsein?

Bleiben wir aber noch bei der Differenzierung des psychischen Apparates. Die Analyse von Träumen und die Erklärung der Traumbildung nötigt zur »Annahme zweier psychische(r) Instanzen ..., von denen die eine die Tätigkeit der anderen einer Kritik unterzieht, als deren Folge sich die Ausschließung vom Bewußtwerden ergibt«.[75] Das kritisierende System ist das Vorbewußte, das kritisierte System das Unbewußte. Erregungen, die das Vorbewußte durchlaufen, sind prinzipiell bewußtseinsfähig, das Unbewußte ›enthält‹ nichts, was das Bewußtsein direkt erreichen könnte. Zwischen dem Bewußtsein und dem Unbewußten liegt das Vorbewußte, durch das Inhalte (Erregungen) aus dem Unbewußten nur in modifizierter (zensierter) Form das Bewußtsein erreichen können. Das Schema des psychischen Apparates läuft mithin von einer Inputseite (Sensibilität) zu einer Outputseite (Motilität). Auf diesem Weg (der interessanterweise in Schriftrichtung skizziert wird: von links nach rechts) befinden sich der Reihe nach das Wahrnehmungssystem, das System der Erinnerungsspuren, das Unbewußte, schließlich das Vorbewußte.

Aber wo ist das Bewußtsein? Wo ist das psychische Subsystem, das das einzige ist, das von all dem Kunde gibt, was zur Konstruktion des Gesamtapparates zwingt?

Wieder setzt Freud auf Zeit. Das Schema ist »linear aufgerollt«.[76] Diese lapidare Feststellung besagt, daß es in gewisser Weise an sich selbst anschließt und sich zugleich seltsam verdoppelt. Die neuen Erregungen, einlaufend über die Wahrnehmung, spazieren durch die gestaffelten Systeme, und dies geschieht in jeder Aktualität. Fügt man aber dem Schema eine weitere ›Abrollung‹ hinzu, dann zeigt sich eine Verschachtelung nach innen: Was an Erregung die Systeme passiert hat, was gar das Vorbewußte erreicht, wird nicht nur in Motilität überführt, sondern muß seinerseits wahrgenommen werden. Und die Instanz, die

75 GW, Bd. II/III, S. 545 (*Die Traumdeutung*).

76 Ebd., Anm. 1. Vgl. auch J. Lacan, *Das Ich in der Theorie Freuds und in der Technik der Psychoanalyse. Das Seminar*, Buch II, Weinheim/Berlin 1991 (2. Auflage), S. 181 ff.

sozusagen in der Lücke des Schemas auftaucht (die interpoliert werden muß), ist diejenige, die das von innen Kommende wahrnimmt: mithin das Bewußtsein. Das Bewußtsein ist

»*ein... Sinnesorgan... zur Wahrnehmung psychischer Qualitäten*. Nach dem Grundgedanken unseres schematischen Versuchs können wir die Bewußtseinswahrnehmung nur als die eigene Leistung eines besonderen Systems auffassen, für welches sich die Abkürzungsbezeichnung *Bw* empfiehlt. Dies System denken wir uns in seinen mechanischen Charakteren ähnlich wie die Wahrnehmungssysteme *W*, also erregbar durch Qualitäten, und unfähig, die Spur von Veränderungen zu bewahren, also ohne Gedächtnis. Der psychische Apparat, der mit dem Sinnesorgan der *W*-Systeme der Außenwelt zugekehrt ist, ist selbst Außenwelt für das Sinnesorgan des *Bw*, dessen teleologische Rechtfertigung in diesem Verhältnisse ruht.«[77]

Entscheidend hier ist, daß das Bewußtsein das von innen Kommende *wie von außen* beobachtet. Es externalisiert die Szenerie der Binnensysteme. Es transformiert (welch hochmoderner Gedanke!) die Selbstreferenz des psychischen Systems in Fremdreferenz. Es ist auf diese Weise als Teil des Gesamtsystems (als Subsystem Bw oder Vb-Bw oder W-Bw, wie es später heißt) der Selbstbeobachter des Gesamtsystems, das sich durch das Bewußtsein, man könnte beinahe sagen: objektiviert. In seiner seltsam virtuellen, eine Lücke füllenden Position prozessiert es Erregungen, die von außen, und Erregungen, die von innen herangetragen werden. Was von innen heranströmt (die Quantität), wird als »Qualitätenreihe der Lust und Unlust empfunden«, also zurückgebunden an die Prinzipien der Konstanz und der Trägheit.[78] Mit dem, was von innen auf das Bewußtsein zukommt, empfängt es zugleich re-animierte Erinnerung.

Die Funktion des Systems Bw (Innen- und Außenwahrnehmung) schließt aus, wie wir oben schon gesehen haben, daß mit ihr ein Gedächtnis verknüpft ist. Das System ist in diesem Sinne hoch instabil und im Blick auf jede Perpetuierung einlaufender Eindrücke (von innen wie von außen) auf den Zerfall der von ihm prozessierten Elemente angewiesen.[79] Worüber es verfügt, das ist

77 GW, Bd. II/III, S. 620 f.
78 Ebd.
79 Auch hier ist die theoretische Nähe zum Autopoiesiskonzept und seiner zentralen Kategorie (des Dauerverschwindens der Ereignisse,

ein Quantum freier Energie, mit dem es die Elemente besetzen (überbesetzen) kann. In anderer Formulierung: Es hat die Fähigkeit, Wahrnehmung zu konfigurieren. Dabei macht sich die Differenz von Innen-/Außenwahrnehmung massiv geltend: Die Erregungen, die von innen kommen, werden nicht durch einen Reizschutz blockiert.[80] Diese leichte Asymmetrie setzt den ganzen Apparat eines gleichsam artifiziellen (nicht reflektorischen) Schutzes (Widerstand, Verdrängung, Zensur etc.) in Gang, und sie veranlaßt uns dazu, in dieser theoretischen Figur etwas wie ein Präludium der weiter oben vorgetragenen Vorstellung zu sehen, daß nämlich das Bewußtsein sich selbst entdeckt an dem, was es selbst nicht ist.[81] Es kann sich nicht selbst registrieren, weil es kein Gedächtnis hat, weil es nichts aufbewahrt, es bedarf der Instanzen, die Erinnerungsspuren aufbewahren und verknüpfen. Diese Instanzen liegen innen, und sie sind aufgrund des fehlenden Reizschutzes die Quelle der Gefahr für das Bewußtsein. Die Organisation des Schutzes ist zugleich die Begründung des Mangels, der Lückenhaftigkeit des internen Systembeobachters, den Freud Bw oder W-Bw und später *Ich* nennt.

d) Die Regression

Die Zeitverhältnisse im psychischen Apparat des 7. Kapitels der *Traumdeutung* werden noch schwieriger, wenn man den Gedanken der Regression näher beleuchtet. Wir haben oben gesehen, daß das »linear abgerollte Schema« des Systems eine Zeitrichtung impliziert, die im Schema von links nach rechts läuft, vom Wahrnehmungssystem durch die topisch hintereinandergestaffelten Systeme zum Vorbewußtsein. Dann kommt es (indem dieser Vorgang unentwegt fortläuft) zu einer Bifurkation dessen, was das Wahrnehmungssystem registriert. Das W-Bw-System nimmt die Impulse auf, die von innen *und* von außen anfluten. Beide Impulse werden *in der Aktualität* aufgenommen. Dabei sind die

auf deren Basis es sich konstituiert) augenfällig. Und auch Freud sieht sich genötigt, die Funktion Gedächtnis differentiell zum Bewußtsein anzusetzen. Darauf komme ich zurück.

80 Siehe noch einmal GW, Bd. XIII, S. 28 (»Jenseits des Lustprinzips«).

81 Oder genauer: sich an dem entdeckt, was es in sich selbst nicht ist, am *re-entry* seiner Unterscheidung zur Kommunikation.

Erregungen, die aus dem Innen, also aus dem System selbst kommen, immer schon geformte, bearbeitete Erregungen. Das W-Bw operiert, indem es von innen her das Innen als fremdreferent behandelt, ›mit dem Rücken zur Zukunft‹, aber steht zugleich (eine unauflösliche Metaphorik) im Anfang der Staffel, auf die es zurückblickt.

Als sei es damit nicht genug, führt Freud in den psychischen Apparat, dessen Progredienz schwierig und widerspruchsvoll gedacht ist, die Möglichkeit der Regression ein, einer Umkehrung der Zeitrichtung, *die gleichwohl in Normalzeitrichtung stattfindet, so, als bewege sich das Gesamtsystem als eine nach links drehende Spirale auf der nach rechts gehenden Zeitachse.*

»Was im halluzinatorischen Traum vor sich geht, können wir nicht anders beschreiben, als indem wir sagen: Die Erregung nimmt einen *rückläufigen* Weg. Anstatt gegen das motorische Ende des Apparats pflanzt sie sich gegen das sensible fort und langt schließlich beim System der Wahrnehmungen an. Heißen wir die Richtung, nach welcher sich der psychische Vorgang aus dem Unbewußten im Wachen fortsetzt, die *progrediente*, so dürfen wir vom Traum aussagen, er habe *regredienten* Charakter.«[82]

Topologisch betrachtet, nimmt sich die Sache einfach aus: Man durchschreitet verschiedene Räume, und man kann zurückgehen.[83] Komplizierter wird es, wenn man Freuds Einsicht in die lineare Abrollung des Schemas heranzieht und auf die Zeitdimension achtet.[84] Wenn wir hier einmal behaupten dürfen, daß das Schema *wahrnehmungsinterpunktiert* ist (also auch: bewußtseinsinterpunktiert), dann läuft das repetitiv abgerollte Schema immer auf Wahrnehmung hinaus.[85]

82 GW, Bd. II/III, S. 547 (*Die Traumdeutung*).
83 Hier profitiert Freud von der sehr alten Tradition der topologischen Mnemotechnik. Siehe zu dieser Tradition F. A. Yates, *Gedächtnis und Erinnern. Mnemonik von Aristoteles bis Shakespeare*, Weinheim 1991 (2. Auflage) (Original: London 1966).
84 Das tut Freud auch. Ein Grundzug des 7. Kapitels ist der Versuch, die Topologie ins Zeitliche aufzulösen.
85 Man kann uns zu Recht entgegenhalten, daß die Regression, bezogen auf das Zitat, vom motorischen Ende zum sensiblen läuft. Aber auch das tut sie (in einem Abrollschema) immer. Es ist in diesem Zusammenhang sehr auffällig, wie die Pfeile der sensorischen und motorischen Partien des Systems auf der linken Seite von unten links nach

... **W**(Bw) > Er1 > Er2 ... > Ubw > Vbw ... **W**(Bw) > Er1 > Er2 ... > Ubw > Vbw > **W**(Bw)...

Es gibt, zeitlich gesehen, kein *Zurück* im System. Da Freud aber, bezogen auf die Lösung des Problems, wie denn halluzinatorische Träume möglich seien, Regression einführt, ist es erlaubt, experimentellerweise das Schema umzudrehen. Dabei ist die Richtung des Zeitpfeils trotz Umdrehung die gleiche:

... **W**(Bw) > Vbw > Ubw > ... Er2 > Er1 > **W**(Bw) > Vbw > Ubw > ... Er2 > Er1 > **W**(Bw)...

Das Schema, von rechts gelesen, aber von links nach rechts abgebildet, zeigt interessante Verschiebungen: Das Vbw wird jetzt vor dem Ubw durchlaufen, ferner: Das System der Erinnerungsspuren setzt bei den jüngsten Imprägnierungen ein und erreicht das Wahrnehmungs- und Bewußtseinssystem nach der ältesten Spur.[86] Aber dies ist es, was Freud sagt:

»Wenn wir den Traumvorgang als eine Regression innerhalb des von uns angenommenen seelischen Apparats ansehen, so erklärt sich uns ohne weiteres die empirisch festgestellte Tatsache, daß alle Denkrelationen der Traumgedanken bei der Traumarbeit verlorengehen oder nur mühseligen Ausdruck finden. Diese Denkrelationen sind nach unserem Schema nicht in den ersten *Er*-Systemen, sondern in weiter nach vorn liegenden enthalten und müssen bei der Regression bis auf die Wahrnehmungsbilder ihren Ausdruck einbüßen. *Das Gefüge der Traumgedanken wird bei der Regression in sein Rohmaterial aufgelöst.*«[87]

Regressionen sind »in Bilder verwandelte Gedanken«, heißt es.[88] Die Regression ist die Verwandlung von Gedanken, von Inhalten (Vorstellungen) des Wahrnehmungs- und Bewußtseinssystems in die halluzinatorische Erregung – wessen? *Ebendesselben Sy-*

oben rechts und auf der rechten Seite von oben links nach unten rechts gehen. Es ist, als seien diese Enden/Anfänge gar nicht Komponenten des Systems.

86 Und ohne daß ich ganz überblicke, was ich gerade tue (aber ich sage trotzdem, genau dieses Problem hatte Freud), müßte ich sagen, daß beide Zeichenketten eigentlich aufeinanderliegen, weil die Umkehrung natürlich auch Spuren setzt, die ... und so fort.

87 GW, Bd. II/III, S. 548 f.

88 Ebd., S. 549.

stems, müßte man antworten![89] Und wieder müßte man hinzufügen, daß damit eigentlich jede Topologie überfordert ist, obgleich das Problem ihrer Überforderung ohne eine Topologie nur schwer gesehen werden kann.[90]

e) Die Not des Lebens und der Umweg

Durch das Konzept der Regression kommt es zu schwierigen zeitlichen Verhältnissen im System, das, wiewohl es immer progredient arbeitet (niemals faktisch zurück kann), gleichwohl eine Art Rücklauf gestattet. Diese zeitliche Komplexität des psychischen Apparats der *Traumdeutung* (insbesondere die kognitiv fesselnde Verquickung von Topologie und Zeit), diese »Vollkommenheit« des Apparates[91], ist ein Resultat der Geschichte des Systems. Das System ist, könnte man heute sagen, eine historische Maschine. Ursprünglich hatte es die Form eines Reflexapparats: Von außen anlangende sensible Irritationen werden auf schnellem motorischen Wege abgebaut.

»Aber die Not des Lebens stört diese einfache Funktion; ihr verdankt der Apparat auch den Anstoß zur weiteren Ausbildung. In der Form der großen Körperbedürfnisse tritt die Not des Lebens zuerst an ihn heran.

89 Der Gedanke ströme zurück zum Wahrnehmungspol, formuliert Ricœur, *Die Interpretation*, a.a.O., S. 117. Aber dieser Pol ist arrangiert als Wahrnehmungs- und Bewußtseinssystem. Daß es vom Gedanken zur Wahrnehmung von Bildern geht, von einer Repräsentation zu einer anderen Repräsentation, dazu siehe GW, Bd. II/III, S. 548 (*Die Traumdeutung*). In unserer Rekonstruktion der zugespitzten Art läßt sich deutlich erkennen, daß Freud einen Kurzschluß formuliert (möglicherweise eine Verkleidung der Reflexologie), und dies mag der Grund dafür sein, daß er (zum Beispiel auf S. 572) so seltsam vom *kurzen* regredienten Weg spricht.

90 Ein schönes Beispiel für das Labyrinth der Irrtümer, auf dem sich große Theorien aufbauen. In diesem Zusammenhang darf nicht vergessen werden, daß Freud, während er diesen Apparat entwirft, immer noch abhängig ist von der Vorstellung, es habe die infantile Szene einer wirklichen Verführung wirklich gegeben, im System also die Spuren wirklich wirklicher Ereignisse. Aber ohne diese Idee wäre der Apparat nicht entstanden, ohne sie wäre er nicht revisionsbedürftig geworden.

91 Ebd., S. 570.

Die durch das innere Bedürfnis gesetzte Erregung wird sich einen Abfluß in die Motilität suchen, die man als ›Innere Veränderung‹ oder als ›Ausdruck der Gemütsbewegung‹ bezeichnen kann. Das hungrige Kind wird hilflos schreien oder zappeln. Die Situation bleibt aber unverändert, denn die vom inneren Bedürfnis ausgehende Erregung entspricht nicht einer momentan stoßenden, sondern einer kontinuierlich wirkenden Kraft. Eine Wendung kann erst eintreten, wenn auf irgendeinem Wege, beim Kinde durch fremde Hilfeleistung, die Erfahrung des *Befriedigungserlebnisses* gemacht wird, das den inneren Reiz aufhebt.«[92]

Zwei Dinge geschehen *jetzt*: die Einschreibung einer Gedächtnisspur, die sich auf die Erregung selbst bezieht, auf die hohe Spannung vor deren Lösung[93], und die Assoziation dieser Spur mit der Erinnerung (einer anderen Spur) an das Instrument der Befreiung. Schon in diesen beiden Ereignissen und deren Verknüpfung spielt Zeit eine entscheidende Rolle. Die Spannungslösung (die Nahrung), dieses Erleben, wird nachträglich an das, was sie löst (die Spannung), gebunden, das »Erscheinen einer gewissen Wahrnehmung« verknüpft »mit der Gedächtnisspur der Bedürfniserregung«.[94] Das Befriedigungserlebnis enthält die Epiphanie der Abfuhr zusammen mit der Gedächtnisspur der Erregung. Wir haben, gleichsam auf kleinstem Raum, die *Animierung einer Spur* oder, moderner ausgedrückt: eine temporale Differenz, die im weitgehend noch unmarkierten Raum des Systems Struktur entfaltet.[95]

Diese Entfaltung geschieht, und damit stoßen wir ins Zentrum der Freudschen Zeittheorie vor, durch *Wiederholung*.[96] Es gibt

92 Ebd., S. 570 f.

93 Hier wirkt die Kombination von Trägheits- und Konstanzprinzip, und auch hier ist die Befriedigung verbunden mit der Abhilfe einer tiefen Not, Keimzelle von Eros und Thanatos.

94 Ebd., S. 571.

95 Laplanche/Pontalis, *Das Vokabular der Psychoanalyse*, a.a.O., S. 86, weisen mit Recht daraufhin, daß der Begriff »Befriedigungserlebnis« nicht sehr gebräuchlich in der Psychoanalyse sei, aber sie stellen zugleich fest, daß er geeignet ist, grundlegende Vorstellungen Freuds zu erhellen. Tatsächlich ist die Zeitstruktur, die der Begriff aufblendet, grundlegend.

96 Ich erinnere daran, daß die Wiederholung mit Lust einhergeht. Siehe GW, Bd. XIII, S. 12 f. Vgl. auch S. Weber, *Freud-Legende. Drei Studien zum psychoanalytischen Denken*, Freiburg i. B. 1979, S. 122 ff. Ich erinnere ferner daran, daß Freud die Fallgeschichten, die er

ein nächstes Mal, in dem das Bedürfnis auftritt, ein nächstes Mal der Erregung. Aber die Wiederholung ist angereichert mit Erinnerung. Das nächste Mal greift zurück auf das »Erinnerungsbild jener Wahrnehmung«, es aktiviert die Verknüpfung der Gedächtnisspuren (Erregung/Abfuhr) und evoziert die Wahrnehmung des ersten Males – wieder. Sie erscheint erneut. Und es geht dabei darum, »die Situation der ersten Befriedigung wieder herzustellen«.[97] Die Wiederholung ist nichtidentisch.[98] Das Zeichen der Nichtidentität ist die Halluzination der ersten Befriedigung. Das dabei durchlebte Arrangement ist das, was Freud als *Wunsch* bezeichnet.

»Eine solche Regung ist das, was wir einen Wunsch heißen; das Wiedererscheinen der Wahrnehmung ist die Wunscherfüllung, und die volle Besetzung der Wahrnehmung von der Bedürfniserregung her der kürzeste Weg zur Wunscherfüllung. Es hindert uns nichts, einen primitiven Zustand des psychischen Apparats anzunehmen, in dem dieser Weg wirklich begangen wird, das Wünschen also in ein Halluzinieren ausläuft.«[99]

Wir sehen, daß die Entfaltung der Systemstruktur aus der Keimzelle der Differenz eines ersten Mals in einem nächsten Mal, durch differente Wiederholung geschieht, und wir sehen auch, daß die dabei entstehende Systemstruktur ebendadurch ver-

schreibt, tatsächlich schreibt, also *noch einmal schreibt*, daß also auch hier die Wiederholung das entscheidende Prinzip ist und mit ihr: der Ausfall des Originals der Geschichte. Vgl. J. Lacan, *Freuds technische Schriften. Das Seminar*, Buch I, Weinheim/Berlin 1990, S. 22.

97 Ebd.

98 Es ist instruktiv, daß diese Form der strukturbildenden Wiederholung in der modernen Systemtheorie auftaucht. Vgl. N. Luhmann, *Die Wissenschaft der Gesellschaft*, Frankfurt am Main 1990, S. 108 ff. Aber darauf komme ich zurück. Vgl. ferner Fuchs, *Moderne Kommunikation*, a.a.O., S. 64 f. Wir könnten natürlich auf die Spencer Brownsche Differenz von *condensation/confirmation* zurückgreifen, auf Piagets Assimilation/Akkommodation etc. Und wir sehen hier (zusammen mit Derrida), daß Freud die nämliche Figur benutzt, werkdurchgängig und in einer Fülle darauf bezogener Begriffe.

99 GW Bd. II/III, S. 571. Uns hindert nichts daran, Ideen wie diese auf systemtheoretischem Hintergrund für Ansatzpunkte einer Theorie schwerer geistiger Behinderungen zu machen, jedenfalls dann, wenn es darum geht, sich eine Vorstellung zu bilden davon, was in Köpfen geschieht, deren Bewußtsein extrem reduziert erscheint.

schweißt wird mit dem organisatorischen Prinzip des *Zurück*. Es geht tatsächlich um Wiederholung, um das Erzeugen einer »Wahrnehmungsidentität«, um eine vollkommene Reproduktion.[100] Und in dem Umstand, daß die Reproduktion an anderer Zeitstelle stattfindet, findet sich die naheliegende Möglichkeit der Enttäuschung (das Freudsche Leitmotiv par excellence): Dasselbe ist nicht dasselbe und – womöglich –: Es ist nie dasselbe. Das faktische *Zurück* ist ausgeschlossen, die Reproduktion des Originals ein Paradox, und wiederum ist der Mangel Motor des Systems. Es startet durch ein Unglück, durch die Bitternis einer Erfahrung, die bemerkt, daß der ›kurze regrediente Weg‹, daß die Halluzination der Erfüllung nicht dasselbe erzeugt wie eine tatsächliche Wiederholung der einst stattgehabten, tatsächlichen Befriedigung durch eine Außeninstanz. Das Phantasma ist nicht die Realität.[101]

Die Regression muß infolgedessen aufgehalten, das Phantasma einer Prüfung unterzogen werden. In dieser Prüfung differenziert sich das Innen und das Außen des Systems. Der Mangel induziert Realität anhand der Unterscheidung von Imagination und Faktizität der Befriedigung. Die Welt meldet sich als Not.[102] Und die Not ist es, die die Instanz einer »Realitätsprüfung« erzwingt.[103] Es bleibt kein Zweifel: Das Realitätsexamen und damit die Einführung von Realität geschieht auch bei Freud systemintern: Die Wirklichkeit ›entsteht‹ aus der Differenz von Phantasma und Gedächtnisspur. Das System registriert, daß das Bild, die Halluzination der Befriedigung, nicht dasselbe ist wie die wirkliche Abfuhr der Spannung, und es registriert dies als Differenz zwischen Wiederholung und Erinnerung und als Kontrast zwischen dem fortdauernden Bedürfnis und der bloßen Imagination seiner Lösung. Die Lösung wäre »Wahrnehmungsidentität« (und keineswegs nur die reale Wiederholung einer realen Situation). Es geht um die »Wiederholung jener Wahrnehmung, welche mit

100 Ebd.

101 Es kann natürlich festgehalten werden, aber dann befindet man sich schon in der Zone der Erkrankung, der halluzinatorischen Psychosen, der Hungerphantasien und ähnlichem. Vgl. ebd., S. 572.

102 Wir würden die gleiche Theoriefigur einsetzen und nur geringfügig anders formulieren: Die Welt meldet sich als Komplexität.

103 Man sieht, wie die Entfaltung der Differenz als Motiv auch noch im Strukturmodell greift, in der Installation des Ich.

der Befriedigung des Bedürfnisses verknüpft« war.[104] Das System wird agieren müssen, wenn es denn anders als halluzinatorisch zu jener Wahrnehmungsidentität gelangen will, wenn es eine Lage herbeiführen will, in der diese Identität möglich werden kann.

Es baut seine Komplexität auf in der Form des Umwegs, es lenkt den kurzen Weg aus und muß längere Wege gehen. Die Form des Systems resultiert aus einer Zeitdehnung, aus einer Verrenkung. Das Denken (diese Reduktion von Komplexität) substituiert die Halluzination. Das System wird »angetrieben ... von der Sehnsucht nach dem primitiven Zustand des halluzinatorischen Wunsches«.[105] Im Anfang ist nichts als die Wiederholung (als einzige Fähigkeit des Systems) und das Unvermögen, die Wirklichkeit eines ersten Males in vollem Umfang zu restituieren.[106] Das System beginnt damit, daß es eine Beute jagt, die sich in der Vergangenheit befindet. Das Seelenleben des Menschen ist, folgt man Freud, geprägt von der Tragik des ›Es war einmal‹.[107]

f) Die entscheidende Verspätung

Die Wiederholung, die das Original der Befriedigung niemals erreicht, der Wunsch, der sich die »Befriedigungserinnerung« heranhalluziniert, ist allein nicht geeignet, Befriedigung zu verschaffen. Das System wird in einen Umweg getrieben:

»Es wurde so eine zweite Tätigkeit – in unserer Ausdrucksweise die Tätigkeit eines zweiten Systems – notwendig, welche nicht gestattete, daß die Erinnerungsbesetzung zur Wahrnehmung vordringe und von dort aus die psychischen Kräfte binde, sondern die vom Bedürfnisreiz ausgehende Erregung auf einen Umweg leite, der endlich über die willkürliche Motilität die Außenwelt so verändert, daß die reale Wahrnehmung des Befriedigungsobjekts eintreten kann ... die beiden Systeme

104 Ebd., S. 571.
105 Ricœur, *Die Interpretation*, a.a.O., S. 120.
106 Derrida, *Die Schrift und die Differenz*, a.a.O., S. 326.
107 Die Auslenkung des kurzen Weges auf dem Hintergrund einer Störung wird von Freud später dazu benutzt, das Leben als einen Umweg zu kennzeichnen, der nicht nur durch die Not des Lebens entsteht, sondern dessen Ziel klar und eindeutig ist: Dieses Ziel ist der Tod. Siehe dazu nur GW, Bd. XIII, S. 39 ff.

sind der Keim zu dem, was wir als *Ubw* und *Vbw* in den voll ausgebildeten Apparat einsetzen.«[108]

Das Ziel der zweckmäßigen Veränderung der Außenwelt nötigt zu Annahmen über die Struktur des zweiten Systems: Es muß Zutritt haben zum Gesamtbestand des Erinnerungsmaterials, denn der Umweg, den es gehen muß, bezieht seine Orientierung aus der Erinnerung; es darf aber die Energien, über die es verfügt, die Quantitäten der Besetzung, nicht einfach in ›Kurzschlüssen‹ abfließen lassen, ehe der sinnvolle Umweg gefunden ist, denn sonst wäre die Energie schon vor der Zeit vergeudet, in der sie zur Veränderung der Umwelt dringend gebraucht wird. Das zweite System zeichnet sich mithin dadurch aus, daß es den größten Teil seiner Energiebesetzungen »in Ruhe« erhält »und nur einen kleineren Teil zur Verschiebung« verwendet.[109] Das erste System will die Lust sofort und ganz, das zweite *hemmt* diese Intention, blockiert die Abströmmöglichkeit und transformiert die Erregung in »ruhende Besetzung«.[110] Wenn der Umweg gegangen (die »probende Denkarbeit« durchlaufen) ist, kann die Hemmung gehemmt werden: Die Erregung fließt ab.

Ein Problem tritt erst dann auf, wenn die Wahrnehmung mit Unangenehmem, mit Schmerzlichem konfrontiert wird. Einerseits besteht kein Anlaß, Erinnerungsbilder des »Peinlichen« zu halluzinieren, und wenn dergleichen doch erinnert wird, so kann sich der psychische Apparat leicht davon abwenden und Aufmerksamkeiten anders arrangieren.[111] Andererseits ist es aber eben diese Leichtigkeit, die zu einer weiteren Binnendifferenzierung des zweiten Systems zwingt.

Das erste System trachtet danach, jede Unlust zu vermeiden. Es ist »überhaupt unfähig, etwas Unangenehmes in den Denkzusammenhang zu ziehen. Das System kann nichts anderes als wünschen.«[112] Das zweite System benötigt aber alle Informatio-

108 GW, Bd. II/III, S. 604 (*Die Traumdeutung*).
109 Ebd., S. 605.
110 Ebd.
111 Hier wirkt sich günstig aus, daß die Halluzination nicht dasselbe wie die Wahrnehmungsidentität ist. Diesselbe Differenz, die zur Realitätsprüfung zwingt, ermöglicht es auch, die Schwäche der Imagination gegenüber direkter Wahrnehmung auszunutzen. Vgl. ebd., S. 606.
112 Ebd.

nen, alle strukturell kondensierten Erinnerungen, sonst könnten Wiederholungen von Unlusterfahrungen nicht vermieden werden. Es muß deshalb die Eigenschaft haben, nur Vorstellungen zulassen zu können, deren Unlustanteil von ihm selbst gehemmt wird. Es ist mithin in der Lage, Erinnerung in gewisser Weise zu ›partialisieren‹ oder zu spalten, einen Teil (die damit verbundene Unlustentwicklung) abzuwehren und einen anderen Teil (die Vorstellung selbst) zuzulassen. Im Fall, daß diese Teilhemmung nicht funktioniert, wäre die Vorstellung für das zweite System nicht erreichbar. *Gleichwohl (und wiederum operiert Freud auf dem kleinen Tanzplatz der Differenzen, die er einführt) muß es ein gleichsam leichtes Bemerken der Unlusterregung geben: als Anlaß zur Entscheidung darüber, ob die Vorstellung zugelassen (und ebendeshalb partiell gehemmt) wird oder nicht. Die Prüfoperationen des zweiten Systems müssen die Erinnerungsspuren beobachten können, damit es möglich wird, zwischen ihren Qualitäten so zu entscheiden, daß einige zugelassen, andere ausgeschlossen werden.*[113]

»Den psychischen Vorgang, welchen das erste System allein zuläßt, werde ich jetzt *Primärvorgang* nennen; den, der sich unter der Hemmung des zweiten ergibt, *Sekundärvorgang.* ... Der Primärvorgang strebt nach Abfuhr der Erregung, um mit der so gesammelten Erregungsgröße eine *Wahrnehmungsidentität* herzustellen; der Sekundärvorgang hat diese Absicht verlassen und an ihrer Statt die andere aufgenommen, eine *Denkidentität* zu erzielen. Das ganze Denken ist nur ein Umweg von der als Zielvorstellung genommenen Befriedigungserinnerung bis zur identischen Besetzung derselben Erinnerung, die auf dem Weg über die motorischen Erfahrungen wieder erreicht werden soll. Das Denken muß sich für die Verbindungswege zwischen den Vorstellungen interessieren, ohne sich durch die Intensitäten derselben beirren zu lassen. ... Die Tendenz des Denkens muß also dahin gehen, sich von der ausschließlichen Regulierung durch das Unlustprinzip immer mehr zu befreien und die Affektentwicklung durch die Denkarbeit auf ein Mindestes, das noch als Signal verwertbar ist, einzuschränken.«[114]

113 Ebd., S. 607.

114 Ebd., S. 607 f. Übrigens würde eine Theorie der Gefühle, bezogen auf ein als autopoietisch aufgefaßtes, hinsichtlich seiner Elemente geschlossenes Bewußtseinssystem auf eine ganz ähnliche Fragestellung und vielleicht sogar auf eine ähnliche Antwort stoßen: auf die Minimalität eines Anzeichens.

Primarität und Sekundarität sind nicht nur als Anzeichen von Leistungsfähigkeit oder Rang gedacht, sondern als Zeitverhältnis. Wieder taucht an entscheidender Stelle das Motiv der Nachträglichkeit, der Verspätung, auf. Der psychische Apparat verfügt anfänglich nur über die Primärvorgänge. Die sekundären Bearbeitungen, das haben wir gezeigt, kommen später und entwickeln sich zu ihrer vollen Reife vielleicht erst (wenn überhaupt) im Erwachsenenalter. Die Hemmungen, das Unterscheidungsvermögen des zweiten Systems, entstehen nach und nach. Das sekundäre System *tritt immer nur in Verspätung auf. So bildet sich eine Teildomäne der Primarität, die durch die Verspätung nicht mehr erreicht wird, die sich ganz und gar dem Vorbewußten entzieht, eine Domäne der absolut unbewußten Wunschregungen.*[115] *Das Unbewußte ist Resultat des Zuspät.*[116] *Das erklärt zugleich, daß das Unbewußte infantile Erinnerungsspuren enthält, die nicht mehr durch das Bewußtsein bearbeitet und geklärt werden können. Und noch etwas wird erklärt: Jene Verspätung ist der Grund dafür, daß Freud im Rahmen seiner Theorie vollkommen logisch, ja auf ästhetische Weise logisch annehmen darf, daß das Unbewußte zeitlos, daß seine Inhalte unzerstörbar sind.*[117] In der Sprache neuerer Theorien würde man formulieren,

115 Freud hat in vielen Arbeiten immer wieder versucht, das Theorem des Unbewußten zu plausibilisieren. Aber die Figur des Zuspät, die evident anmutet und die seine theoretischen Operationen steuert, hat er, soweit ich sehe, nicht selbst zur Plausibilisierung benutzt.

116 Es ist hier noch nicht der Ort, dies zu diskutieren, aber wenn wir recht haben mit der Dominanz der Verlautbarungswelt und wenn also das Bewußtsein sich selbst nur mit sozial angelieferten Unterscheidungen beobachtet, dann haben wir dasselbe Phänomen einer unaufhebbaren Verspätung.

117 Ebd., S. 609. Vgl. Derrida, *Die Schrift und die Differenz*, a.a.O., S. 327, hat mithin recht, wenn er feststellt, daß die Figur der Verspätung das Problem der Zeitlosigkeit des Unbewußten anders zu stellen erlaubt. Die Lösung ergibt sich daraus, daß es für keinen zeitlichen Prozeß mehr erreichbar ist; es ist außer der Zeit, weil seine Beobachtung immer verspätet, immer nachträglich und nie originär ist. Im Gegensatz zu Derrida (aber vielleicht verblendet durch die Faszination einer großen Theorie) meine ich, daß Freud dies genau sagt und daß es keine Lücke zwischen seiner Intuition und seiner Begrifflichkeit gibt. Und anzumerken ist hier, wenn auch im Vorgriff, daß es ebendiese Verspätung ist, diese *différance*, in der die

daß die frühen Markierungen des Systems die Operationen schon determinieren, mit denen das System sich der Frühe bemächtigen will, und ebendeshalb kommt es nicht an sie heran – oder nur in der Form einer fundamentalen *méconnaissance*.

Die frühen, nicht mehr erreichbaren Inhalte des Unbewußten begründen die Rede Freuds von der Unerfaßbarkeit des »Kern(s) unseres Wesens«.[118] Sie begründen eine Anthropologie der Nichterreichbarkeit des Menschen und der Nichterreichbarkeit seiner Wahrheit. Freuds unschlagbare Modernität liegt nicht nur in der eleganten Simplizität der Idee von der Verspätung, sondern in seiner Referenz auf die Zeit.

4. *Das Unbewußte*

Das Unbewußte, wir sahen es, emergiert durch die Verspätung. Es ist das, was der Beobachter nicht erreichen kann, weil er zu spät kommt, weil die Instanz der Beobachtung nach der Instanz der Primarität ausdifferenziert. Es lohnt kaum die Aufregung, die es verursacht hatte, als es entdeckt wurde, denn niemand hat es gefunden, niemand hat es wahrgenommen. Es ist nach dem, was wir bis jetzt diskutiert haben, schlicht das, was sich vom Bewußtsein aus nicht beobachten läßt, und zwar deshalb nicht, weil das Bewußtsein seinen Anfang versäumt. Die Unterscheidung der Systeme selbst gründet, wie Freud bemerkt, auf der Bewußtheit selbst.[119] Und deren Wesen ist die Verspätung gegenüber der Primarität oder, besser noch: gegenüber der primären (frühesten) Primarität der Kindheit. Folgerichtig sind die Inhalte des Unbewußten aus der Zeit genommen, aus der Zeit, müßte man sagen, des bewußten Beobachters. Aber die Zeitlosigkeit und die Unzerstörbarkeit der frühesten Inhalte des Unbewußten schließt deren Wirksamkeit nicht aus. Wie geht das zu?

Zunächst ist die Verspätung die Ursache der Konstitution des Unbewußten und seines Kerns, des für das Bewußtsein nicht

Idee der Autopoiesis mit Freuds Theoremen zusammenläuft. Die Autopoiesis kann nicht anders als in dieser seltsamen Metaphysik der Verschiebung, des Aufschubs, der Nachträglichkeit, der Verspätung gedacht werden.

118 Ebd.

119 GW, Bd. X, S. 271 (»Das Unbewußte«).

mehr bearbeitbaren Primärvorgangs, jener Urverdrängung, die sich durch bewußte Beobachtung nicht mehr erreichen läßt. Aber ist das System ausdifferenziert, arbeitet es in jeder Aktualität. Es ist Teil des psychischen Systems, Teil der Seelentätigkeit, und so sehr wirksam, daß »jeder psychische Akt« im Unbewußten beginnt.[120] Die Raffinesse liegt auch hier darin, daß die Konstitution des aktuell operierenden Systems Ubw (und hier versagt einfach die sequentiell arbeitende Sprache) nicht nur irgendwann einmal an eine primordiale Verspätung gebunden wird, sondern auch an einen *aktuellen Nachtrag*: Die Unterscheidung von unbewußt/vorbewußt (bewußt) hat, um es derridaesk zu sagen, die Form eines Postscriptums. Erst die *Abwehr sortiert zwischen dem Einschluß bzw. Ausschluß von psychischen Vorstellungen, zwischen dem, was unbewußt bleibt, und dem, was bewußtseinsfähig werden kann.*[121] Wieder ist es ein optischtechnischer Vorgang, der die Analogie liefert:

»Eine grobe, aber ziemlich angemessene Analogie dieses supponierten Verhältnisses der bewußten Tätigkeit zur unbewußten bietet das Gebiet der gewöhnlichen Photographie. Das erste Stadium der Photographie ist das Negativ; jedes photographische Bild muß den ›Negativprozeß‹ durchmachen, und einige dieser Negative, die in der Prüfung gut bestanden haben, werden zu dem ›Positivprozeß‹ zugelassen, der mit dem Bilde endigt.«[122]

Freud arbeitet also nicht mit der Ontologie des Negativs. Es sind nicht die Negative, die das Unbewußte füllen. Es ist vielmehr die Zulassung einiger und der Ausschluß anderer Negative, die post festum die Provinz des Nichtzulassungsfähigen und die Provinz

120 GW, Bd. VIII, S. 436 (»Einige Bemerkungen über den Begriff des Unbewußten«).

121 Ebd. Ich erinnere nur daran, daß die Form dieser Überlegungen vollkommen klarmacht, warum Freud abgehen mußte von der Vorstellung einer immer und in jedem Fall zugrundeliegenden realen infantilen Verführung. Zugleich sieht man, daß die Vorstellung der Zensur, des Wächters, die sich bei Freud immer wieder findet, eine hohe Bedeutung hat. Die Metapher ist sehr präzise, denn es ist die Zensur, die die Verfehlung erzeugt. Siehe auch zum frühen Gebrauch des Begriffes: Freud, *Briefe an Wilhelm Fliess 1887-1904*, a.a.O., S. 110 f., Manuskript H.

122 Ebd. Wir sehen auch hier die Lichtmetapher, die Freuds Vorstellung vom Bewußtsein beherrscht. Das Bewußtsein ›sieht‹, ihm ist das Bild gegeben.

des Zugelassenen diskriminiert. Abwehr, Widerstand, Verdrängung (diese Funktionen des verspätet eingeführten Prohibitoriums der Unlustvermeidung) erzeugen jene erste Provinz, die ebendadurch (im Nachtrag selbst) wirksam ist. Dies ist so etwas wie eine temporale Münchhauseniade, die Paradoxie einer Autogenesis, die Freud vielleicht niemals im vollen Sinne ausgeschrieben hat, aber deren Effekt die Terminologie der Verschiebung, des Aufschubs, des Nachhinein, der Verspätung ist, die sich durch sein Gesamtwerk zieht. Die Folgen jener basalen Idee eines letztlich paradoxen, weil unaufhörlichen Moratoriums zeigen sich an den Inhalten und an den Prozessen, die Freud dem System des Unbewußten zuschreibt.

a) Die Repräsentanz als Einheit des Systems

In den Einzugsbereich der Unterscheidung von bewußt/unbewußt fallen nicht die Triebe selbst. »Ein Trieb«, sagt Freud, »kann nie Objekt des Bewußtseins werden ...«[123] Er ist somatisch und dem psychischen System extern.[124] Er ist, in unserer Sprache gesagt, Umweltgegebenheit des psychischen Systems, dessen Elemente Vorstellungen sind, Repräsentanzen der Triebe und eben nicht diese selbst.[125] Und immer noch in unserer Terminologie: Sie werden im psychischen System (wie auch immer im einzelnen) *bezeichnet*. Sie sind in der zentralen Bireferentialität des psychischen Systems (Fremdreferenz/Selbstreferenz) auf

123 GW, Bd. X, S. 275 (»Das Unbewußte«).

124 Siehe den dies betreffenden Artikel bei Laplanche/Pontalis, *Das Vokabular der Psychoanalyse*, a.a.O., S. 525 ff. Dort auch Hinweise auf die Schwierigkeit von Übersetzungen dieses Wortes in andere Sprachen, *pulsion* im Französischen, aber zum Beispiel *instinct* im Englischen statt etwa *urge* oder *drive*.

125 Wir kommen später darauf zurück. Angemerkt werden soll nur, daß der Begriff Vorstellung aus reicher philosophischer und psychologischer Tradition stammt und letztlich die Anzeige einer Fremdreferenz im aktuellen psychischen Akt meint. Damit ist sofort Gedächtnis und die Wahrnehmung involviert. Siehe insbesondere zum Einfluß Herbarts auf Freud: O. Andersson, *Studies in the Prehistory of Psychoanalysis*, Norstedts 1962. Vgl. auch unter Referenz auf Brentano, dessen Vorlesungen Freud gehört hat, M. Safouan, *L'échec du principe du plaisir*, Paris 1979, S. 33.

der Seite der Fremdreferenz angesiedelt.[126] Die Triebe, diese ursprüngliche Macht, erscheinen im psychischen System als nicht sie selbst, sondern in der Form der Stellvertretung, als Repräsentanzen des Ursprungs, also auch hier nie als Original, sondern im Modus einer primordialen Verkennung. Eigentümlich ist, daß diese Repräsentanzen als Bewohner, als Inhalte des Ubw konzipiert sind und dabei weitgehend als Vorstellungsrepräsentanzen imponieren. Sie sind von den Signifikanten des Bewußtseins her gedacht und dennoch im System Ubw beheimatet.[127]

Es überrascht deshalb nicht, daß mit dieser Idee psychischer Repräsentanzen sich eine theoretische Ambiguität einstellt.[128] Das Soma selbst, die Erregung, die Spannung, die sich darin aufbaut, kann im psychischen System nicht vorkommen, sie muß repräsentiert werden. Mitunter ist es der Trieb, der psychisch signiert wird, dann klappen Soma und Psyche beinahe aufeinander[129]; an anderen (und prominenten) Stellen findet sich der Trieb als Somatizität pur, der im Psychischen nach zwei Seiten hin repräsentiert wird: als Vorstellungsrepräsentanz und als Affektquantum.[130] Vor allem diese Unterscheidung gestattet es Freud (und wiederum auf kleinstem Denkraum)[131], zwei Schicksale auseinanderzuhalten und aufeinander zu beziehen: das Schicksal des Affekts und das Schicksal der Vorstellungsrepräsentanz. Diese Differenz zwischen einer Quantität (die ebendeshalb beweglich, verschiebbar, agibel ist) und einer Qualität

126 Siehe zu dieser Referentialität des Bewußtseins N. Luhmann, »Die Autopoiesis des Bewußtseins«, in: Hahn/Kapp (Hg.), *Selbstthematisierung und Selbstzeugnis*, a.a.O., S. 25-94. Wir wollen hier nicht Bewußtsein im Sinne Luhmanns und psychisches System im Sinne Freuds gleichsetzen, sondern nur auf die Figur hinweisen, die bei beiden das psychische System strukturiert. Ich komme aber darauf zurück.

127 Freud pflegt dieses Problem als Paradoxie zu formulieren und zugleich sichtbar zu machen, daß er die Paradoxie kennt, die nämlich der *unbewußten Vorstellung*. Vgl. Laplanche/Pontalis, *Das Vokabular der Psychoanalyse*, a.a.O., S. 616.

128 Ebd., S. 442.

129 GW, Bd. X, S. 214 (»Triebe und Triebschicksale«).

130 GW, Bd. X, S. 254 f. (»Die Verdrängung«).

131 Wenn man vom kognitiven Duktus Freuds, von seinem Denkstil reden wollte, dann müßte man auf seine Kunst achten, kleinräumig und mit hohem Auflösungsvermögen zu denken und zu schreiben.

dynamisiert und ökonomisiert das System. Unter einer Triebrepräsentanz versteht Freud

»eine Vorstellung oder Vorstellungsgruppe, welche vom Trieb her mit einem bestimmten Betrag von psychischer Energie (Libido, Interesse) besetzt ist. Die klinische Beobachtung nötigt uns nun zu zerlegen, was wir bisher einheitlich aufgefaßt hatten, denn sie zeigt uns, daß etwas anderes, was den Trieb repräsentiert, neben der Vorstellung in Betracht kommt, und daß dieses andere ein Verdrängungsschicksal erfährt, welches von dem der Vorstellung ganz verschieden sein kann. Für dieses andere Element der psychischen Repräsentanz hat sich der Name *Affektbetrag* eingebürgert; es entspricht dem Triebe, insofern er sich von der Vorstellung abgelöst hat und einen seiner Quantität gemäßen Ausdruck in Vorgängen findet, welche als Affekte der Empfindung bemerkbar werden.«[132]

Die Zerlegung des Einheitlichen (der Triebrepräsentanz) in Vorstellung und Affektquantum eröffnet die Möglichkeit differenter Schicksale, die Möglichkeit psychischer Morphogenese. Aber warum geht es überhaupt um Repräsentanzen, um Vorstellungen? Welche theoretische Notwendigkeit zwingt in die Paradoxie unbewußter Repräsentanzen?

Es ist die Einheit des psychischen Systems, die durch die Funktion der Repräsentanz garantiert wird.[133] Die oben skizzierte Extension des psychischen Systems hat die Bedingung ihrer Möglichkeit darin, daß die am Vorbild des Bewußtseins entwikkelte Idee der Vorstellung abgekoppelt wird vom Moment der Aufmerksamkeit, des Bemerkens, der Registratur. Auf diese Weise wird eine zwischen den Systemen des Psychischen funktionierende Konvertibilität gewonnen, ein Material, das sich über die Bandbreite des kompletten Systems erstreckt und ineinander verrechenbar ist. Gegen alle Alltagsevidenz, gegen die Tradition der Philosophie ebenfalls postuliert Freud die Möglichkeit, alle Akte des Seelischen, seien sie bewußt oder nicht bewußt, als Formen in einem Medium aufzufassen, die beschrieben werden können mit den Kategorien, die aus der Kenntnis bewußter Vorgänge stammen: »Vorstellungen, Strebungen, Entschließungen u. dgl.«[134]

Die Besonderheit der psychischen Repräsentanzen im Ubw ist wieder jene seltsame Verschleppung, von der oben die Rede war.

132 Ebd., S. 254 f.
133 Ebd., S. 266 f.; Ricœur, *Die Interpretation*, a.a.O., S. 145.
134 GW, Bd. X, S. 267 (»Das Unbewußte«).

An der Einheit des Systems vollzieht sich eine Spezifizierung, die durch das Wort ›Verdrängung‹ gekennzeichnet ist.[135] Es gibt die *Urverdrängung*, die den Transfer psychischer Repräsentanzen ins Bewußtsein verhindert, damit ist die Fixierung verbunden, die die verdrängte Repräsentanz mit dem Trieb verschweißt; und es gibt die »*eigentliche* Verdrängung«, die Freud als »Nachdrängen« bezeichnet.[136] Die Urverdrängung schließt aus, daß die Primarität der Repräsentanz noch beobachtet werden kann, das Original ist seine Fixierung, also ist es nachursprünglich, nur mehr im Modus der Indirektheit formulierbar. Die Analyse, die die eigentlichen Verdrängungen allein thematisieren kann, bewegt sich im Labyrinth der Ableitungen, der »Abkömmlinge«.[137] Das System des Unbewußten, dieses Netzwerk des Epigonalen, steht, wie man heute sagt, unter der Herrschaft der *différance*.

b) Das Unbezeichnete

Ich erinnere an das Ausgangsproblem dieser Studie, an die primordiale Fissur, die Unfähigkeit des Bewußtseins, sich selbst zu beobachten mit anderen Mitteln als mit sozial angelieferten Unterscheidungen. Die Rede war (im Vorgriff auf sehr viel später zu Diskutierendes) von der Herrschaft der Verlautbarungswelt, die im Wiedereintritt der Unterscheidung von Kommunikation und Bewußtsein in das Bewußtsein ihre ganze Dramatik entfaltet. Die hoch selektive Rekonstruktion der Freudschen Theorie diente dem Zweck, eine theoretische Morphogenese zu beobachten, die ihren Sinn an dem Versuch gewinnt, zu unterscheiden und zu bezeichnen, was jenseits von Unterscheidung und Bezeichnung (also jenseits von diesem sozial induzierten Material) nicht zu fassen ist: die Innenseite des Bewußtseins. Freud hat, das zeigte sich, in der Jahrhundertmetapher des Unbewußten und in der

135 Differenzierung ist immer Spezifizierung desselben in demselben mit den Mitteln desselben. Dies macht die Form/Medium-Unterscheidung so wichtig für die Analyse von Differenzierungsprozessen. Siehe dazu P. Fuchs, »Der Mensch – das Medium der Gesellschaft?«, in: ders. und A. Göbel (Hg.), *Der Mensch – das Medium der Gesellschaft*, Frankfurt am Main 1994, S. 15-39.

136 GW, Bd. X, S. 250 f. (»Die Verdrängung«).

137 Ricœur, *Die Interpretation*, a.a.O., S. 151.

Corona der Zeitmetaphern, die sie umkränzen, eine außerordentlich interessante und folgenreiche Lösung vorgeführt: das Bewußtsein als Mangel (als Lückenkonfiguriertheit), der Zugriff auf die Lücke als via Interpretation (Interpolation) erzeugte Supplementierung des Mangels. Entscheidend für die Berechtigung des Vergleichs mit unserem Ausgangsproblem ist, ob die Innenseite der Unterscheidung des Bewußtseins (die Innenseite des psychischen Systems bei Freud) theoretisch etwas zuläßt, was man die Bezeichnung (aber natürlich nur diese) des Unbezeichneten nennen könnte.

Einen ersten Anhaltspunkt bot der Inhalt des psychischen Systems, dessen Einheiten als psychische Repräsentanzen somatischer oder an der Grenze zwischen Soma und Psyche liegender Erregungsprozesse begriffen werden. Diese Stellvertreter, die das eigentlich Psychische darstellen, stehen nun, so der Kunstgriff Freuds, nicht unter der Dominanz des Bewußtseins, wiewohl sie Vorstellungen sind, ein Begriff also, der in der Tradition der Beobachtung des Bewußtseins geformt wurde. Sie können bewußt, vorbewußt oder unbewußt sein, sie können die internen Systemgrenzen überschreiten (und dabei krassen Änderungen unterliegen). Und sie sind, und darauf wollen wir hier das Interesse lenken, *keine Bezeichnungen*. Sie unterliegen nicht den Gesetzen der Zeichenhaftigkeit. Oder anders: Die Triebe, die Energie, die Erregungen sind *nicht das Signifikat flottierender Signifikanten, die Freud Triebrepräsentanzen nennt*. Die Dinge liegen im Unbewußten anders. Dort ist etwas, wie wir vorläufig sagen, was sich jeder sozialen angelieferten Unterscheidung entzieht (obgleich es sozial, also verstehensfähig, von Freud formuliert wird). Dort ist das *Reich der Nichtunterscheidung*, le centre d'inconnu *(Lacan), der selbst nicht mehr einsehbare Punkt, aus dem alles wächst, ohne daß es selbst je gesehen werden kann.*[138] Freud hat diesen blinden Fleck an anderer Stelle formuliert[139]:

138 Es ist vergleichbar mit dem, was der Zenbuddhismus formuliert oder was in eigentümlichen Wendungen der japanischen Kommunikation die Welt der Unterscheidungen aufzuheben sucht. Vgl. die Studie über Zenbuddhismus (auch die über Mystik) in Luhmann/Fuchs, *Reden und Schweigen,* a.a.O.

139 Es ist übrigens an dem jetzt folgenden Zitat sehr interessant, wie Freud die Metapher des blinden Flecks ›morphogenisiert‹. Siehe zur Raffinesse dieser Konstruktion S. Weber, *Freud-Legende*,

»In den bestgedeuteten Träumen muß man oft eine Stelle im Dunkel lassen, weil man bei der Deutung merkt, daß dort ein Knäuel von Traumgedanken anhebt, der sich nicht entwirren will, aber auch zum Trauminhalt keine weiteren Beiträge geliefert hat. Dies ist dann der Nabel des Traums, die Stelle, an der er dem Unerkannten aufsitzt. Die Traumgedanken, auf die man bei der Deutung gerät, müssen ja ganz allgemein ohne Abschluß bleiben und nach allen Seiten hin in die netzartige Verstrickung unserer Gedankenwelt auslaufen. Aus einer dichteren Stelle dieses Geflechts erhebt sich dann der Traumwunsch wie der Pilz aus seinem Mycelium.«[140]

Dieses Unbekannte hat gleichwohl Merkmale oder Eigenschaften, die in gleicher Weise nicht für die anderen Provinzen des Psychischen gelten. Was sich dem interpolierenden, supplementierenden Beobachter (der nun einmal mit Unterscheidungen arbeitet) zeigt, das sind »Wunschregungen«, Kräfte, Energien, die noch nicht das Spiel des Sinns und der Bedeutung spielen. Im Kern des Unbewußten gibt es nur die widerspruchsfreie Organisation der Regungen, die nackte Indifferenz.[141] In der Welt der Zeichen existiert der Widerspruch; in der Indifferenz jenseits der Zeichen (wo sich nur Unterschiede finden, aber keine Unterscheidungen) prallt nichts unversöhnlich aufeinander, ist nichts paradox, addieren oder subtrahieren sich einzig Beträge zu quantitativen Kompromissen.[142]

Diese Indifferenz macht zugleich den Begriff ›Negation‹ sinnlos, damit den der Affirmation. Was bleibt, ist weder Verneinung noch Nichtverneinung, weder Zweifel noch Sicherheit.[143] Dies alles wird eingetragen im Nachtrag des Wächters, der Zensur. Die Prozesse der Verschiebung und Verdichtung sind energetisch, also sinnfrei.[144] Schließlich: Wo keine Unterscheidungen sind, da ist auch keine Zeit. Das Ubw ist zeitlos im oben schon skizzierten Sinne; der Beobachter erst bringt Zeit ins Spiel: »Auch die Zeitbeziehung ist an die Arbeit des *Bw*-Systems ge-

a.a.O., S. 103 ff. Vgl. auch J. Lacan, *Die vier Grundbegriffe der Psychoanalyse. Das Seminar*, Buch II, 4. Auflage, Weinheim/Berlin 1996 (hier zit. nach Weber, S. 107).

140 GW, Bd. II/III, S. 530 (*Die Traumdeutung*).

141 GW, Bd. X, S. 285 ff. (»Das Unbewußte«).

142 Ebd., S. 285.

143 Ebd.

144 Vgl. auch Ricœur, *Die Interpretation*, a.a.O., S. 158 f.

knüpft.«[145] Ohne Negation, ohne Zweifel, ohne Widerspruch, ohne Unterscheidung, ohne Zeit – das bedeutet auch: keine Markierung (Unterscheidung und Bezeichnung) einer wie immer gearteten Realität zu sein, sondern selbst nur eine Realität, die wie »ein Chaos, ein ... Kessel voll brodelnder Erregungen« ist.[146] Darin ist keine Rede, kein Schweigen, allenfalls ein Auftrieb zu den Bezirken, in denen schon Sprache wirksam ist und dem Sinnfreien, wenn es dorthin durchdringt, im Nachtrag den kontingenten Sinn verleiht.

Aber wenn wir abstrahieren von der existentiellen Tiefe dieser Annahmen, von ihrer poetischen Kraft, durch die Schopenhauer so gut durchschimmert wie Nietzsche, wenn wir also im Rahmen unserer Fragestellung bleiben, wie würde dann die Antwort auf die kühle Frage lauten, was ein Bewußtsein beobachtet, wenn es sich selbst beobachtet im Blick auf das, was es jenseits seiner (sozial angelieferten) Unterscheidungen ist?

Freud jedenfalls, der diesen abenteuerlichen Versuch unternommen hat, sieht buchstäblich: nichts. Er suspendiert die unterscheidungsbedingte Realität und unterscheidet (!) dann das Unterscheidungslose, »den Ort, an dem nichts stattfindet als der Ort« (Mallarmé).[147]

145 GW, Bd. X, S. 286.

146 GW, Bd. XV, S. 80, hier mit Bezug auf das Es (*Neue Folge der Vorlesungen zur Einführung in die Psychoanalyse*).

147 Man kann das Problem noch starker temporalisieren und das Unbewußte begreifen als das, was in keinem Fall antizipierbar ist. Damit entzöge es sich jedem möglichen Sinn und wäre das *Reale schlechthin*. Vgl. dazu A. Juranville, *Lacan und die Philosophie*, München 1990, S. 52 f.; ferner J. Lacan, »La Troisieme«, in: *Lettres de l'Ecole freudienne*, Nr. 16, 1975. Das Unbewußte spricht mithin nicht, es sei denn: durch das Symptom. Die entscheidende Tat Freuds wäre dann, an die Symptome die Form Sinn heranzutragen. Vgl. ebd., S. 41. Zur linguistischen Generalthese einer puren Differentialität vgl. F. de Saussure, *Cours de linguistique générale*, Paris 1982, S. 161 ff.

5. *Die zweite Topik*

Freud hat aus dem Versuch, das psychische System zu beobachten, reiche theoretische Strukturbildungsmöglichkeiten bezogen. Er wählt den Weg der Inferenz, der Interpolation, und kontrolliert die Spekulation durch Beobachtung, die sich auf seine Patienten und Patientinnen richtet. Immer wieder ist es die klinische, die therapeutische Erfahrung, aus der heraus er Brückenköpfe in die terra incognita des Unbewußten baut. Die Besonderheit dessen, was er zu beobachten sucht, zwingt ihn aber in eine temporale Komplexität (und ins Problem der Bezeichnung des Nichtbezeichenbaren), die er mit dem Modell des 7. Kapitels der *Traumdeutung* allein nicht bewältigen kann. Er entwickelt eine zweite Topik (das Strukturmodell), die sich zwar nie ganz ablöst von der ersten Topik, aber wesentliche Akzente anders setzt.[148] Auch dieses Modell werden wir durch das Nadelöhr unserer Fragestellung peitschen.

a) Das Ich und das Es

»Nun ist all unser Wissen immer an das Bewußtsein gebunden«, sagt Freud.[149] Damit ist auch das Wissen des Unbewußten (jenes Nichtbezeichenbaren, jenes Präsymbolischen) nur bewußt oder niemals verfügbar. Das Unbewußte muß in die Bewegung des Wissens (der Unterscheidung, der Bezeichnung) hineingenommen werden. Die Frage ist: Wie?

Zunächst ist das Bewußtsein eine Grenze, eine »Oberfläche«, im funktionellen Verständnis so gut wie im anatomischen. Es ist offen für Wahrnehmungen, die von außen (durch die Sinne) an es herankommen, und für Wahrnehmungen, die es von innen her erreichen (Empfindungen, Gefühle).[150] Insofern hat es wie jede Grenze zwei Seiten. Das Problem tritt auf, wenn es um Denkvorgänge geht, die im Inneren des psychischen Apparates stattfinden. Treiben sie auf, bis sie die Innenseite jener Oberflä-

148 Siehe zum Versuch, die erste und die zweite Topik miteinander zu kombinieren, GW, Bd. XV, S. 85 (*Neue Folge der Vorlesungen zur Einführung in die Psychoanalyse*).

149 GW, Bd. XIII, S. 246 (*Das Ich und das Es*).

150 Ebd.

che erreichen, oder dellt sich die Oberfläche nach innen ein, um Denkvorgänge im Innern berühren zu können? Und was wäre das für eine Inflexion, durch die das System an einer Stelle sich gleichsam einschnürte und in gewissem Sinne ›dünner‹ würde? – Auftrieb und Inflexion sind Metaphern, die die Topologie über die Maßen strapazieren. »... es müßte etwas drittes der Fall sein.«[151]

Dieses Dritte kommt in die Sicht, wenn man unbewußte Vorstellungen von vorbewußten (bewußtseinsfähigen) Vorstellungen unterscheidet: Jene sind Vorgänge in einem »unerkannten« Material, diese sind Gedanken, und Gedanken sind gekennzeichnet durch ihre »Verbindung mit *Wortvorstellungen*«.[152] Die Sachvorstellungen lassen sich als weitgehend visuelle Animationen von Erinnerungsspuren (oder jeweils assoziierter Erinnerungsspuren) begreifen, die Wortvorstellungen fügen den Sachvorstellungen das »Qualitätszeichen« des Bewußtseins hinzu.[153]

»Diese Wortvorstellungen sind Erinnerungsreste, sie waren einmal Wahrnehmungen und können wie alle Erinnerungsreste wieder bewußt werden. Ehe wir noch weiter von ihrer Natur handeln, dämmert uns wie eine neue Einsicht auf: bewußt werden kann nur das, was schon einmal *bw* Wahrnehmung war, und was außer Gefühlen von innen her bewußt werden will, muß versuchen, sich in äußere Wahrnehmungen umzusetzen.«[154]

Das Zitat zeigt, daß auch hier das Motiv der Nachträglichkeit entscheidend ist: Das Bewußtsein, diese Oberfläche, kommt immer zu spät, es operiert postscriptal und ist dabei auf einen doppelten Nachtrag angewiesen, auf einen Nachtrag der Effekte seiner eigenen Operationen (alles, was hier in Betracht kommt, war schon einmal bewußte Wahrnehmung) und auf den Nachtrag, der das von innen Kommende mit Wortvorstellungen verbindet und so in die Bewußtseinsfähigkeit transformiert. In modernerer Terminologie ausgedrückt: Das psychische System ist durch und

151 Ebd., S. 247.
152 Ebd.
153 Ich erwähne es nur erinnerungshalber, daß die Unterscheidung von Sach- und Wortvorstellung eine deutliche Parallele in der Saussureschen Differenz von Signikant/Signifikat hat und daß daran später, wie wir sehen werden, Lacan seine Konzeption des Unbewußten entwickelt.
154 Ebd.

durch (bis auf den Kern des Unbewußten) auf Fremdreferenz angewiesen, das Bewußtsein ist in Differenz zum Unbewußten arrangiert um die Fremdreferenz, die durch Wortvorstellungen gegeben wird, und jeder Unterschied, der im Vorbewußtsein einen Unterschied machen kann, kann es erst im Aufschub.[155]

Von außerordentlicher Bedeutung ist dabei die Idee, daß der unterschiedmachende Unterschied (die Induktion letztlich von Sprache) die gleichsam blinden Operationen des Systems sehend macht: Die inneren Denkvorgänge werden durch die Wortvorstellungen zu Wahrnehmungen, und wenn sie durch das Vorbewußtsein ins Bewußtsein eintreten, zeigt sich, daß die Überbesetzung des Denkens, die den Eintritt möglich macht, es gewährleistet, daß das Innen wie das Außen behandelt wird. Die Wortvorstellungen garantieren die Funktion der Externalisierung der Innenwelt. Damit wird zugleich klar, daß diese Externalisierung das Phänomen begründet, daß Gedanken (wie das, was durch die Sinne rezipiert wird) für wahr gehalten werden.[156] Von jener ›bisensiblen‹ Oberfläche des (Wahrnehmungs-)Bewußtseins geht die Kondensation aus, die durch das Ich bezeichnet wird. Das System *W* ist seine Keimzelle, von dem aus es das System *Vbw* zu umgreifen beginnt. »... das andere Psychische aber, in welches es sich fortsetzt, und das sich wie *ubw* verhält«, heißt »das Es«.[157] Daraus ergeben sich merkwürdige topologische Verhältnisse.[158]

155 Das Vorbewußte, folgt daraus, ist in seiner Genese wesentlich auditiv organisiert. Die visuelle Dimension spielt dabei nur eine untergeordnete Rolle (man denkt selten in Bildern). Interessant ist, daß Freud die Wortvorstellungen so sehr an den Erinnerungsrest »des gehörten Wortes« bindet und die Organisation dieser Reste nur in sekundärer Weise an das Lesen bindet. Wir hätten heute sehr darüber nachzudenken, wie diese sekundäre Bearbeitung (via Kommunikationsmedien der verschiedensten Art) die Reanimation der durch Hören zustande gekommenen Spuren modifiziert.

156 Ebd.

157 Ebd., S. 251. Vgl. dazu, daß das Es die wesentlichen Eigenschaften des Unbewußten teilt: GW, Bd. XV, S. 81 (*Neue Folge der Vorlesungen zur Einführung in die Psychoanalyse*).

158 Ich beziehe mich auf die Skizze ebd., S. 252. Freud selbst sagt, daß die Konturen der Skizze nur der Darstellung dienen. Sie beanspruchen »keine besondere Deutung«, aber dennoch ist sehr auffällig, wie die harte, eckige, Zeit in linearer Abrollung und Regression

»Ein Individuum ist nun für uns ein psychisches Es, unerkannt und unbewußt, diesem sitzt das Ich oberflächlich auf, aus dem *W*-System als Kern entwickelt. Streben wir nach graphischer Darstellung, so werden wir hinzufügen, das Ich umhüllt das Es nicht ganz, sondern nur insoweit das System *W* dessen Oberfläche bildet, also etwa so wie die Keimscheibe dem Ei aufsitzt. Das Ich ist vom Es nicht scharf getrennt, es fließt nach unten hin mit ihm zusammen. Aber auch das Verdrängte fließt mit dem Es zusammen, ist nur ein Teil von ihm. Das Verdrängte ist nur vom Ich durch die Verdrängungswiderstände scharf geschieden, durch das Es kann es mit ihm kommunizieren.«[159]

Dies ist ein Knoten von Metaphern des Aufsitzens, des Oberflächlichen, der Umhüllung, der unklaren Trennung, des Fließens, ein Knoten, der (wie in der berühmten Skizze Freuds[160]) runde, weiche, fließende Konturen aufruft, in dem Grenzen (die scharfen Scheidungen) nur an zwei Stellen auftauchen: in der schief aufsitzenden Hörkappe und an der Stelle, wo die Verdrängungswiderstände eine harte Doppellinie darstellen, die das Ich vom Verdrängten trennen.[161] Wieder taucht das Motiv des Umweges auf: Das Ich ist mit dem Es im Blick auf Verdrängtes durch eine Verbindung gekennzeichnet, die die Verdrängungswiderstände umgeht. Aber der Umweg zwingt den Weg durch das Es. Die Metaphorik der zweiten Topik vermeidet weitgehend die scharfen Grenzen zwischen den Systemen, die System-/Umweltbeziehungen sind eher diffus, eher Felder, eher so, als hätte man es mit ineinander allmählich übergehenden ›Diskursen‹ des psychischen Systems zu tun, also mit einer Rutsch- oder Gleitwelt statt mit einer Welt der binären Opposition des jeweils Innen/jeweils Außen.

Das Ich ist ein Modifikat des Es, eine Insulation, die sich aus den Kontakten des Es mit der Außenwelt (vermittelt durch das W-Bw) bildet.[162] Es ist eine »Fortsetzung der Oberflächendifferenzierung«, eine Provinz, die sich an der Innenseite der Außen-

bindende Skizze der ersten Topik sich unterscheidet von den runden, ineinander verschwimmenden Linien dieser Skizze.

159 GW, Bd. XIII, S. 251 f.

160 Ebd., S. 252.

161 Interessant ist, daß diese Doppellinie in der Skizze einen harten Kanal bildet, der, von außen kommend, in das Es einmündet.

162 Ebd. Insofern ist das Ich der genetisch spätere Teil, das Produkt des Sekundärvorgangs.

seite des Systems entwickelt und die deshalb damit beschäftigt (darum »bemüht«) ist, die Restriktionen der Außenwelt im Es durchzusetzen, in dem einzig das Lustprinzip herrscht. Die gleichsam materialen Komponenten des Ich sind Wahrnehmungen, die des Es: Triebe.[163] Das Ich ist eine Instanz, die sich an den Wahrnehmungen diszipliniert, letztlich an der Realität (es ist gekennzeichnet durch »Vernunft und Besonnenheit«), dies im »Gegensatz zum Es, welches die Leidenschaften enthält«.[164] Die berühmte Reiter/Pferd-Metapher bringt dies auf eine paradoxe Formel:

»Die funktionelle Wichtigkeit des Ichs kommt darin zum Ausdruck, daß ihm normaler Weise die Herrschaft über die Zugänge zur Motilität eingeräumt ist. Es gleicht so im Verhältnis zum Es dem Reiter, der die überlegene Kraft des Pferdes zügeln soll, mit dem Unterschied, daß der Reiter dies mit eigenen Kräften versucht, das Ich mit geborgten. Dieses Gleichnis trägt ein Stück weiter. Wie dem Reiter, will er sich nicht vom Pferd trennen, oft nichts anderes übrig bleibt, als es dahin zu führen, wohin es gehen will, so pflegt auch das Ich den Willen des Es in Handlung umzusetzen, als ob es der eigene wäre.«[165]

Die Autonomie des Ich vollzieht sich weitgehend im Modus des Als-ob. Die Ressource, aus der es sich speist (seine Kräfte nimmt), ist zugleich die Quelle der Kraft, die es bezwingen soll. Die Energie des Bezwingers ist die Energie des Bezwungenen. Das Ich ist gekennzeichnet (und wir kennen dieses Motiv jetzt gut) durch den Mangel an Eigenkraft und die dadurch gegebene Notwendigkeit, Kraft zu entlehnen, zu ›borgen‹. Das Management dieses Entlehnens und ›Borgens‹ (damit auch der Rückgabe) ist das, was dem Ich gelingen oder mißlingen kann.[166] Diese fundamentale Schwäche ließe eigentlich erwarten, daß das Ich sich auflöste, es sei denn, es ließe sich eine zweite Ursache sei-

163 Wörtlich: »Die Wahrnehmung spielt für das Ich die Rolle, welche im Es dem Trieb zufällt.« Ebd., S. 252 f. Im Es finden sich entsprechend ›Leidenschaften‹ und nicht Triebe.

164 Ebd., S. 253.

165 Ebd.

166 Eine weitere Möglichkeit wäre die ›Verschmelzung‹ des Ich mit dem Es, also gleichsam das Einrangieren in die Bestrebungen des Es, ein Einverständnis mit dessen Phantasmen, eine Akzeptanz, die in gewissem Sinne auch Heilung wäre. Das ist schon nahe an Lacan gedacht, auf den wir umfangreicher zurückkommen.

ner Ausdifferenzierung ermitteln, ein zusätzlich stabilisierendes Moment. Das ist tatsächlich der Fall. Freud baut eine zweite Referenz ein, den Körperbezug des Ich.[167]

Die Körperoberfläche ist der »Ort, von dem gleichzeitig äußere und innere Wahrnehmungen ausgehen können«.[168] Der Körper ist zwar in der Fremdreferenz angesiedelt (»ein anderes Objekt«), aber jede Berührung, die ihn trifft, differenziert (und eben »gleichzeitig«) Innen- und Außenwahrnehmung. In dieser Innenwahrnehmung, ausgelöst durch das »Getast«, das den Innen-/Außen-Unterschied vorführt, entsteht die Körpervorstellung.[169] Das Ich stabilisiert sich am Körper, es ist nicht nur die Oberfläche (die Wahrnehmung), es ist die »Projektion einer Oberfläche«.[170] Es ist in anderer Terminologie die *Imagination der Innen-/Außendifferenz, die interne Kopie dieses Unterschiedes, es bildet sich im* re-entry *der Unterscheidung, durch die es konstituiert ist.*[171] Aber daß es als »Körper-Ich« Projektion ist, ebendies plausibilisiert nachhaltig, daß es mit dem Bewußtsein nicht deckungsgleich sein kann, es ist zu weiten Teilen unbewußt: »Nicht nur das Tiefste, auch das Höchste am Ich kann unbewußt sein. Es ist, als würde uns auf diese Weise demonstriert, was wir vorhin vom bewußten Ich ausgesagt haben, es sei vor allem ein Körper-Ich.«[172]

167 Auch in der modernen Systemtheorie wird der Körper der Ort, in dem das Bewußtsein haust und an dem es sich unterscheidet als eines, das mit diesem und mit keinem anderen Körper verbunden ist – wie minimal diese Unterscheidung auch immer sein mag. Siehe dazu insbesondere die Analyse zur japanischen Kommunikation in Fuchs, *Die Umschrift*, a.a.O.

168 GW, Bd. XIII, S. 253.

169 Ebd. mit dem Hinweis, daß auch Schmerzen ein gutes Beispiel dafür sind, wie der Körper Vorstellungen über seine Binnenstruktur gewinnt.

170 Ebd.

171 Tatsächlich entwirft Freud (ebd., S. 254) als Analogie das Bild des »Gehirnmännchens« aus der Anatomie, »das in der Hirnrinde auf dem Kopf steht, die Fersen nach oben streckt, nach hinten schaut und wie bekannt, links die Sprachzone trägt«.

172 Ebd., S. 255. Theorietechnisch gesehen, kann eine Projektion nicht vollständig durch sich selbst beobachtet werden, und der Beobachter der Projektion (und des Projektionsapparates) kann nicht selbst in der Projektion enthalten sein. Im *re-entry* der Innen/Außen-

b) Die dritte ›Person‹: das Über-Ich

Noch immer geht es darum, wie das Bewußtsein sich selbst beobachtet und was für Theorien entstehen, wenn bemerkt wird, daß die Selbstbeobachtung fundamental unvollständig ist, daß sie auf eine primordiale Fissur aufzulaufen scheint, daß das Bewußtsein sich selbst nicht als Original antrifft. Die Stelle unserer Rekonstruktion eines, wenn nicht des ambitioniertesten Versuchs, die andere Seite des Bewußtseins im Bewußtsein aufzuhellen, ist die einer Verschiebung von der ersten Topologie hin zu einer gleichsam personalpronominalen Struktur dreier Instanzen: Ich, Es und Über-Ich.[173] In dieser Verschiebung wird auch das Problem des Bewußtseins verschoben, durch das die erste Topik dominiert war: Das Ich ist nicht dem W-Bw kongruent, aber auch das Es umfaßt nicht die volle Domäne des Unbewußten, da Ich und Über-Ich ihrerseits nicht durchgängig bewußt sind. Das Bewußtsein bleibt zwar das, was den Kontakt zur Realität arrangiert, aber das ›Personal‹ des psychischen Systems ist vor allem Ausdruck eines Machtkampfes, es wird als Metaphorik einer Herr-und-Knecht-Triade eingeführt.[174]

Unterscheidung entsteht ein Simplifikat, und das ist nur ein anderer Ausdruck dafür, daß die Umwelt immer komplexer ist als das System. Aber Freud hatte natürlich mehr Evidenzen dafür gesammelt (und lange schon vor 1920), daß die Ich-Funktion entschieden unbewußte Anteile enthält. Sonst wären alle Abwehrprozesse nicht verständlich. Vgl. auch Laplanche/Pontalis, *Das Vokabular der Psychoanalyse*, a.a.O., S. 195. Vgl. dazu, daß diese Körperzentrierung des Ich ebenfalls in Schopenhauer einen Ahnherrn hat: A. Schopenhauer, *Sämmtliche Werke*, 5 Bde., Leipzig o. J., Bd. 1, S. 153.

173 Ricœur, *Die Interpretation*, a.a.O., S. 190, Anm. 2., verweist darauf, daß die Idee einer quasi personalen Differenzierung des psychischen Systems ihr Präludium schon 1897 hat, in der Rede Freuds von einer »Mehrheit der psychischen Personen«.

174 Freud sieht selbst, daß die Theorie hier nicht ›rein‹ ist im Sinne klarer Unterscheidungen, was als bewußt, als unbewußt, was als Ich, was als Über-Ich, was als Es erscheint. Er stellt sich eine Landschaft der Durchmischung vor, in der grobe Orientierungen möglich sind (bestimmte Erwartungen wahrscheinlich), im übrigen aber keine eindeutigen Verhältnisse herrschen. Vgl. dazu das Landschaftsbild, das Freud in den GW, Bd. XV, S. 79 f. (*Neue Folge der Vorlesungen zur Einführung in die Psychoanalyse*) entwickelt.

Das Ich ist bewußtseinsnah konzipiert, ihm obliegen wichtige Funktionen: Es führt (aufgrund seines Oberflächencharakters, seiner Nähe zum Wahrnehmungssystem) Zeit in die psychischen Prozesse ein, es nimmt die Realitätsprüfung vor, es wählt Denkvorgänge an, die den Aufschub der Abfuhr bezwecken (Sekundärvorgang), und es ist die Instanz, die die Zugänge zur Motilität reguliert.[175]

»Aber anderseits sehen wir dasselbe Ich als armes Ding, welches unter dreierlei Dienstbarkeiten steht und demzufolge unter den Drohungen von dreierlei Gefahren leidet, von der Außenwelt her, von der Libido des Es und von der Strenge des Über-Ichs. Dreierlei Arten von Angst entsprechen diesen drei Gefahren, denn Angst ist der Ausdruck eines Rückzuges vor der Gefahr. Als Grenzwesen will das Ich zwischen der Welt und dem Es vermitteln.«[176]

Das Es (aber auch die Realität) bedroht das Ich durch (analytisch kaum faßbare) Visionen der »Überwältigung oder Vernichtung«. Anders steht es mit dem Über-Ich, der dritten und strengen Instanz. Während die Angst des Ichs gegenüber der Außenwelt als Realangst gefaßt wird, die Angst des Ichs gegenüber dem Es als »neurotische Angst« vor den unfaßbaren Leidenschaften des Es, ist die Angst des Ichs gegenüber dem Über-Ich »Gewissensangst«.[177] Diese Angst hat es mit dem »inneren Ausland« zu tun, mit der Provinz des Verdrängten, das sich die Instanz des Sublimen, des Über-Ichs, erschafft.[178] Das Über-Ich ist, gedrängt formuliert, die Introjektion der Sozialisation in das psychische System, ausgestattet mit den drei Funktionen der Selbstbeobachtung, des Gewissens, der Idealfunktion.[179]

Die Beobachtungsfunktion bezeichnet die Selbstobjektivierung des Ich, das seine Aufmerksamkeit auf sich selbst richtet und sich als Exteriorität behandelt. Das Ich tritt sich selbst gegenüber, verdoppelt sich, und es tut dies in *diskriminierender Perspektive: als Blick, der das Ungehörige aufdeckt, auf verbote-*

175 GW, Bd. XIII, S. 285. Das Ich habe aber vor allem im Blick auf die letztgenannte Funktion die Rolle eines »konstitutionellen Monarchen«, operiert also auch in diesem Bilde mit geborgter Kraft.

176 Ebd., S. 286.

177 GW, Bd. XV, S. 85 (*Neue Folge der Vorlesungen zur Einführung in die Psychoanalyse*).

178 Ricœur, *Die Interpretation*, a.a.O., S. 195; GW, Bd. XIII, S. 62.

179 Ebd., S. 64 ff.

nes Handeln achtet. Das Über-Ich ist mithin ein Beobachter, der mit moralischen Unterscheidungen arbeitet, argwöhnisch, mit einem Polizistenblick.[180] Diese Funktion bereitet die zweite, die Gewissensfunktion vor, die als eine Art Richteramt mit herben Möglichkeiten des Strafens vorgestellt wird, Lustmöglichkeiten antizipativ verhindernd oder tatsächliche Befriedigungen, die unmoralisch waren, mit Reue und Pein bestrafend. Schließlich (und mit den beiden anderen Funktionen zusammenhängend) ist das Über-Ich der »Träger des Ichideals ...«[181] Es beinhaltet ein Ich-Bild, mit dem das faktische Ich sich vergleicht, ein Bild, das es zu erreichen trachtet, »der Niederschlag der alten Elternvorstellung, der Ausdruck der Bewunderung jener Vollkommenheit, die das Kind ihnen damals zuschrieb«.[182] Alle drei Funktionen, im Über-Ich gebündelt, sind bekanntlich das Resultat der ödipalen Inszenierung, die sich in den sozialen Arrangements der Erziehung fortsetzt; und insofern die Erziehung selbst Ausdruck der Über-Ich-Konstellationen der Erzieher ist, ist das Über-Ich auch der Garant der Tradition, die Bedingung der Möglichkeit relativ zeitresistenter Moralen: Es setzt die Vergangenheit vieler Generationen in der Gegenwart durch. Eingeschränkt durch die engere moralische Unterscheidung, durch den diskriminierenden Blick, figuriert es in Freuds Theorie als psychisches Kondensat des Sozialen, das das Ausagieren der primordialen Energien scharf limitiert. Es ist der *Kontingenzblocker par excellence.*

Die zweite Topik öffnet mithin das psychische System für strukturierte Sozialität, die sich ihrerseits strukturiert (über die Generationen hin) durch die dominante Position des Über-Ichs, das auch das Handeln der Eltern anleitet. Was Freud hier formuliert, ist *strukturelle* Kopplung avant la lettre. Das Kopplungsgeschehen differenziert die Instanz des Über-Ichs *und* das ödipale Arrangement aus.[183] Und wenn man schon moderne Theorie-

180 Diese Formulierung habe ich von meinem Sohn Toni, der an meiner Frau Phasen des Polizistenblicks zu unterscheiden weiß. Damit ist er tiefer verstrickt ins Freudsche Theorieszenario, als er ahnt.
181 Ebd., S. 71.
182 Ebd.
183 Ich würde mit einem Seitenblick auf die Weiterentwicklung der Psychoanalyse (wenn das kein Euphemismus ist) sagen: Es differenziert unter anderen Arrangements auch die ödipale Inszenie-

begriffe auf diesen Zusammenhang anwenden will, dann ist die Über-Ich/Ich-Unterscheidung die Kopie des *re-entry* der Innen-/Außen-Unterscheidung des psychischen Systems, spezifiziert durch die Sozialaspekte des Außen. Was dann an den Seiten der Unterscheidung unbewußt ist (nicht: wie es unbewußt ist), das ist offenkundig sozial angeliefert, das ist der ›Diskurs des Anderen‹[184], das ist, wie wir sagen werden, Effekt von Kommunikation.

6. *Das Ursprüngliche*

Es ist immer dieselbe Frage, die Freud beschäftigt: Wie kommt Struktur in das anfängliche Brodeln des Begehrens? – Und wir haben bis jetzt gesehen, daß die Theorie im Prinzip mit der Innen-/Außendifferenzierung und ihren theoretischen Filiationen antwortet: mit Wahrnehmung, mit der Not des Lebens, dem Umweg, der die Kognition erzwingt, durch den Mangel also, auf den das psychische System mit Aktivitäten reagieren muß (oder dessentwegen es zugrunde geht), die soziale Aktivitäten auslösen, die ihrerseits das psychische System irritieren, das dann (und dies ist Lehre Freuds!) im Eigenkontakt zu strukturbildenden Modifikationen kommt. In der zweiten Topik wird dieser Grundzug durchgehalten: Das ödipale Arrangement treibt das System in die argwöhnische Selbstbeobachtung hinein, letztlich in die Ausdifferenzierung des Über-Ichs, und selbst die Komponente des Ich-Ideals im Über-Ich ist der Ausdruck einer frühen Verehrung der Vollkommenheit der Eltern, also ohne Sozialität kaum denkbar. Der Versuch Freuds, das psychische System zu beobachten, durchläuft immer wieder die Schleife des Sozialen, und das, was sich dieser Schleife entzieht, wird in Termini der Unbeobachtbarkeit formuliert: das Unbewußte. Aber selbst dies Unbewußte ist (jedenfalls soweit es Ich und Über-Ich betrifft) an soziale Konstellationen geknüpft, und nur die immer präsente

rung aus. Für Freud ist die Ödipussituation paradigmatisch, sie ist gleichsam das Feste, an dem die Abweichung instruktiv wird, während für uns die Norm fragwürdig ist und die Konstellationen infantiler Frühe kontingent. Nicht kontingent bliebe, daß diese Frühe entscheidend ist.

184 Darauf komme ich zurück.

Figur der Nachträglichkeit hält die Idee eines mit sozialen Unterscheidungen nicht mehr erreichbaren Originals der Psyche aufrecht: Jede Beobachtung kommt zu spät, jede Beobachtung ist schon Interpretation einer Wiederholung.

Aber Freud verbietet sich nicht den Versuch, die (in unserer Sprache) nichtsozialen Phantasmen des Ursprungs, der Uranfänglichkeit, zu beobachten. 1915 führt Freud den Begriff der Urphantasie ein.[185] »Die Beobachtung des Liebesverkehres der Eltern ist ein selten vermißtes Stück aus dem Schatze unbewußter Phantasien, die man bei allen Neurotikern, wahrscheinlich bei allen Menschenkindern, durch die Analyse auffinden kann. Ich heiße diese Phantasiebildungen, die der Beobachtung des elterlichen Geschlechtsverkehres, die der Verführung, der Kastration und andere, *Urphantasien* ...«[186] Als Phantasmen sind sie nach Freuds Auffassung universal und nicht daran gebunden, daß ihnen die Faktizität eines wirklichen Erlebens entspricht. Der phantasierten Szene kann sich Realität hinzugesellen (die Realität kann ihr nachgetragen werden), aber zunächst sind die Urphantasien gekoppelt an phylogenetische Referenzen, sie sind die *nichtsozial-soziale Ergänzung eines Mangels.*

Sie sind nichtsozial, insofern ihnen keine soziale Induktion ihrer Inhalte entspricht; sie sind sozial, insofern diese Inhalte aus der Stammesgeschichte der Menschheit herrühren, aus einem archaischen Gedächtnis, in dem diese Inhalte (Verführung, Kastration, Belauschung des elterlichen Geschlechtsaktes etc.) »einmal Realität war(en)«.[187] Die Urphantasien helfen dem Mangel ab, der dann entsteht, wenn das Erleben des Menschen fragmentarisch ist, aus Rudimenten zusammengesetzt ist, deren Inkohä-

185 GW, Bd. X, S. 243 (»Mitteilung eines der psychoanalytischen Theorie widersprechenden Falles von Paranoia«). Interessant ist, daß die Übersetzungen dieses Begriffs in andere Sprachen den Aspekt des Primordialen beibehalten: *primal phantasies, fantasmes originaires, fantasmi originarie (primarie), protofantasias (primitivas, originárias), protofantasías.* Vgl. Laplanche/Pontalis, *Das Vokabular der Psychoanalyse*, a.a.O., S. 573, die in der Übersetzung *fantasme originaires, fantasmes des origines, origine du fantasme* schon eine eigene Interpretation liefern.

186 GW, Bd. X, S. 242.

187 GW, Bd. XI, S. 386 (*Vorlesungen zur Einführung in die Psychoanalyse*).

renz die Erzeugung eines strikten Zusammenhanges fordert, der aus der aktuellen Erlebenslage nicht bezogen werden kann. Die Phantasie hat die Funktion der Ergänzung, und der Begriff der Urphantasie bildet sich an dem Problem, daß die analytische Erfahrung auf nichtsinguläre Strategien dieser Ergänzung stößt: Es sind wenige Motive, die sich analytisch auffinden lassen, aber diese Motive sind immer isolierbar. Ausgangspunkt der Annahme von Urphantasien ist, daß, Triebe und Triebquellen vorausgesetzt, bei jedem Individuum idiosynkratische Phantasmen erwartet werden könnten, statt dessen sich aber zeigt, »daß jedesmal die nämlichen Phantasien mit demselben Inhalt geschaffen werden«.[188]

Wir haben es infolgedessen mit nicht individuellen »Schemata« zu tun, die ähnlich fungieren wie die Kategorien Kants: Das singuläre und idiosynkratische Erleben, die »Lebenseindrücke« müssen arrangiert und komplettiert werden. Die Schemata müssen die »Unterbringung der Lebenseindrücke besorgen«.[189] Die ursprünglichen Phantasmen sind unvordenklich (und in diesem Sinne der Zeit entzogen), aber gleichwohl wirkmächtig, so sehr, daß das hereditäre Schema Erlebenszusammenhänge moduliert, die sich ihm nicht fügen. Die Urphantasien sind die Konstrukteure der psychischen und dann auch der sozialen Realität. So wird sich die ödipale Inszenierung auch dann begeben, wenn ihr die Lebensumstände eines Individuums nicht entsprechen. Diese Umstände werden aus dem Urphantasma aufgefüllt.[190] Wie immer die realen Konflikte eines Kindes mit seiner Umwelt beschaffen sein mögen, sie münden schemagesteuert in die Urphantasien ein.[191]

188 Ebd. Die Theorietechnik Freuds ist hier hochmodern. Das Normale (Erwartbare) wird als unwahrscheinlich behandelt und das Unwahrscheinliche (die Urphantasie oder der Rückgriff auf die Phylogenese) als Normales.

189 GW, Bd. XII, S. 155 (»Aus der Geschichte einer infantilen Neurose«).

190 Dies ist ein zentrales Argument Freuds, das selten hinreichend gewürdigt wird. Man kann es empirisch schlecht entkräften, zum Beispiel durch Hinweis auf das Vorkommen familialer Strukturen nicht-ödipalen Typs. Die psychische Realität würde dann nach Freud dennoch die ödipale Inszenierung aufführen können, und nur sie (diese psychische Realität) ist letztlich entscheidend.

191 Freud spekuliert in diesem Zusammenhang auch über die Vorstel-

Für unsere Argumentation ist aber entscheidend, daß das Konzept der Urphantasie (so phylogenetisch es gebaut ist) selbst in der Beobachtung des Ursprünglichen das Moment des Sozialen nicht vermeiden kann: Die Referenz der Urphantasmen sind dramatische soziale Ereignisse aus längst vergangenen Tagen der Menschheit. Das subjektive Rätsel des Erlebens wird geklärt in der Re-Inszenierung eines einst gespielten Stückes, in einer uralten, aber sozialen Dramaturgie, und das heißt: Freud kommt nicht umhin, in der Sphäre des Präsubjektiven sozial angelieferte Unterscheidungen zu unterstellen, durch die das Subjekt Subjekt wird.

7. *Die phantasmatische Anthropologie*

Freuds grandioser Mythos (vielleicht der einzige, den unser Jahrhundert hervorgebracht hat) entzündet sich am Versuch, das Bewußtsein mit seinen eigenen Mitteln zu beobachten. Daß dieser Versuch gescheitert ist, kann man nur dann sagen, wenn man meint, Mythen empirisch widerlegen zu können. Aber Einwände dieser Art wirken immer ein wenig hilflos, manchmal sogar hämisch angesichts des unbestreitbaren Umstandes, daß die Freudsche Mythologie die Kommunikation und die Kognition auf eine Weise durchsetzt und innerviert hat, die nicht mehr rücknehmbar erscheint. Man kann zwar bestreiten, daß es das Personal des Mythos, das Arrangement der Kraft, des Begehrens und das des Sinns, der sich selbst nicht kennt, daß es all das gibt, aber die Metaphern des Unbewußten, der Tiefe, der Nachträglichkeit und der Wiederholung, des Lust- und des Todesprinzips, des Es, des Über-Ichs, des Ichs, der Abwehr und der Projektion, des Manifesten und der Latenz, des Davor und Dahinter sind dem Zeitalter nachdrücklich eingeschrieben, nicht immer in allen sozialen Milieus explizit, aber immer als der Horizont der Unverfügbarkeit des Menschen für sich selbst. Vielleicht kann man von einem Mythos des Unheimlichen sprechen (und darüber hat

lung des instinktiven Wissens, das irgendwie verfügbar ist, eine Art primordialen Verständnisses, in das die Erlebnisse des Kindes einrangieren. Also auch hier gibt es keine authentischen ersten oder allerersten Erlebnisse: Auch das Novum ist repetitio. Vgl. ebd., S. 156.

Freud selbst eine Arbeit verfaßt), von einem Generalphantasma der Verunheimlichung des Menschen, zutiefst romantisch und trotz des wissenschaftlichen Gewandes (eines Schafspelzes) gegen das andere Generalphantasma, die Idee der universalen und aufklärerischen Vernunft, gerichtet. Der Angriff trifft trotz aller Wissenschaft das *animal rationale*.

Was dabei entsteht, das ist eine phantasmatische (nicht eine phantastische) Anthropologie, die das cartesische Dual aushebelt und mit ihm die Vorstellung einer beherrschbaren, einer referablen, einer zwischen den Subjekten parallelisierbaren Realität.[192] Der bis dahin privilegierte Beobachter (das Bewußtsein) wird nachhaltig entzaubert. Es wird zur Oberfläche einer seltsamen Maschine, zu einer Art flackernder Virtualität.[193]

Phantasmatische Anthropologie soll heißen, daß die Motive der Lückenkonfiguriertheit, des Mangels, der Not, der Interpolation, der Supplementierung, der Nachträglichkeit, des Aufschubs eine radikale Deontologisierung des Menschen durchführen. Sein Selbstzugang, seine Selbstverfügbarkeit werden nicht nur opak, sie werden ausgeschlossen. Die Errechnung seiner kohärenten oder konsistenten Existenz und damit die Errechnung seiner Realität geschieht durch Phantasmen, die die Lücken besiedeln – immer, bei jedem –, und daß überhaupt Normalerwartungen sich ausprägen können, das muß (und wie hilflos und zugleich bezwingend ist dieser Versuch!) zuletzt an das Über-Ich, damit an das ödipale Arrangement und damit schließlich an das Theorem der Urphantasien geknüpft werden, an die Mythologie eines phylogenetischen Transfers von Erinnerungsmaterial, das nicht individuell erworben ist. Das Seelenleben wird dämonisch.[194] Mit ihm dämonisiert sich auch die Sozialität, dämonisieren sich Kosmos und Kultur, dies alles vor dem Hintergrund eigentlich eines einzigen zentralen Prinzips: der Wiederholung

192 Es ist zu kurz gegriffen, hier nur von einer offenen Anthropologie zu reden wie etwa U. Irion, *Eros und Thanatos in der Moderne*, a.a.O., S. 185. Siehe zu einer Anthropologie der Diskontinuität, der Auflösung von Individuation auf dem Hintergrund der Eros/Thanatos-Dualität G. Bataille, *Der heilige Eros*, Frankfurt/Berlin/Wien 1974.

193 Ich neige dazu (aber das mag nicht überraschen), diesen Ergebnissen ein hohes Wahrheitsniveau zu unterstellen.

194 GW, Bd. XII, S. 251.

und des Wiederholungszwanges – ein paradoxes Prinzip, weil Zeit im strikten Sinne die Bedingung der Möglichkeit von Unwiederholbarkeit und zugleich die Bedingung der Möglichkeit von Wiederholbarkeit ist.[195]

Die soziologische Beobachtung dieser Anthropologie und ihres Erfolges greift auf die Theorie funktionaler Differenzierung zurück, auf die Exklusion des Individuums aus der Gesellschaft, auf seine Fragmentierung und Dividualisierung, die in eine verschärfte Selbstbeobachtung und Konsistenzprüfung des Bewußtseins treibt, Selbstbeobachtungen und Konsistenzprüfungen, die in ihrem Scheitern noch die psychische Reizbarkeit der Gesellschaft steigern und von dort aus gleichsam erneut ermutigt werden, Authentizität und Selbstsinn zu entdecken, auf der Suche nach dem verlorenen Original und (dies die eigentliche Errungenschaft Freuds) auf der vergeblichen Suche nach der verlorenen Zeit.[196]

Es geht uns hier aber vorläufig weniger um die soziologische Beobachtung des Problems, ganz abgesehen davon, daß die Freudsche Theorie selbst-immunisierend gebaut ist und die soziologische Beobachtung ihrerseits leicht als Abwehrphantasma inkorporieren könnte; vielmehr ist unser Ausgangsproblem die Frage, wie das Bewußtsein sich in sich selbst beobachten kann, *ohne angesichts des Umstandes zu erblinden, daß alle Unterscheidungen, die es benutzt, sozial angelieferte Unterscheidungen sind.* Unsere Engführung der Freudschen Theorie scheint zu zeigen, daß das hohe Maß an Scharfsinn, an Unterscheidungsvermögen, an nach innen gerichteter Sensibilität die Dominanz der Verlautbarungswelt nicht zu brechen vermochte. Statt dessen entstand das, was wir die phantasmatische Anthropologie genannt haben, ein mythisches Panoptikum, dessen Figuren die

195 Vgl. GW, Bd. XIII, S. 62 (»Jenseits des Lustprinzips«). Ich lehne mich hier eng an eine Formulierung von H. Lichtenstein, »Zur Phänomenologie des Wiederholungszwanges und des Todestriebes«, in: *Imago* 21, 1935, S. 467 (hier zitiert nach Irion, *Eros und Thanatos*, a.a.O., S. 201) an.

196 Vgl. als Ansatz einer soziologischen Beobachtung die Studie über Psychoanalyse in Luhmann/Fuchs, *Reden und Schweigen*, a.a.O.; vgl. ferner zur Dividualisierungsthese: Fuchs, *Moderne Kommunikation*, a.a.O.; ferner und ganz besonders die Studie über japanische Kommunikation in: ders., *Die Umschrift*, a.a.O.

Sozialität und das psychische System durchsetzen. Freud sieht den Spielleiter nicht mehr, das Bewußtsein. Es hat seinen Thron verloren an ein unbestimmtes Personalpronomen, an das Es, in dem das Nichtbezeichnungsfähige regiert, die Nichtzeit, die Nichtunterscheidung, das Nichtbeobachtbare.

Könnte es sich dann nicht lohnen, das Bewußtsein wie das Unbewußte sofort als das des Anderen zu identifizieren? Jedenfalls ist auch dieser Versuch gemacht worden. Wir beobachten ihn (und wieder selektiv, wieder ohne große Lust, alles zu prüfen, was über ihn gesagt worden ist) an der Theorie Jacques Lacans.

B. Das Problem bei Jacques Lacan

> »L'inconscient est structuré comme un langage.« (Lacan)
> »Die Spitze am Sinn, man spürt es, ist das Rätsel.« (Lacan)

Scharf herausgehoben finden wir bei Jacques Lacan die Vorstellung einer primordialen Fissur, einer »Teilung (*division, séparation*) oder Spaltung (*referente, clivage*)« des Bewußtseins.[197] Die Einheit des Ich wird illusionär, seine Struktur bestimmt durch ein unbändiges und unstillbares Begehren, durch eine Verkennung (*méconnaissance*), die es in Anonymität zurückschnellen läßt, sobald man es jenseits der Spaltungen zu erfassen trachtet. Entscheidend für unsere Überlegungen ist aber, daß Lacan das Phänomen des Psychischen (das letzte »psychische Substrat«) in der Sprache erkennt und (darin Schüler Freuds) sie als spezifische Zeitlichkeit beschreibt.[198] Man könnte also (in vorläufiger Zuspitzung) sagen, daß er sich im Theorem der sozialen Konstruktion des Bewußtseins (im Theorem der Dominanz der Verlautbarungswelt) einrichtet, noch radikaler als Freud das cartesische Cogito aushebelt und die Vorherrschaft des bewußten Subjekts, ja des psychischen Systems bricht.

197 Waldenfels, *Phänomenologie in Frankreich*, a.a.O., S. 504.

198 Vgl. B. H. F. Taureck, »Die Psychoanalyse zwischen Empirie und Philosophie (Einleitung)«, in: ders. (Hg.), *Psychoanalyse und Philosophie. Lacan in der Diskussion*, Frankfurt am Main 1992, S. 7-31, hier S. 22.

Das Problem dieser Subversionsarbeit ist, daß sie sich eine eigene Rhetorik erschafft, die sich den Effekten des Unbewußten anschmiegt.[199] Lacan ist deshalb schwer zu lesen, seine Texte entsprechen nicht einem Textideal, das mit Anfang und Ende, mit Zentrum und Peripherie arbeitet, mit heraushebbarem gültigen Sinn, mit wie immer vorsichtig gedachter hermeneutischer Inspizierbarkeit. Der Leser steht gleichsam einem inneren Monolog gegenüber, einem barocken *stream of unconsciousness*, der das Kommentieren, ja nur das Ordnen außerordentlich erschwert und immer zu einem artifiziellen Vorgang macht.[200]

Damit haben wir aber zugleich Glück: Wir können uns die Rosinen aus dem Kuchen picken, den er serviert, und wir müssen uns nicht mit allzu vielen Gewissensbissen herumplagen, die sich auf die Frage beziehen, ob wir Lacan richtig verstanden haben oder nicht, denn er selbst verweigert sich einer Position, die einen exklusiv richtigen Sinn behaupten wollte.

1. Das Spiegelstadium und die orthopädische Anthropologie

Vielleicht das bekannteste Stück der Theorie Lacans ist dem ›Spiegelstadium‹ gewidmet.[201] Diese Theorie, explizit gegen jede Philosophie gewendet, die ihre Wurzeln im cartesischen Cogito

199 Vgl. G. Pagel, »Lacan: Einführender Überblick über einen schwierigen Denker und Erörterung einiger Kritiken und Kontroversen«, in: Taureck (Hg.), *Psychoanalyse und Philosophie*, a.a.O., S. 32-59, hier S. 33.

200 Vgl. als eine darüber redende und zugleich exemplifizierende Stelle: J. Lacan, *Radiophone Televisionen*, Weinheim/Berlin 1988, S. 94 f. Siehe auch zur Funktion solchen ekliptischen (transliterarischen) Redens J. Vennemann, »Von Stil und Stilblüten«, in: *Zur Frage der Transmission (in) der Psychoanalyse* (= RISS-Materialien 1, hg. von Michael Schmid), Zürich 1995, S. 181-190, hier S. 186 f.

201 Wir orientieren uns hier an J. Lacan, »Das Spiegelstadium als Bildner der Ichfunktion, wie sie uns in der psychoanalytischen Erfahrung erscheint. Bericht für den 16. Internationalen Kongreß für Psychoanalyse in Zürich am 17. Juli 1949«, in: ders., *Schriften* I, in deutscher Sprache hg. von N. Haas und H. J. Metzger, Weinheim/Berlin 1991 (3. Auflage), S. 61-70; ferner an Ragland-Sullivan, *Jacques Lacan und die Philosophie der Psychoanalyse* I, a.a.O., S. 40 ff. et passim.

hat[202], geht aus von eigentümlichen Bewandtnissen der Wahrnehmung Neugeborener bis etwa zum sechsten Lebensmonat. Der, wenn man so sagen darf, neonatale Zustand des psychischen Systems ist gekennzeichnet dadurch, daß (in unserer Theoriesprache) die Differenz von System und Umwelt noch nicht intern verfügbar ist, also noch nicht intern imaginiert werden kann. Der Säugling ist keine Einheit *für sich*, er vollzieht nicht den *re-entry* des Unterschieds, den er in der Welt macht, als Unterscheidung in sich selbst. Die Freudsche ›Not des Lebens‹ erscheint bei Lacan als eine erste »Zwietracht« (*discorde*), als ein »gewisses Aufspringen (*déhiscence*) des Organismus in seinem Innern«, spürbar als »Unbehagen«, dessen Signale alle Eltern kennen: das Schreien, der gequälte Ausdruck des Gesichts.[203] Auch hier spielt der Umstand der vorzeitigen Geburt des Menschen (seiner Foetalisation) eine wichtige Rolle: als Verspätung der Entwicklung zum Beispiel der Pyramidalsysteme; aber viel wichtiger ist, daß die ›natürliche Realität‹ des Menschen sich als »organische... Unzulänglichkeit« erweist, als Mangel, als Störung. Das Neugeborene erscheint als ›0‹, als *blank*, als *unmarked space*, in den jene ›Zwietracht‹ (das Bemerkbar-Werden der organischen Insuffizienz) erste Unterschiede einschreibt, die noch nicht von einem internen Beobachter unterschieden werden und niemals vom später ausdifferenzierten internen Beobachter unterschieden werden können.[204]

Jenes ›Bemerkbar-Werden‹ ist noch nicht eines für jemanden, der eine sich selbst von anderem unterscheidende Einheit darstellt. Gleichwohl sieht der externe Beobachter eine Einheit, die von Beginn der Möglichkeit an, sie zu unterscheiden (also nach der Geburt), wahrnimmt, sich attentional verhält, ohne schon ihre Attentionalität dirigieren zu können. Das primordiale Subjekt (das Nichtsubjekt, müßte man sagen) ist einer lärmenden und hellen Welt ausgesetzt, optischen und akustischen Reizen, die seinen Körper durchfluten, der seinerseits die Welt durchsetzt, ein Vorgang, den Lacan »primäre Identifizierung« nennt –

202 Lacan, *Schriften* I, a.a.O., S. 63.

203 Ebd., S. 66.

204 Ragland-Sullivan, *Jacques Lacan*, a.a.O., S. 42. Wir würden heute jene erste Verletzungen (jene Markierungen) vermutlich schon der pränatalen Sphäre zuschreiben, in der aber nicht einmal für einen externen Beobachter innen und außen klar unterscheidbar sind.

ein Akt der Inkorporation, der eine seltsame Binnenrepräsentation des Körpers hinterläßt, »*imagines* des zerstückelten Körpers ..., die konstituieren, was man gewöhnlich als ›Triebe‹ bezeichnete. Es handelt sich dabei um Bilder ... von Kastration, Verstümmelung, Zerstückelung, Verrenkung, Verschiebung, Verwerfung, Entweidung, Verschlingen, Aufplatzen des Körpers usw., die eine formative Funktion bei der Bildung des Wahrnehmungssubjektes und bei der Identitätsstiftung haben.«[205]

Die (von später her gesehene) neonatale *Unheit* wird aber, und das ist entscheidend, von Anfang an mit Sozialität konfrontiert, mit Stimme, Sprache, Gebärde, Blick, die schon vor ihr da waren, also schon vor jeder (Nach-)Reifung. Diese *Unheit* gerät unter den Einfluß der dominanten Außenwelt und muß sich ihr (wegen der organischen Unzulänglichkeit) anbequemen, also im Freudschen Sinne den Umweg gehen, der die Kognition erzwingt. Damit entsteht zugleich die Unverwechselbarkeit der Identität, denn was sich zuerst begibt, was zuerst dem Säugling zustößt, ist gegriffen aus einem prinzipiell unendlichen Variationsraum: Es ist prägend, weil es zu ersten, nie mehr korrigierbaren Markierungen des psychischen Systems führt, und es ist individualisierend, weil immer einzigartig in der Kombination seiner Elemente.[206]

Das (wieder von später her gesehene) monströse Körperschе-

205 Ebd., S. 43. Auch hier gibt es keine Möglichkeit, jene *imagines* anders zu bezeichnen als durch Bezeichnungen, die sozial angeliefert sind. Der Begriff ›mentale Repräsentation‹ führt schon die Spaltung ein, die jemanden vorstellt, dem etwas vorgestellt ist: Bilder, müßte man sagen, die eigentlich vor jedem Bild liegen. Es ist sicher seltsam, so zu formulieren, aber im Duktus Lacans könnte man vom ›Aufspringen‹ psychischer Zustände sprechen, die sozial (sprachlich) nur in den Metaphern der Verstümmelung, Verwerfung etc. bezeichnet werden können. Das Wahrheitsniveau solcher Aussagen bleibt metaphorisch, aber ist dennoch nützlich. In einem Neubrandenburger Seminar bedienen wir uns dieser Metaphern, um Modelle für das zu gewinnen, was in schwer geistig und psychisch behinderten Menschen vorgehen mag, Modelle also für das ganz andere, das wir dennoch selbst einmal waren.

206 Es ist schwierig, nicht schon hier von Interpenetration, von struktureller und operativer Kopplung zu reden, aber ich vermeide es, weil die Nähe der Überlegungen nicht zugleich bedeutet, daß sie identisch sind.

ma, das sich in den ersten sechs Lebensmonaten entwickelt, ist irreduzibel, ist ein Konglomerat von Partialobjekten, die eine erste Schicht darstellen, die durch das überschrieben wird, was im Spiegelstadium geschieht: durch das Erwerben der Gestalt. Zunächst aber findet sich nichts als jene primordiale Heterotopie, die nie mehr als Vorstellung erscheinen wird, die nicht als Alterität erlebt wird. Sie entspricht in gewisser Weise den Urphantasien Freuds. Die Heterotopie selbst ist das räumliche Bild einer Lückenkonfiguration. Die Differenz kommt ins Spiel durch den Spiegel.[207]

»Dieses Erkennen (im Spiegel, P. F.) wird signalisiert durch die illuminative Mimik des *Aha-Erlebnisses* ... Dieser Akt ... löst beim Kind sofort eine Reihe von Gesten aus, mit deren Hilfe es spielerisch die Beziehung der vom Bild aufgenommenen Bewegungen zur gespiegelten Umgebung und das Verhältnis dieses ganzen virtuellen Komplexes zur Realität untersucht, die es verdoppelt, bestehe sie nun im eigenen Körper oder sogar in Objekten, die sich neben ihm befinden. Dieses Ereignis kann ... vom sechsten Lebensmonat an ausgelöst werden; seine Wiederholung hat – als ein ergreifendes Schauspiel – unser Nachdenken oft festgehalten: vor dem Spiegel ein Säugling, der noch nicht gehen, ja nicht einmal aufrecht stehen kann, der aber, von einem Menschen oder einem Apparat (in Frankreich nennt man ihn ›trotte-bébé‹) umfangen, in einer Art jubilatorischer Geschäftigkeit aus den Fesseln eben dieser Stütze aussteigen, sich in eine mehr oder weniger labile Position bringen und einen momentanen Aspekt des Bildes noch einmal erhaschen will, um ihn zu fixieren.«[208]

In diesem Bild geschieht *Identifikation*: Das Spiegelbild erzeugt die Veränderung des Subjekts. Noch immer ist es *infans*, ohnmächtig, abhängig, aber mit der Identifikation kondensiert eine »symbolische Matrix ..., an der das *Ich* (je) in einer ursprünglichen Form sich niederschlägt, bevor es sich objektiviert in der Dialektik der Identifizierung mit dem andern ...«[209] Dieser Vorgang trennt (und wie Lacan sagt: vor jeder »gesellschaftlichen Determination«) innen und außen. Die partialen Körpererlebnismomente vor dem Spiegelstadium werden zur Totalität eines

207 Zu erinnern ist hier daran, daß der Spiegel als Metapher fungiert und daß wir mühelos die Imago der Mutter einsetzen könnten. Die Spiegelszene ist ein komprimiertes Modell. Vgl. Ragland-Sullivan, *Jacques Lacan*, a.a.O., S. 55.

208 Lacan, *Schriften* I, a.a.O., S. 63.

209 Ebd., S. 64.

Körpers gefügt, einer ›Gestalt‹, die außen erscheint, »als Relief in Lebensgröße«.[210] Diese Erscheinung verknüpft eine Illusion mit einer Verkehrung. Das Eigene findet sich dort draußen (als Nicht-Eigenes), eingekettet in die symmetrische Verkehrung, und es spiegelt nur die »Bewegungsfülle«, die *hier und nicht dort* agiert wird. Das Eigene (hier) ist nicht das Eigene (dort). In der einen jubilatorischen Szene entsteht »die mentale Permanenz des *Ich* (je)«[211] zugleich mit dessen Entfremdung. Das Totum des Körpers wird von außen eingespiegelt. Der Schatten der Identität, den das Spiegeldrama auf das psychische System wirft, ist von Beginn an etwas, das durch die Externität des sozialen Raums geprägt ist, also im Gewinn schon den endgültigen Verlust mitführt. Der erste *re-entry* des Unterschieds zwischen innen und außen ist fundamental gestört durch eine *Illusion der jubilierenden Selbstbemächtigung, die die Asymmetrie zwischen innen und außen verkennt*. Man könnte das notieren als Irrtum der Symmetrie des INNEN/AUSSEN, der an die Stelle der Wahrheit des innen/AUSSEN tritt. Daraus ergibt sich eine *orthopädische Anthropologie*.

»... das *Spiegelstadium* ist ein Drama, dessen innere Spannung von der Unzulänglichkeit auf die Antizipation überspringt und für das an der lockenden Täuschung der räumlichen Identifikation festgehaltene Subjekt die Phantasmen ausheckt, die, ausgehend von einem zerstückelten Bild des Körpers, in einer Form enden, die wir in ihrer Ganzheit eine orthopädische nennen könnten, und in einem Panzer, der aufgenommen wird von einer wahrhaften Identität, deren starre Strukturen die ganze mentale Entwicklung des Subjekts bestimmen werden. So bringt der Bruch des Kreises von der *Innenwelt* zur *Umwelt* die unerschöpfliche Quadratur der *Ich*-Prüfungen (récolements du *moi*) hervor.«[212]

Aber es geht nicht nur um die irgendwie interne Kopie der Innen-/Außen-Differenz, sondern darum, daß jener »Bruch des Kreises« zugleich die Unterscheidung von Bewußtsein und Körper im Bewußtsein einführt und den Körper dabei externalisiert: als etwas Artifizielles, von dem sich das Bewußtsein nicht trennen kann und von dem es sich doch als unterschieden erfährt.[213] Dabei entstehen zwei Körper oder besser: zwei Projektionen des

210 Ebd.
211 Ebd., S. 64 f.
212 Ebd., S. 64.
213 Lacan, *Freuds technische Schriften*, a.a.O., S. 190 f.

Körpers. Die eine Projektion entspricht dem Freudschen Ich-Ideal, das Spiegelbild suggeriert eine totale Herrschaft (obgleich es nur virtuell gegeben ist), die andere Projektion ist die der Deformation.

»Der Körper als zerstückeltes Begehren, das sich sucht, und der Körper als Ideal des Selbst reprojizieren sich auf der Seite des Subjekts als des zerstückelten Körpers, während er den andern als vollständigen Körper sieht. Für das Subjekt ist ein zerstückelter Körper ein wesentlich zergliederbares Bild seines Körpers.«[214]

Aber wie immer sich all dies verhalten mag, es mündet in einer Vorstellung, die sich in der Spiegelmetaphorik ausdrückt: Wir finden in diesem Modell die Genese des Ichs (im Modell eines primären *re-entry*) das Bild einer »zutiefst imaginär-identifikatorischen Intersubjektivität«.[215] Die Theorie Lacans (diese besondere Morphogenese) gerinnt gleichsam an der Paradoxie des »Eins-sein-Wollens mit sich selbst als einem anderen«.[216] Wieder ist es der Mangel, der zur Produktion des Imaginären zwingt, wieder ist es die Figur eines primordialen Risses, der die Theorie ankurbelt und sie in noch feinere Komplikationen treibt, in eine außerordentlich raffinierte Ausarbeitung der Spiegelmetapher.

Im *Seminar* I präzisiert (oder auch kompliziert) Lacan die Metapher, die im Zentrum des Spiegeldramas steht.[217] Der Planspiegel des früheren Modells wird ersetzt durch einen Hohlspiegel. Vor dem Hohlspiegel befindet sich ein zum Spiegel hin offener Kasten, der so auf einen Fuß gestellt wird, daß er auf das Zentrum des sphärischen Spiegels hin ausgerichtet ist. Auf dem Kasten

214 Ebd., S. 192.

215 Pagel, »Lacan: Einführender Überblick«, a.a.O., S. 37 f.

216 Ebd.

217 Lacan, *Freuds technische Schriften*, a.a.O., S. 102 ff. et passim. Siehe zur Metapher des Kruges (unter Hinweis auf Heidegger) P. Widmer, »Vom verlorenen Objekt, von der leeren Mitte und dem Genießen«, in: M. Kuster, *Entfernte Wahrheit. Von der Endlichkeit der Psychoanalyse*, Tübingen 1992, S. 97-114, hier S. 104, S. 111 ff. Lacan selbst weist auf die ›Kostbarkeit‹ der Metapher der Vase (der Höhlung und des Inhalts) hin: a.a.O., S. 104. Den Apparat in dieser Form hat der Physiker Bouasse entwickelt. Ich gebe hier die einfachste Version des Apparates wieder. Lacan hat sie durch Einführung eines Planspiegels und durch die Verschiebung des Beobachters noch weiter ausgebaut.

steht eine (wie Lacan hervorhebt) *reale* Vase, darunter kopfüber ein Blumenstrauß. Das Ergebnis ist, daß ein Beobachter, der über den Rand der Vase in den Spiegel schaut, unter Einhaltung gewisser Randbedingungen im Spiegel den für ihn verdeckten Blumenstrauß in der Vase sieht. Daran verblüffend ist vor allem folgendes: Jedes Bild, das ich in einem Spiegel beobachte, hält sich nicht dort auf, wo ich es wahrnehme. In diesem einmaligen Fall ist es *nur* dort, wo ich es sehe. Und noch erstaunlicher: Die reale Vase, über deren Rand der Beobachter in den Spiegel schaut, ist dort, wo er sie sieht, *imaginär*, wohingegen der Blumenstrauß, den er nicht sieht, seinen realen Ort in der imaginären Vase ausschließlich im Spiegel hat. Wir haben eine Vertauschung der seltsamen Art vor uns: Imaginarität und Realität überkreuzen sich in der Form eines Chiasmus. Und diese Vertauschung tritt im Moment auf, in dem die Innen-/Außen-Unterscheidung in das durch sie Unterschiedene wieder eintritt.[218]

Die imaginäre Vase ist das Körperbild (eben das, was die Unterscheidung Innen/Außen oder Ich/Nicht-Ich in die linke Seite der Unterscheidung einkopiert). Der Kasten, das ist der reale Körper, und der Blumenstrauß, »das sind die Triebe und Begierden, die umherspazierenden Objekte des Begehrens«.[219] Das ganze Arrangement symbolisiert eine spezifische Illusion, in der das Imaginäre das Reale enthält, das Körperbild die Welt des Begehrens. Alles Weitere hängt dann ab von der Position des Beobachters (des Auges, das das Subjekt darstellt). Wenn sich der Ort, von dem aus der Beobachter in den Spiegel sieht, verschiebt, dann verschiebt sich auch das Bild im Spiegel oder verschwindet gar völlig, so daß nichts übrigbleibt als die Sicht auf einen »armen leeren Topf oder vereinsamte Blumen, je nachdem«.[220] Der Ort des Subjektes (des Beobachters) wird aber definiert durch seine Position in der Welt der Sprache.

218 Lacan, *Freuds technische Schriften*, a. a.O., S. 105.
219 Ebd., S. 106. Der Hohlspiegel (der Kessel) wäre vielleicht, jedenfalls spielt Lacan mit dieser Idee, der Kortex.
220 Ebd.

Die Beobachtung des psychischen Systems durch Lacan führt zu Differenzierungen, die das Bewußtsein aus der Mitte der ›Seele‹ nehmen. Ins Zentrum rückt das Unbewußte, das sprachförmig strukturiert ist. Der Versuch, das Unbewußte bei Freud sprachförmig ›zurechtzulesen‹, gründet sich darauf, daß Freud (ohne jemals eine Sprachtheorie vorgelegt zu haben) die Interpretation (Interpolation) des Unbewußten, die Rekonstruktion der Verbindung seiner Inhalte, daran knüpfte, daß es in seinen Manifestationen zu lesen sei wie eine »Bilderschrift«.[221] Wenn man dies ernst nimmt (und genau das tut Lacan), dann wird die Sprache de-instrumentalisiert: Sie repräsentiert nicht mehr die Welt als ein Gegenüber, das sie abbildet und parallelisierbaren Subjekten als Horizont einer Verständigung anbietet, in dem es den Irrtum als korrigierbaren gibt.[222] Statt dessen wird die Welt der Sprache (im weitesten Sinne die der Zeichen) zur Konstrukteurin dessen, was die ›Wirklichkeit‹ des psychischen Systems ausmacht.

a) Moi/Je

Die frühe Organisation des psychischen Systems, die über das Aufspringen des Organismus, die Wahrnehmungspräsenz, die Fragmentierung des Körpers, dann über die fundamentale Täuschung des Spiegeldramas läuft, in dem ein Ideal zurückgespiegelt wird auf die Form der Abhängigkeit des Kindes (*infans*), wird in gewisser Weise abgehängt, verdrängt durch das ödipale Drama. Das frühe Ich (*moi*) spaltet sich dadurch, daß die Mutter/Kind-Dyade (diese Symbiose) durch einen dritten ›Term‹ gefährdet wird, durch die Intervention der dritten Person im Spiel, des Vaters (oder eines anderen Dritten).[223] Die Einheit *MutterKind* wird zerlegt in die Differenz *Mutter/Kind*, weil der Dritte die Dauer jener Einheit bestreitet durch sein ›Nein‹, durch seinen Anspruch, durch seine Macht, die unvorstellbar größer ist als die

221 GW, Bd. II/III, 6. Kapitel der *Traumdeutung*.

222 Vgl. J. Heise, »Die erste und die zweite Sprache. Fragen einer allgemeinen Symboltheorie bei Lacan«, in: Taureck (Hg.), *Psychoanalyse und Philosophie*, a.a.O., S. 60-81, hier S. 63.

223 Ragland-Sullivan, *Jacques Lacan*, a.a.O., S. 82 ff.

des Kindes.[224] Jene Zerlegung ist das, was Lacan dramatisch mit »Kastration« bezeichnet, ohne damit das zu meinen, was dieser Begriff ansonsten besagt, und die symbolische Repräsentation dieser ternären Irritation (des Verursachers), das ist jener berühmte ›phallische Signifikant‹, eine Symbolisierung der Macht, die die Separation vollzieht, und nicht: Symbol für die Dominanz des Mannes.[225]

Parallel zu diesem Verlust, dieser unaufhebbaren Trennung, gewinnt das Kind die Fähigkeit zum kohärenten Gebrauch der Sprache. Mit dieser Fähigkeit scheidet sich im psychischen System das unbewußte Objekt (das Objekt primärer Identifizierung, die Mutter) von einem bewußten Objekt, das der Entfremdung durch die Sprache (kulturelle Muster etc.) unterliegt.[226] In der phallischen Separation wird das Spiel eröffnet (das seine Präludien im Spiegeldrama hat), in dem das Ich (*moi*) in sozial fundierter Projektion und Gegenprojektion sich in Sprache und Kultur an den phallischen Signifikanten bindet, an das *Gesetz im-Namen-des-Vaters*, damit in einem Zuge seine primären Konstitutionsbedingungen verdrängt und an die Stelle des primordialen (präsubjektiven) Begehrens die Macht des Bezeichnens setzt.

Das Unbewußte entsteht als Substitution des im Kastrationstrauma eingezeichneten Verlustes. Substituiert wird durch die Sprache des Vaters, durch ein symbolisches System, das aus einem Universum möglicher Bedeutungen die Differenzen anliefert, durch die sich das Subjekt beschreibt. Das Unbewußte ist, um die berühmte Aussage Lacans zu variieren, das, was der Andere (im Doppelsinne des Wortes) dem Subjekt ›bedeutet‹. Das Subjekt, das spricht, das Ich als *je*, ist die Instanz (in unserer Terminologie: der Beobachter), die das Ich (*moi*) mit Bezeichnungsleistungen überzieht.[227] Das Ich (*moi*) als primäre Libido

224 Das Gesetz-im-Namen-des-Vaters bezeichnet diese Macht und spielt dabei mit ›nom‹ und ›non‹.

225 Diese Begriffsbildung ist Lacan begreiflicherweise immer wieder angelastet worden, aber immerhin hält sie die Nähe zum Mythos und damit auch die Nähe zu Freud. Sie ist arretiert auf einer dramatischen Höhenlage, deren Metaphorik die Gründe der Einwände der Gegner/-innen mitenthält.

226 Ebd., S. 84.

227 Diese Bezeichnungsleistungen inaugurieren Kultur, Disziplin, Gemeinschaftsfähigkeit etc. durch Verdrängen des *moi*, dessen Wir-

ist »organisiertes Sein«, das sich nicht selbst beobachten kann, weil diese Organisation (dieses Syndrom von nicht bezeichneten Unterschieden, von Spannungen) die Beobachtungsmatrix selbst ist, das also, womit und wodurch beobachtet wird.[228] Dieses Ich kann durch die Metaphern des Gleitens, des punktuellen Verschmelzens, der verrutschenden Identifizierungen beschrieben werden, die durch die Leistung des anderen Ichs (*je*) temporäre Verankerungen finden. Dabei wird es in eine symbolische Ordnung eingeklammert, die im wesentlichen sprachlich verfaßt ist und als ›drittes Moment‹ die aufeinanderprallenden Welten der idiosynkratischen (begehrenden) Individuen in eine Welt des Nichtidiosynkratischen einbettet.[229]

b) Signifikat/Signifikant

Es ist sehr schwierig (vielleicht sogar unmöglich), dem barocken Stil Lacans theoretisch konsistente Annahmen zu entnehmen, die die Konstruktion der symbolischen Welt beschreiben. Er präsentiert in dem, was er dazu sagt und dazu schreibt, geradezu exzessiv Sinnüberschüsse, die es denkbar machen, auch immer eine andere ›Erzählung‹ zu finden, andere Verzweigungsmöglichkeiten, andere Lektüren desselben Textes. Ein Gravitationszentrum ist aber sicherlich die Lacansche ›Linguisterie‹, der Ein- und Umbau bestimmter Motive de Saussures in die Beobachtung des Bewußtseins/Unbewußtseins, der Ein- und Umbau also einer Theorie des Zeichens, des Sinns, der Sprache.

»Der Sinn des Sinns *(the meaning of meaning)*, man hat sich gefragt, was das ist ... der Sinn des Sinns in *meiner* Praxis begreift sich daraus, daß er flieht, rinnt: gleichsam aus einem Faß und nicht, indem er Reißaus nimmt. Dadurch, daß er rinnt (im Sinn: Faß) gewinnt ein Diskurs seinen

kungen (narzißtische Befriedigung etc.) gleichsam sozial abgepuffert werden, ohne je verlorenzugehen. Der Mensch erscheint als das gebändigte Tier, seine Domestikation ist aber nie vollständig, sie bleibt Zeichen einer ursprünglichen Entfremdung.

228 Ebd., S. 87. Die Figur ist wieder diejenige, daß das Sehen sich nicht selbst sehen kann.

229 Pagel, »Lacan: Einführender Überblick«, a.a.O., S. 41. Vgl. ferner A. Schöpf, »Das Begehren und die Sprache. Zur Genese des Subjekts bei J. Lacan«, in: *Philosophische Rundschau* 30, 1993, S. 30-43.

Sinn, will sagen dadurch, daß seine Wirkungen unmöglich zu berechnen wären. Die Spitze am Sinn, man spürt es, ist das Rätsel ... Wie zeigt es sich, daß ein Zeichen Zeichen ist. Das Zeichen des Zeichens, das besagt die Antwort, die der Frage zum Vorwand *(pré-texte)* dient, ist darin zu sehen, daß ein beliebiges Zeichen ebensogut die Funktion eines jeden anderen übernehmen kann, und zwar genaugenommen deshalb, weil es ihm substituiert werden kann. Denn Tragweite hat das Zeichen nur, weil es *entziffert* werden muß. Ohne Zweifel soll die Abfolge der Zeichen Sinn annehmen aus der Entzifferung. Nicht aber gibt diese Abfolge ihre Struktur preis, weil eine Di(t)mension der anderen ihren Term gibt.«[230]

Lacan bezieht sich, wenn er so formuliert, auf Ferdinand de Saussure, dessen Sprachtheorie die Sprache (*la langue*) als ein System von Zeichen begreift.[231] Das Zeichen kombiniert bei Saussure ein Vorstellungselement mit einem Laut*bild*, also eine Bewußtseinstatsache mit einer anderen. Beide Elemente des Zeichens sind psychisch.[232] Ihr Unterschied wird bezeichnet durch die Differenz Signifikat/Signifikant (*signifié/signifiant*). Das Zeichen ist die Einheit dieser Differenz, »das vorgestellte Wort in seiner Verweisung auf die Sachvorstellung«.[233] Das Signifikat ist nicht die Referenz auf Objekte im Kanon des Seienden, es ist vielmehr wie die Gegenseite der Differenz (wie der Signifikant) eingestellt in eine reine Differentialität. Jeder Signifikant ist, wie wir paradox formulieren könnten, virtuell identisch nur durch Differenz zu anderen Signifikanten im Netzwerk der Signifikanten; es gibt keine positive Identität. Lacan markiert, indem er auf diese Theorie zugreift, die Rolle des Signifikanten:

230 J. Lacan, *Schriften* II, in deutscher Sprache hg. von N. Haas und H.-J. Metzger, Weinheim/Berlin 1991 (3. Auflage), S. 7. Ich habe etwas ausführlicher zitiert, um sowohl die Schreibweise vorzuführen als auch die Nähe der damit ausgedrückten Vorstellungen zur Zeitlichkeit der Autopoiesis. Darauf komme ich zurück.

231 F. de Saussure, *Grundfragen der allgemeinen Sprachwissenschaft*, Berlin 1967, S. 18.

232 Insofern liegt es für einen Freudianer nahe, auf de Saussure zurückzugreifen, denn die Freudsche Vorstellung der Verbindung von Wort- und Sachvorstellung (Kennzeichen des Bewußtseins) bzw. deren Trennung (Kennzeichen der Unterscheidung von bewußt/unbewußt) ist nahezu identisch gebaut. Vgl. dazu A. Juranville, *Lacan und die Philosophie*, a.a.O., S. 56.

233 Ebd., S. 58.

»Damit wir das Auftreten der Disziplin der Linguistik an einem Punkt festmachen können, sagen wir, daß diese wie jede Wissenschaft im modernen Sinne besteht in dem konstituierenden Moment eines Algorithmus. Dieser Algorithmus ist:

$$\frac{S}{s}$$

zu lesen als: Signifikant über Signifikat, wobei das ›über‹ dem Balken entspricht, der beide Teile trennt.«[234]

Die Formel symbolisiert die Dominanz des Signifikanten, sie zeigt die Unterschiedenheit der in der Differenz vorgeführten Ordnungen, und sie zeigt zugleich, daß der Trennstrich, der die Ordnungen trennt, selbst weder zur Ordnung des Signifikanten noch zur Ordnung des Signifikats gehört. »Dadurch wird es möglich, die dem Signifikanten eigenen Verbindungen und die Funktionsbreite derselben in der Genese des Signifizierten *genau* zu studieren.«[235] Zwischen Bezeichnung und Bezeichneten gibt es für Lacan keine »konsubstantielle Beziehung«.[236] Signifikant und Signifikat sind nicht im Sinne einer Repräsentation der Wirklichkeit miteinander verkoppelt. Vielmehr ist der Signifikant der Operateur, der den Nebel möglicher Bedeutungen befristet lichtet. Der Signifikant stellt selbst nichts vor (und damit setzt sich Lacan gegen Saussure ab), er ist nicht legitimiert durch eine Bedeutung, die in der Operation, die das Zeichen (also die Differenz) erzeugt, in einem festen Kosmos ihren Ort (und damit den ihr zukommenden Signifikanten) erhielte. Der Signifikant produziert im Netzwerk der Differenzen die befristete Identität des Signifikats. Die Lacansche Umkehrung Saussures läßt die Idee des reinen Signifikanten zu, seiner Autonomie, seiner Fähigkeit, das Signifikat hervorzubringen, das sich damit nicht an der Repräsentation einer sozusagen vorausliegenden Ordnung diszipliniert.[237]

Mit dieser Vorstellung finden wir wiederum das schon Freud bestimmende Motiv der Nachträglichkeit vor. Die Funktion des Signifikanten ist dem Signifikat voraus. Die Operation der Bezeichnung ist strikt antizipativ.

234 Lacan, *Schriften* II, a.a.O., S. 21.
235 Ebd.
236 Pagel, »Lacan: Einführender Überblick«, a.a.O., S. 44.
237 Juranville, *Lacan und die Philosophie*, a.a.O., S. 63.

»Man kann also sagen, daß der Sinn in der Signifikantenkette *insistiert*, daß aber nicht ein Element der Kette seine *Konsistenz* hat in der Bedeutung, deren es im Augenblick gerade fähig ist. Es drängt sich also der Gedanke auf, daß das Signifizierte unaufhörlich unter dem Signifikanten gleitet – was F. de Saussure an einem Bild illustriert, das den zwei Windungen des Oberen und des Unteren Wassers gleicht, wie sie auf den Miniaturen der Genesishandschriften dargestellt sind. Ein doppelter Fluß, der markiert ist von feinen Regenstreifen, wodurch sich punktierte vertikale Linien bilden, die die korrespondierenden Elemente eingrenzen.«[238]

Wenn die Kette der Signifikanten nicht gebändigt wird durch gleichsam angeheftete Signifikate, wenn sie mithin den Signifikanten voraus ist, dann gilt in einem radikalen Sinne die Äquivalenz aller Signifikanten. Oder anders gesagt: Alle Signifikanten sind nur identisch via Differenz, und das bedeutet: Es gibt nur ein Signifikat.[239] Oder besser: Es gibt nur ein Ursignifikat.

3. Das Subjekt

a) Das Gleiten in der Kette

»Das Signifikat, das ist der Effekt des Signifikanten.«[240] Das Bezeichnete entsteht als Wirkung des Diskurses, als das, was durch das Band, das nur das vinculum sociale sein kann, gebilligt ist. Es ist das Resultat einer Lektüre des Ver*laut*barten, der – sozial bestimmten – Lektüre dessen, was sich vernehmen läßt: des Signifikanten.[241] Daß dies funktioniert, ist geknüpft an das Zeichen der Differenz, an die *Barre* zwischen *S* und *s*.

238 Lacan, *Schriften* II, a.a.O., S. 27.

239 Juranville, *Lacan und die Philosophie*, a.a.O., S. 63 f. Man kann das nur verstehen, wenn man sich verdeutlicht, daß der Signifikant nicht das Zeichen ist, sondern in Lacans Verständnis eine Operation, die zu ihrer Komplettierung des Subjekts bedarf, das es gleichzeitig konstituiert. Die Differenzierung des Bezeichneten (die Welt des Bedeuteten) entsteht in der Arbeit der Signifikanten. Bei dieser Arbeit sind zwei Funktionen entscheidend, die Metonymie und die Metapher. Die ›Verschiebung‹ bei Freud entspricht der Metonymie, die Metapher der ›Verdichtung‹.

240 J. Lacan, *Encore. Das Seminar*, Buch XX, Weinheim/Berlin 1991 (2. Auflage), S. 38.

241 Die Funktion der Lektüre, darin verbirgt sich das Subjekt, dies ist

$$\frac{S}{s}$$

Die Barre, der *Schied* der Unterscheidung (formuliert im wissenschaftlichen Diskurs), trennt das Passieren der Signfikanten von dem, was ihr Effekt ist, das Signifikat. Ohne diese Barre könnte der Beobachter, der mit ihr (mit diesem Schied) Bezeichnendes und Bezeichnetes unterscheidet, nicht sehen, daß das Bezeichnende »sich injiziert ins Signifikat«.[242] Der analytische Diskurs, der die Beobachtung des Unbewußten unternimmt, gewinnt von hier aus seine Sprengkraft.

»Man kann strenggenommen schreiben *x R y* und sagen, *x*, das ist der Mann, *y*, das ist die Frau, und *R*, das ist der sexuelle Rapport. Warum nicht? Bloß, das, das ist ein Blödsinn, weil das, was sich trägt unter der Signifikantenfunktion, von *Mann* und von *Frau*, das sind nur Signifikanten, ganz und gar gebunden an den *konkurrenten* Gebrauch der Sprache. Wenn es einen Diskurs gibt, der Ihnen das vorführt, dann ist es wohl der analytische Diskurs, da er ins Spiel bringt dies, daß die Frau je nur genommen wird *quoad matrem*. Die Frau tritt in Funktion im Geschlechtsrapport nur als die Mutter ... der Mann (ist) nur ein Signifikant, denn da, wo er eintritt ins Spiel als Signfikant, tritt er nur ein *quoad castrationem*, das heißt, insofern er Verhältnis hat mit dem phallischen Genuß.«[243]

Der zentrale Effekt des Signifikanten ist aber im analytischen Diskurs das *Subjekt*. Das Subjekt ist »das, was gleitet in einer Signifikantenkette«.[244] Oder anders gesagt: Das Subjekt Lacans ist nicht primär, ist nicht der Ort der Synthese der Objekte.[245] Es ist eingehängt in den Diskurs des Anderen, es entsteht im Netzwerk der Signifikanten. Seine Konstitution ist gebunden an das Sprechen jenseits des Bewußtseins, das immer schon vor jedem individuellen Bewußtsein existiert. Das cartesische Cogito zerfällt in eine (nur im cartesischen Rahmen aufblitzende) Paradoxie:

offenkundig der cartesische Durchschuß auch bei Lacan. Vgl. die entsprechenden Passagen ebd.

242 Ebd., S. 39.

243 Ebd., S. 39 f.

244 Ebd., S. 54 f.

245 Waldenfels, *Phänomenologie in Frankreich*, a.a.O., S. 429.

»... ich denke, wo ich nicht bin, also bin ich, wo ich nicht denke. Worte, die jedem frei aufmerksamen Ohr spürbar machen, mit welcher Wiesel-ambiguität der Ring des Sinns auf der verbalen Schnur unserem Zugriff entflieht. Man muß sagen: Ich bin nicht da, wo ich das Spielzeug meines Denkens bin; ich denke an das, was ich bin, dort wo ich nicht denke zu denken.«[246]

Das in der Signifikantenkette gleitende Subjekt, das seine Epiphanien im ›Es spricht‹ hat, läßt sich auf keine Weise in traditionale Subjekttheorien einordnen. Es ist die Barre (der Schied), es ist ein Nichtort, der Signifikant und Signifikat trennt, an dem die Bedeutung, der Sinn, die Subjektivität entsteht. Dieses Subjekt hat keine Einheit, es liegt nicht zugrunde, es ist dem Riß, den die Barre bezeichnet, subordiniert. Es spielt, wenn man so will, in der primordialen Fissur. Es kann deshalb nicht bezeichnet werden. Das Bewußtsein kommt an das Subjekt nicht heran.[247] Es könnte dies, wie wir schon wissen, nur bezeichnend tun, das heißt verkennend, das heißt: von dem anderen Schauplatz aus, an dem ›es‹ spricht und immer schon gesprochen hat. Das Bewußtsein (und mit ihm das Subjekt) ist suspendiert von der Funktion eines transparenten (Selbst-)Wissens und eines ebendamit gegebenen bloßen Horizonts des Nichtwissens, das durch Negation des Wissens gewonnen wird und die klassischen Theorien des Unbewußten (Nichtgewußten) bestimmt hat.[248]

Anders als die pure Negation des Wissens jedoch ist das »Unbewußte ... seit Freud eine Signfikantenkette, die irgendwo ... sich wiederholt, hartnäckig sich wiederholt und in jenen Einschnitten interferiert, die ihr der tatsächliche Diskurs anbietet und auch die grübelnde Reflexion, die dieser mit Information versieht«.[249] Die Frage ist dann: »Wer spricht? wenn es um das Subjekt des Unbewußten geht. Von ihm selbst kann diese Antwort nicht kommen, weiß es doch nicht, was es sagt, ja nicht einmal, daß es spricht, was die ganze Erfahrung der Analyse uns zeigt.«[250] Die Antwort auf diese Frage führt in eine Topologie des *Zwischen* und des *Unter*. Es geht um das »Unter-sagte *(inter-*

246 Lacan, *Schriften* II, a.a.O., S. 43.

247 Es kann auch durch Negation des Bewußtseins nicht bezeichnet werden. Vgl. a.a.O., S. 173.

248 Ebd.

249 Ebd.

250 Ebd., S. 174.

dit)« und die »Zwischenrede *(intra-dit)*«, damit um das Aufspleißen des klassischen Subjekts, um diese besondere *Zwie-Tracht*, in der das Subjekt überraschbar wird in seinen Fehlleistungen.[251]

»Damit für uns Analytiker die Jagd nicht umsonst ist, müssen wir alles auf die Funktion des Einschnitts im Diskurs zurückführen, wobei der stärkste der ist, der einen Strich zieht zwischen Signifikantem und Signifiziertem. Hier ist das Subjekt zu überraschen, das uns interessiert, denn indem es sich in die Bedeutung verwickelt, ist es im Stand des Vorbewußten. Das führt zu dem Paradox, daß der Diskurs in der analytischen Sitzung nur Geltung hat, sofern er strauchelt oder sogar unterbrochen wird. Möglicherweise ist die Sitzung selbst als Bruch in einem falschen Diskurs zu verstehen, sagen wir: in dem, was der Diskurs realisiert, wenn er sich als Sprechen entleert und nichts anderes mehr ist als jene abgegriffene Münze, die nach einem Bild von Mallarmé ›stillschweigend‹ von Hand zu Hand geht.«[252]

Dieser Riß ist es, in dem »die Struktur des Subjekts (verifiziert)« wird als »Diskontinuität im Realen«.[253] Das Subjekt ist *sinnlückenkonfiguriert*, die Psychoanalyse entsprechend die Kunst, an der Lücke, am strauchelnden Sinn, ihren Diskurs über die Wahrheit des Subjekts zu entfalten. Jenes Freudsche »Wo Es war, soll Ich werden« wird zeitlich abstrakter: Das Ich *wird*, indem es aus dem, was E(e)s sagt, verschwindet. Zwischen Es (eben noch) und Es (gleich), in der Aussage, die sich bestreitet, in dem Verfehlen des Erwarteten, in dem Wort, dessen Sinn sich überraschend verschiebt, entstellt, vervielfältigt, wird die Spur gelegt eines Seins (des Subjektes), das sich zu erkennen gibt in der Subversion der Rede, die spricht, wenn das Ich sich vergißt.[254]

b) Die Alienation

Die Dinge liegen (auch unter Abzug der eigenwilligen Formalismen und Grapheme der Lacanschen Theorie) seltsam: Das Subjekt ist, und es ist nicht. Es ist vor allem nicht seine eigene Ursache, es ist nicht im Selbststand, in irgendeiner Weise autosuffizient oder gar (wenigstens partiell) autonom. Seine (in es

251 Ebd., S. 174 f.
252 Ebd., S. 175.
253 Ebd.
254 Ebd., S. 175 f.

»eingeführte«) Ursache ist die Sprachwirkung, der Signifikant.[255] Aber zugleich ist das Subjekt dasjenige, was der Signifikant vorstellt (repräsentiert) – für einen anderen Signifikanten: »Auf diesen reduziert sich folglich das Subjekt, das zuhört.«[256] Es ist (in dieser kuriosen, aber faszinierenden) Topographie ein *Drinnendraußen*, also eine Grenze oder, besser noch: ein *Rand*.[257] Das Unbewußte (und damit das Subjekt) ist keine Kategorie des Außen oder Innen. Es ist, wie wir oben sahen, die Barre selbst, der Schied der Unterscheidung, der Schnitt. In diesem Sinne ist das Subjekt radikal entfremdet, radikal deshalb, weil es nicht *causa sui* ist, es also nichts Vorgängiges, Authentisches, Ursprüngliches gibt, das dem Prozeß der Entfremdung unterzogen würde. Das Subjekt ist schlageinheitlich durch das entfremdet, wodurch es sich konstituiert, durch den Signifikanten. Es würde keinerlei Sinn machen, vom Subjekt zu reden, wenn niemand spräche, und die ›Emergenz‹ des Subjekts wird überhaupt nur dann zwingend, wenn Signifikanten auftreten, die sich ihrer eigenen Funktion entziehen, nichts sagen, widerstreben und ebendeshalb »entziffert« werden müssen.[258]

255 Ebd., S. 213.
256 Ebd.
257 »Der Platz, um den es hier geht, ist der Eingang zu jener Höhle, hinsichtlich dessen Platon uns bekanntlich zum Ausgang führt, während man sich vorstellt, den Analytiker eintreten zu sehen. Damit ist es jedoch nicht so einfach, denn es handelt sich dabei um einen Eingang, zu dem man immer gerade in dem Augenblick kommt, wo er geschlossen wird ..., und das einzige Mittel, damit er sich öffne, besteht darin, daß man von innen heraus ruft. Das Problem ist nicht unlösbar, wenn das Sesam des Unbewußten darin besteht, Sprechwirkung zu haben – ist es doch Sprachstruktur –, vom Analytiker aber fordert, auf den Modus seines Abschließens zurückzukommen. Ein Aufklaffen, ein Pulsieren, ein Ein- und Aussaugen ... genau dies haben wir zu beachten, und genau so weit sind wir gekommen in unseren Versuchen, es in einer Topologie zu begründen. Die Struktur dessen, was sich schließt, schreibt sich tatsächlich in eine Geometrie ein, wo der Raum sich auf eine Kombinatorik reduziert: Sie ist genau das, was man in dieser einen ›Rand‹ nennt.« Ebd., S. 216 f.
258 Ebd., S. 218. Man kann also formulieren, daß die zwingende Geburt des Subjektes an den psychoanalytischen Diskurs geknüpft ist. Wir würden sagen, daß die Konstruktion des Subjektes an Krisenfälle geknüpft ist.

Das sind selbstverständlich hochzirkuläre Argumente. Das Subjekt ist immer zu spät gegenüber dem Spiel der Signifikanten, in denen Es/es gleitet. Der Riß, der es durchzieht, die Spaltung, der es unterworfen ist, entdeckt sich im *flash* der Fehlleistung oder des Witzes – und entdeckt sich nachträglich, obwohl es nichts gibt, was ihm ›vorausgetragen‹ würde. Nicht ein originäres Subjekt zerreißt, da ist kein Sein, das splittert. Das Reißen, das Zersplittern, ereignet sich in der Domäne der Signifikanten. Das ist in einer cartesischen Sprache kaum formulierbar:

»Das Register des Signifikanten entsteht dadurch, daß ein Signifikant ein Subjekt für einen anderen Signifikanten repräsentiert. Dies ist die Struktur – Traum, Lapsus, Witz – sämtlicher Gebilde des Unbewußten. Es ist auch die Struktur, die die ursprüngliche Teilung des Subjekts erklärt. Am Ort des noch nicht ausgezeichneten Andern entstehend, läßt der Signifikant das Subjekt des Wesens auftauchen, das noch nicht über das Sprechen verfügt, um den Preis allerdings, es stocken zu machen. Was da nahe daran war zu sprechen *(ce qu'il y* avait *là de prêt à* parler*)* – dies in dem doppelten Sinn, den das französische Imperfekt dem *il y avait* gibt, indem es dieses in den Augenblick davor versetzt: Es war da und es ist nicht mehr da, aber auch in den Augenblick danach: Es war ein wenig mehr da, indem es hätte da sein können – was also ›da war‹ *(ce qu'il y* avait *là*), verschwindet, da es nur noch ein Signfikant ist.«[259]

Die Struktur der Teilung (dieser Entfremdung, die nicht auf ein nichtentfremdetes Original zurückschauen kann) läßt sich logisch abbilden in der Struktur des *vel.*[260] Dieses *Oder* ist die Gelenkstelle einer binären Unterscheidung, bei der die Anwahl einer ihrer Seiten (ihrer *terms*) immer die andere Seite eliminiert und die gewählte Seite genau dadurch mit dem Stigma eines Verlustes ausstattet. Das Lacansche Beispiel dafür sind die Entscheidungen, die gefällt werden müssen angesichts dramatischer Unterscheidungen wie »Geld oder Leben!« bzw. »Freiheit oder Tod!«[261] In dem einen Fall schränkt die Wahl des Lebens die Möglichkeit von Lebenschancen ein, in dem anderen die Wahl des Todes offenkundig Freiheitsmöglichkeiten. Wählt man den

259 Ebd., S. 219.

260 Vgl. umfangreich: Lacan, *Die vier Grundbegriffe der Psychoanalyse*, a.a.O., S. 220 ff.

261 Ebd., S. 222 ff. Die Alternative, für die diese Beispiele stehen, läßt sich auf die Disjunktion »Sein oder Sinn« zurückführen. Vgl. auch S. 259.

Nichttod, kommt man nicht auf der Seite der Freiheit heraus. Solche Unterscheidungen sind so gebaut, daß die Wahl der einen oder anderen Seite ihren Preis hat; es sind stigmatisierende Unterscheidungen. Und baut man hinreichend Zeit ein, wird das Leben (und mit ihm Geld oder Freiheit) auf alle Fälle verlorengehen. Das Subjekt steckt in ebendieser Falle des *vel*. Es kann den ihm offerierten Sinn ergreifen oder »versteinern«. Optiert es für Sinn, löst es sich auf im Spiel der Signifikanten, im Spiel des Anderen; optiert es gegen den Sinn, wird es ins gleiche Spiel verwickelt: auf dem Fauteuil des Analytikers.

Zwei Felder sind zu unterscheiden, durch die das Unbewußte bezeichnet ist: das Feld des Subjekts und das Feld des Andern.[262] Das Feld des Anderen ist die Kette der Signifikanten, die vollständig determiniert, worin das Subjekt »einer Vergegenwärtigung fähig ist.«[263] Dieses Subjekt steht unter dem Gesetz der Alienation[264]:

»Wenn wir das Sein wählen, schwindet das Subjekt, es entwischt uns, fällt in den Nicht-Sinn – wenn wir den Sinn wählen, besteht der Sinn allein fort, verkürzt um jenen Teil Nicht-Sinns, der, eigentlich gesprochen, das Unbewußte bei der Subjektrealisierung konstituiert. Anders gesagt, es liegt in der Natur des Sinns, so wie er auf dem Feld des Andern entsteht, daß er zu einem beträchtlichen Feldteil eklipsiert wird durch das Verschwinden des Seins, wie es die Funktion des Signifikanten eben induziert.«[265]

Alienation ist demnach in einer Topologie zu denken, in der sich zwei Kreise (Felder) überschneiden.[266] Der eine Kreis bezeichnet das Sein (Subjekt), der andere Kreis den Sinn (das Andere). Die Überlappung der Kreise zäunt den Nicht-Sinn ein.[267] Der Ver-

262 Der logische Ausdruck ihrer Beziehung wäre der Durchschnitt zweier Mengen, genau besehen: zweier Mängel. Vgl. *Schriften* II, a.a.O., S. 221 f.

263 Lacan, *Die vier Grundbegriffe der Psychoanalyse*, a.a.O., S. 214. Ebendort findet sich die befreiende Einsicht, daß auf der Ebene der Repräsentanz (im Psychismus) nichts gegeben ist, worin das Subjekt sich als originär männlich oder weiblich »ausweisen könnte«.

264 Es steht ferner unter dem Gesetz der Separation. Vgl. dazu ebd., S. 224 ff; *Schriften* II, a.a.O., S. 221 ff.

265 Ebd., S. 222.

266 Vgl. die entsprechende Skizze ebd.

267 In einer anderen Notation ist diese Zone der Überschneidung die Barre, der Schied.

such, das Subjekt als Sein zu ergreifen, läuft über Sinn, also über den Verlust des Subjekts; wird das Subjekt bezeichnet in der Form von Sinn, entschwindet es gleichfalls – aus dem gleichen Grunde. Das ist ebendieselbe Form, die wir im Auge hatten, als wir davon sprachen, daß das Bewußtsein sich nur mit sozial angelieferten Unterscheidungen beobachten kann, also ob es will oder nicht – gar nicht. Das läuft auf eine heillose Paradoxie hinaus oder, wie bei Lacan, darauf, daß die Heilung in der Analyse nicht auf das Ergreifen von Sinn hinausläuft, sondern auf das Ergreifen von Nicht-Sinn, auf diejenigen Determinanten, die vor jeder Bezeichnung liegen. Dazu muß ein Umweg gegangen werden, der das Nicht-Soziale bezeichnet (!), zum Beispiel als das Leben, den Phallus, das Ding etc.[268]

4. Das Unbewußte

Lacan ist der eigentlich unerbittliche Leser Freuds. Ebendeshalb läßt er sich nicht vereinnahmen von Freudinterpreten (vor allem den Neofreudianern), die auf dem Hintergrund der zweiten Topik das Unbewußte als Container für (visuelle) Phantasien auffassen, als einen Behälter, der etwas enthält, das (in gewisser Weise chaotisch) auf Befriedigung aus ist, das Es, das die zivilisatorischen Beschränkungen der Existenz im Namen der ›Biologie‹ zu zerbrechen sucht, ein »in Ketten gelegtes Monster«.[269] Aber gerade in der unerbittlichen Lektüre und Entzifferung Freuds heckt Lacan eine schwerwiegende Verlagerung dessen aus, was bei Freud *das Unbewußte* heißt. Es ist in keinem denkbaren Sinne ursprünglich, biologisch, an die Instinktausstattung des Menschen geknüpft, es ist durch und durch in den *Diskurs des Anderen* eingehängt, und das bedeutet, in die Differenz zwischen Wahrnehmung und Sprache. Das Unbewußte ist topologisch ein ›Zwischen‹, der Kombinationsspielraum, in dem die Unendlich-

268 Ich will das nicht eigens erörtern, aber hier ist der theoretische Ausgangspunkt gewisser theoretischer Bizarrerien, deren empirischer Gehalt in der analytischen Erfahrung heraufbeschworen wird, also einer Erfahrung, die nicht ohne weiteres allen zugänglich ist, die sich für das Problem des Subjekts interessieren.

269 Ragland-Sullivan, *Jacques Lacan*, a.a.O., S. 132. Wir orientieren uns im weiteren an dieser Zusammenfassung.

keit der Signifikanten ihr kombinatorisches Spiel vorführt, unverfügbar für das Subjekt, das sich in den Winkelzügen dieses Spieles findet und verliert.[270] In immer neuen Anläufen bemüht sich Lacan, diese Topologie des ›Zwischen‹ zu entfalten.[271]

»Wenn ich Ihnen vom Unbewußten spreche als von etwas, das in dem temporalen Pulsieren in Erscheinung tritt, so sehen Sie vielleicht das Bild einer *Fischreuse* vor sich, die sich öffnet, in deren Tiefe der Fisch sich fängt. Während, nach dem Bilde eines *Bettelsacks*, das Unbewußte ein Ausgespartes, im Innern Abgeschlossenes / quelque chose de réservé, de refermé à l'intérieur ist, in dem wir, ich sage: wir, von außen nur eindringen können. Ich stoße also die Topologie der traditionellen Bilder um ...«[272]

Das Unbewußte ist vor allem *Diskontinuität*, es ist nicht substantiell, es ist »ungeboren«, ein Klaffen des »Nichtrealisierten«, die Zone der »Larven«, das Ungeschriebene eines Textes.[273] Es hat die Realität eines Algorithmus, einer wirksamen Leerstelle, eines Einschlags, der Punze. Es ist nicht erreichbar für Introspektion, weil es als Algorithmus Beziehungskonstellationen aus einer gleichsam dritten Position herstellt, formt, artikuliert.[274] Das Unbewußte ist strukturiert wie eine Sprache, heißt es, und das bedeutet auch, es bestimmt sich aus den Wirkungen der Differenz, der Andersheit. Es ist nicht *hier*, es ist immer: *Anderswo*. Erforderlich wäre eine mehrwertige Logik, die ein *tertium datur* zu fassen wüßte.

Aus den Beschränkungen unserer Ausgangsfragestellung heraus sehen wir, was Lacan sieht, wenn er die primordiale Fissur beobachtet: nämlich dasselbe wie Freud: *nichts*, was immer das *sein* mag.

270 Jean-Marie Benoist, zit. nach ebd., S. 133.

271 Sie findet ihren meines Erachtens paradigmatischen Ausdruck in der Formulierung der Innenacht, der Möbiusfläche, der Möbiusschleife. Das sind sehr komplexe Metaphern für kaum noch vorstellbare Raumverhältnisse. Sie sind aber alles andere als opak, sie sind *formale* Rekonstruktionen. Vgl. Lacan, *Die vier Grundbegriffe der Psychoanalyse*, a.a.O., S. 160 ff.

272 Ebd., S. 150. Schon in den komplexeren Formen des Spiegelschemas zeigte sich, daß das Subjekt sich sieht von einer Stelle aus, an der es sich nicht befindet. Es entdeckt sich im Raum des Andern, und der Ort, an dem es sich aufhält, ist im gleichen Raum.

273 Ebd., S. 29; Ragland-Sullivan, *Jacques Lacan*, a.a.O., S. 135.

274 Ebd.

III. Die Systemtheorie und das Unbewußte

Wir haben Freud, wir haben Lacan hergenommen, um (wie auch immer selektiv und verkürzt) die Ansprüche markieren zu können, die an eine Theorie der Selbstbeobachtung des Bewußtseins zu richten sind.[1] Es ging darum, das Abstraktionsniveau zu kennzeichnen, das nicht unterschritten werden kann, wenn man die Frage stellt, womit das Bewußtsein zu kämpfen hat, wenn es sich auf sich selbst richtet. Im Mittelpunkt stand weniger die Richtigkeit/Unrichtigkeit der beobachteten Theorien, sondern mehr ihr Maß an Unterscheidungsscharfsinn, an disziplinierter Phantasie, an *délicatesse*. Man könnte sagen, daß die vorangehenden Überlegungen sich mit der Morphogenese von Theorien beschäftigten, die sich an dem Problem stimulieren, wie das zu beobachten sei, was sich selbst beobachtet, aber dabei dem Eindruck nach keine eigenen Mittel benutzt, sondern die fremden Unterscheidungen dessen, was wir oben die Verlautbarungswelt genannt haben.

Dabei war es wichtig, nicht an jeder Stelle einfließen zu lassen, was denn Systemtheorie zu diesem oder jenem allenfalls zu sagen hätte. Die Absicht der Untersuchung ist schließlich alles andere als ein Theorievergleich. In dieser Hinsicht unverbesserlich, gehe ich davon aus, daß die Systemtheorie (in der hier zugrunde gelegten Fassung) sehr wohl ihr Eigenes und Unverwechselbares im Blick auf das Ausgangsproblem beisteuern kann und wird. Sie würde wenig geleistet haben, wenn sie nichts weiter täte, als die Kunst der Reformulierung zu pflegen, systemtheoretisch belehrte Kommentare dem Sammelsurium anderswoher belehrter Kommentare hinzuzufügen oder gar (aber dergleichen geschicht) in Freud oder Lacan verkappte Vordenker zu entdecken, die eigentlich schon so etwas wie Autopoiesis vorweggenommen hätten.

Mag sein, mag sein, aber selbst wenn es so wäre, hätten wir wenig gewonnen, wenn es nur darum ginge, der Theorie hinrei-

1 Ich denke, ich muß nicht eigens erwähnen, daß es in der Tradition des Idealismus genauso ambitionierte Versuche gibt.

chend monumentale *preadaptive advancers* zu verschaffen. Viel mehr Spaß macht es, sich der Herausforderung durch das Problem selbst zu stellen, eigene Theoriemöglichkeiten durchzuspielen auf einem Felde, auf dem auch die Gegenspieler (und in gehöriger Komplexität) wußten, was sie taten, obwohl sie immer zugleich behaupteten, daß man nicht wissen könne, was man tue, jedenfalls nicht vollständig.

Es versteht sich, denke ich, daß auf diesem Feld mit diesen Spielern das normalsoziologische Instrumentarium nicht ausreicht, ja sogar daß es mitunter scheinen kann, es drehe sich gar nicht um Soziologie.[2] Es dreht sich, behaupte ich, doch um sie, aber wenn nicht, wen sollte das bekümmern?

A. Das Nichtbewußte des Bewußtseins

1. Noch einmal das Problem

Das Bewußtsein ist eine Instanz der Beobachtung, die (wie jede elaborierte Instanz dieser Art) in der Verkettung ihrer Beobachtungen mitunter Operationen bezeichnet (also unterscheidet), in denen sie selbst von nicht-sie-selbst unterschieden wird, Operationen der Selbstregistratur mithin, deren seltsame Eigentümlichkeit, wie wir eingangs erläuterten, darin besteht, daß die dabei benutzten Unterscheidungen schlechthin immer *sozial angelieferte Unterscheidungen* sind. Das ist nur ein anderer Ausdruck dafür, daß das Bewußtsein sich nicht *sinnfrei* beobachten kann und, wenn es dies doch könnte, die sinnfreien Operationen entweder nicht bezeichnen (nicht beobachten, nicht mitteilen) würde oder im Moment, in dem es die bewußte Bezeichnung, die Mitteilung wollte, doch wiederum Sinn gebrauchen müßte.

Zweifelsfrei hat das Bewußtsein Erfahrungen mit Phänomenen, die sich der Kommunikation entziehen; und es hat den Anschein, daß es sogar über Erfahrungen verfügt, die sich unter seinem eigenen Zugriff verflüchtigen, ja durch den Zugriff selbst verschwinden. Sie finden sich gebündelt beschrieben (!) unter Problemtiteln wie *tí esti* (Aristoteles), *nescio quid* (Cicero, Augusti-

2 Siehe zum Beispiel für Arbeiten in erkennbar soziologischer Intention: G. Bruns (Hg.), *Psychoanalyse im Kontext. Soziologische Ansichten der Psychoanalyse*, Opladen 1996.

nus), im *aliquid in anima* der Scholastik, im *gewissen Etwas.*[3] Auch die Mystiker oder die Zenbuddhisten würden darauf insistieren (wenn sie es ohne Differenzgebrauch könnten), daß es für das Bewußtsein die nicht signifikationsfähige Erfahrung gibt, die gleichwohl sich einschreibt in seinen Operationskontext.[4] Man könnte, wenn man es denn wollte, nachgerade von reinen Signifikaten sprechen, die keinen Signifikanten finden. Oder genauer: von Wahrnehmungen, die nicht bezeichnet werden. Oder (für diejenigen, die das Paradox lieben): von Wahrnehmungen, die sich der bewußten Wahrnehmung entziehen, also nicht wahrgenommen werden, es sei denn als eine Differenz, die nicht informiert. Aber genau das wird dann bezeichnet. Und genau dafür werden soziale Unterscheidungen zur Verfügung gestellt. Wieder würde gelten, daß ein *aliquid in anima* in niemandes Seele seine Süße oder seine Qual entfalten könnte, wenn es nicht einen nichtprivaten Horizont gäbe, in dem das Idiosynkratische des Erlebens situiert wäre. Das *Ineffabile* setzt den Gebrauch von Symbolen voraus, die Nichtsingularität des Sozialen oder (in Lacans Worten) eine Signifikantenbatterie, ein Register, in das das Subjekt eingeklinkt wird. Kurz: Es bedarf schon hoch entwickelter Sozialität, damit das Nichtsoziale markiert werden kann. In Radikalisierung dieser These gehen wir aber nicht von einem Etwas aus, das Schwierigkeiten für verfügbare Bezeichnungsleistungen bereitet, sondern davon, daß die Welt der Unterscheidungen und Bezeichnungen (die Verlautbarungswelt) in die Konstitution der komplexesten und sublimsten psychischen Zustände dominant eingeschaltet ist. Es gibt demnach kein präsymbolisches Bewußtsein, es sei denn, es wird darüber gesprochen.[5]

3 Vgl. E. Köhler, »›Je ne sais quoi‹. Ein Kapitel aus der Geschichte des Unbegreiflichen«, in: ders., *Esprit und arkadische Freiheit*, Frankfurt am Main 1972. Die Referenz auf Phänomene wie das *déjà vu* ist hier obligat, ebenso der Verweis auf das *Ineffabile*. In alldem wird immer mitgedacht, daß das, was sich entzieht, von besonderer, von existentieller Bedeutung sei. »Ce qui n'est pas ineffable n'a aucune importance«, formuliert Paul Valéry (*Mon Faust*).

4 Vgl. N. Luhmann und P. Fuchs, *Reden und Schweigen*, Frankfurt am Main 1989.

5 Wir können jedenfalls keinen Sinn darin finden, ein System ohne Unterscheidungs- und Bezeichnungsleistungen schon Bewußtsein zu nennen.

Wir haben sehr weit oben gesagt, daß sich das Bewußtsein entdeckt am *re-entry* der Unterscheidung von Bewußtsein und Kommunikation und daß es sich dabei schon der Bezeichnungen bedient, die die Kommunikation für Bewußtsein offeriert. Es ist, wenn es sich bemerkt, schon eingebettet in Fremdreferenz, und das Eigentümliche ist ja gerade, daß der Moment, in dem es sich selbst bezeichnen will, also auf Selbstreferenz umschaltet, es in Fremdreferenz transformiert. Es sieht sich selbst als *Etwas*. Indem es *sich* beobachtet (gar beschreibt), wird das reflexive Pronomen *sich* transitiv. Genau dann, wenn man es reflexiv halten will, kommt jene primordiale Verschattung, jener Riß, jene Fissur, jene Spaltung ins Spiel (und wird bezeichnet), die die theoretische Ausgangsposition Freuds und Lacans formiert. Jenseits der Beobachtung ist – *nichts*, ist Indifferenz, und wieder mit Lacan: das *eigentlich Reale*, das in jeder Beschreibung verdampft.

Die Dinge liegen, wie es scheint, dennoch einfach: Wenn das Bewußtsein eine Instanz der Beobachtung ist, dann prozessiert es Beobachtungen, also Unterscheidungen und Bezeichnungen; wenn es sich selbst beobachten will, wie es beobachtet, dann tut es das, was es tut: Unterscheiden und Bezeichnen; und wenn es sich beobachten will, wie es nicht beobachtet, gilt dasselbe. Es kann dann, wenn es sich intern von Kommunikation unterscheidet (aber auch diese Unterscheidung wird angeliefert), bemerken, daß dies so ist, und es kann sich darüber beklagen, daß es sich (außer in der Form der Beobachtung) nicht erreicht, daß es sein Original, seinen Ursprung, seine von Symbolen unangetastete Existenz immerzu verfehlt. Mitunter begibt es sich auf die endlose Suche nach seiner Identität und erlebt allerhand dabei. Und manchmal insistiert es auf der Einzigartigkeit seiner Identität und scheitert daran, daß Einzigartigkeit nicht kommunikabel ist außer in einem nicht einzigartigen Medium der Sprache.[6]

Das Bewußtsein geht unaufhörlich fremd, weil es ein beobachtendes System ist. Alle Unterscheidungs- und Bezeichnungsleistungen, die es benutzt, stammen nicht von ihm selbst, nicht einmal seine zentrale Unterscheidung, mit der es sich selbst von

6 Vgl. die einschlägigen Studien in: Luhmann/Fuchs, *Reden und Schweigen*, a.a.O. Ich mache darauf aufmerksam, daß ich von typisch europäischen Problemen spreche, wenn von Klage die Rede ist. Vgl. für eine andere völlig andere Entwicklung meine Studie über Japan, in: P. Fuchs, *Die Umschrift*, Frankfurt am Main 1995.

anderem unterscheidet. Und sollte doch etwas von ihm selbst stammen, einem empirischen Bewußtsein allein zugänglich sein, so wäre es nicht kommunikabel und auch intern mit keiner Unterscheidung (über die sich reden ließe) bezeichnungsfähig. Unter diesem Gesetz stehen natürlich auch die folgenden Reflexionen, deren erste sich fragt, in welchem Sinne das Bewußtsein eine Beobachtungsinstanz ist und ob aus den Begriffsbildungen, die für die Antwort benötigt werden, nicht auch schon ein erster Begriff des *Nichtbewußten am Bewußtsein* abfällt.

2. *Theoretische Vorbereitungen*

Die Ausgangsthese ist, daß Bewußtseine und Sozialsysteme *autopoietische* Systeme sind, also Systeme, die sich mit Hilfe selbstkonstituierter Elemente in einem Netzwerk der gleichen Elemente reproduzieren.[7] Diese Elemente sind immer diskriminierende Operationen, im Falle von Bewußtsein und Sozial-

7 Vgl. als Auswahl von Werken, die den Begriff einführen bzw. ihn in Theorien des Sozialen und Psychischen einbauen: F. J. Varela, H. R. Maturana und R. B. Uribe, »Autopoiesis: The Organization of Living Systems, Its Characteristics and a Model«, in: *Biosystems* 5, 1974, S. 187-196; M. Zeleny (Hg.), *Autopoiesis. A Theory of Living Organization*, New York/Oxford 1981; M. Zeleny und N. A. Pierre, »Simulation of Self-Renewing Systems«, in: E. Jantsch und C. H. Waddington (Hg.), *Evolution and Consciousness, Human Systems in Transition*, London 1976, S. 150-165; H. R. Maturana und F. J. Varela, »Autopoiesis and Cognition: The Realization of the Living«, in: *Boston Studies in the Philosophy of Science*, Bd. 42, Boston/Dordrecht 1980; F. Benseler u. a. (Hg.), *Autopoiesis, Communication and Society. The Theory of Autopoietic System in the Social Sciences*, Frankfurt am Main 1980; N. Luhmann, »Autopoiesis, Handlung und kommunikative Verständigung«, in: *ZfS* 11, 1982, S. 366-379; siehe zur grundlegenden Ausarbeitung N. Luhmann, *Soziale Systeme. Grundriß einer allgemeinen Theorie*, Frankfurt am Main 1984; siehe zu soziologischer Kritik W. Lipp, »Autopoiesis biologisch, Autopoiesis soziologisch. Wohin führt Luhmanns Paradigmawechsel?«, in: *KZfSS* 39, 1987, S. 452-470. In unserem Kontext interessant ist T. Brocher und C. Sies, *Psychoanalyse und Neurobiologie. Zum Modell der Autopoiese als Regulationsprinzip* (= Jahrbuch der Psychoanalyse, Beiheft 10), Stuttgart-Bad Cannstatt 1986.

systemen darüber hinaus immer: beobachtende Operationen.[8] Logisch gesehen folgt daraus, daß es in diesen Systemen keine observationsfreien Operationen gibt, daß jede Operation *etwas* beobachtet. Jede Kommunikation teilt etwas mit; jeder Gedanke (Vorstellung, Intention etc.) ist aufgeladen mit Referenz. Jenseits dieses einfachen Implikationsverhältnisses wird es jedoch schwierig, wenn man die Operation trennen will von dem, was in ihr gesehen wird.[9] Die Operation der Beobachtung ist nicht das Beobachtete. Sie ist ein Ereignis (also etwas, das als Diskontinuität beobachtet werden kann), in dem im Schema einer Unterscheidung eine Schemaseite bezeichnet wird.[10] Das bedeutet, daß man eigentlich eine dreigliedrige Unterscheidung machen muß: die Operation, die Beobachtung, das Beobachtete. Das Problem daran ist, daß diese Dreigliedrigkeit nur analytisch entdeckt werden kann, während jede empirische Operation (jede Kommunikation, jeder Akt des Bewußtseins) die Einheit der ›Triole‹ realisiert, nicht im Sinne einer operationsimmanenten Dreiheit, einer Abstufung oder einer Staffelung, nicht einmal im Sinne eines ›Akkordes‹, sondern im Sinne einer kompakten Realität, an der ein Beobachter gerade einmal drei Aspekte unterscheidet.[11]

8 Vgl. zu der hier weitgehend vorausgesetzten Theorie N. Luhmann, »Die Autopoiesis des Bewußtseins«, in: A. Hahn und V. Kapp (Hg.), *Selbstthematisierung und Selbstzeugnis: Bekenntnis und Geständnis*, Frankfurt am Main 1987, S. 25-94; N. Luhmann, »Wie ist Bewußtsein an Kommunikation beteiligt?«, in: H. U. Gumbrecht und K. L. Pfeiffer (Hg.), *Materialität der Kommunikation*, Frankfurt am Main 1988, S. 884-905; D. Baecker, »Die Unterscheidung zwischen Kommunikation und Bewußtsein«, in: W. Krohn und G. Küppers (Hg.), *Emergenz: Die Entstehung von Ordnung, Organisation und Bedeutung*, Frankfurt am Main 1992, S. 217-268.

9 Siehe zu eingehenderen Analysen P. Fuchs, *Die Umschrift*, a.a.O.

10 Vgl. N. Luhmann, *Die Wissenschaft der Gesellschaft*, Frankfurt am Main 1990, S. 79 ff. Siehe zum theoretischen Hintergrund, der Formulierungen dieser Art gestattet, G. Spencer-Brown, *Laws of Form*, London 1969, New York 1979; vgl. dazu ferner D. Baecker (Hg.), *Kalkül der Form*, Frankfurt am Main 1993; ders. (Hg.), *Probleme der Form*, Frankfurt am Main 1993.

11 Es hat wenig Zweck, sich hier auf wissenschaftstheoretische Diskussionen einzulassen etwa der Art, ob der Begriff einer empirischen Operation Sinn macht in einem Theoriekontext, der mit nichtempirischen Begriffen arbeitet. Man kann schließlich auf Autopoiesis, auf

Gleichwohl ist die analytisch gewonnene ›Triole‹ von entscheidender Bedeutung, weil sich an ihr spezifische und für unsere Fragestellung entscheidende Zeitverhältnisse ablesen lassen.

Die Operation, das ist das Ereignis, das an seiner Zeitstelle im Rahmen einer Unterscheidung eine Bezeichnungsleistung vollzieht. An seiner Zeitstelle, das impliziert die Unmöglichkeit, daß sich das Ereignis *Operation* selbst registriert. Das Ereignis kann sich nicht selbst beobachten, weil es sich (an seiner Zeitstelle) verdoppeln müßte, um zu sehen, was es sieht, um zu unterscheiden, was es unterscheidet, um zu bezeichnen, was es bezeichnet.[12] Die Operation hält sich nicht lange genug in der Welt auf, um ein Echo seiner Selbst aufzeichnen zu können. Sie geschieht und vergeht. Und ebendeshalb kommt ihr an ihrer Zeitstelle keine Identität zu. Sie ist selbstblind, ohne jeden Hauch von Selbstzugang, in dieser Hinsicht absolut nicht autonom und absolut ohne Gedächtnis.[13] Sie ist in einem präzisen Sinne *nicht bewußt* oder (auf soziale Systeme bezogen) *nicht thematisch*.

Wenn wir uns auf das Bewußtsein einschränken, läßt sich festhalten, daß die ereignishaften Elemente seiner Autopoiesis als

Beobachtung, auf Operation etc. nicht zeigen, sowenig wie etwa auf die Derridasche *différance*. Wir haben im übrigen ganz ähnliche Theorieverhältnisse, wo *signifiant* und *signifié* unterschieden werden und in der Form des Zeichens (als eines Dritten) zur Einheit gebracht werden. So bestechend es sein mag, ich kann mir eigentlich weder einen leeren Signifikanten noch ein leeres Signifikat vorstellen, nicht einmal ein leeres Zeichen, allenfalls eines, dessen Signifikation und dessen Signifikat vergessen wurde. Aber die Bezeichnung von etwas als Zeichen setzt die Unterstellung voraus, daß es Signifikant/Signifikat gibt.

12 Vgl. U. Pothast, *Über einige Fragen der Selbstbeziehung*, Frankfurt am Main 1971. Ferner Fuchs, *Die Umschrift*, a.a.O., S. 14 ff.

13 Vielleicht ist es das, was instruktive Analogien zum Unbewußten Freuds (seiner Zeitlosigkeit, seiner Indifferenz etc.) ermöglicht, *mutatis mutandis* auch zum Unbewußten Lacans in seiner Spaltung. Wir legen auf diese Analogien nicht sehr großen Wert, aber immerhin steigern sie die Plausibilität der Annahme, daß die Selbstbeobachtung des Bewußtseins auf eine Blockade stößt, die nicht auflösbar ist, so daß ihr Dahinter in Terms der Nichterreichbarkeit, der Zeitlosigkeit etc. beschrieben werden muß. Ich halte aber nachdrücklich fest, daß ich im Augenblick vom Nichtbewußten des Bewußtseins rede und noch nicht vom Unbewußten.

Operationen niemals in die Sicht kommen. Dasjenige, wodurch das Bewußtsein beobachtet, entzieht sich fundamental.[14] Die Synthese der Beobachtungen wird selbst nicht beobachtet. Sie verschwindet auf seltsame Weise in der Zeit.

Aber wie kommt dann Struktur ins System? Die Antwort auf diese Frage zwingt uns gnadenlos in die Theorie autopoietischer Systeme und ihrer Zeitbewandtnisse.

a) Die Zeit und das Problem der Struktur oder Hugin und Munin

Autopoietische Systeme sind historische Systeme: Sie erzeugen ihre Ereignisse in einem durch sie selbst spezifizierten, sie selbst spezifizierenden Kontext, sie setzen sich selbst voraus, sie sind selbst-resultativ und deswegen immer gnadenlos geschichtlich. Autopoietische Systeme sind mithin strukturdeterminiert.[15] Das heißt nicht, daß ihre Reaktionen prognostizierbar wären, sondern nur, daß diese Systeme Ereignisse ausschließlich nach Maßgabe ihrer Strukturalität in sich ein- und in sich umbauen und daß die Transformation von Strukturen nur auf die Strukturen zurückgreift, die für solche Systeme im Eigenkontakt verfügbar sind. Wir haben es mit Status-quo-ante-Maschinen zu tun.

All das sagt man jedenfalls, man sagt es überzeugend, und das

14 In anderer Terminologie und bezogen auf Lacan ist dies die primordiale Organisation des Seins, das beobachtet, die Bedingung der Möglichkeit des Sehens, die selbst nicht gesehen wird.

15 Siehe N. Luhmann, *Die Wissenschaft der Gesellschaft*, Frankfurt am Main 1988, S. 278 f.; H. R. Maturana, »Kognition«, in: S. J. Schmidt (Hg.), *Der Diskurs des Radikalen Konstruktivismus*, Frankfurt am Main 1988 (2. Auflage), S. 89-118, hier S. 93; im Blick auf das Nervensystem vgl. G. Schiepek und P. Kaimer, »Von der Verhaltensanalyse zur selbstreferentiellen Systembeschreibung«, in: *Familiendynamik* 13, 3, 1988, S. 240-269, hier S. 250 f.; vgl. in bezug auf »systems with history (e.g. all dissipative structures)« E. Jantsch, »Evolution: Self-Realization through Self-Transcendence«, in: ders. Und C. H. Waddington (Hg.), *Evolution and Consciousness, Human Systems in Transition*, London 1976, S. 37-70, hier S. 40. In nicht systemtheoretischem Kontext ist die Foucaultsche Idee des Archivs von gleicher Form wie die der Strukturdetermination. Siehe M. Foucault, *Archäologie des Wissens*, Frankfurt am Main 1973, S. 188 f.

Überzeugende daran ist, daß Autopoiesis und selbstreferentielle Geschlossenheit derjenigen Systeme, die diesen Betriebsmodus fahren, gar nichts anderes zulassen als die Idee sich selbst spezifizierender, ihre eigene Geschichte nutzender, nur im Eigenkontakt operierender Systeme, seien sie lebend, bewußt oder sozial. Wer diese Idee nicht will, muß Autopoiesis und Geschlossenheit durchstreichen. Aber wer würde das wollen, wenn er auf die Erkenntnisgewinne blickt, die durch die Umstellung von Offenheit auf Geschlossenheit, von Allopoiesis auf Autopoiesis in den letzten Dekaden (und bei weitem nicht nur in der Soziologie) verfügbar wurden?

Die Noli-me-tangere-Frage[16] bei alledem ist aber, wie denn Struktur (und damit Gedächtnis) ins System kommt.[17] Autopoiesis geht schließlich vom Verschwinden der Ereignisse, vom Elementezerfall aus, und nicht: vom Erhalt, von Dauer, von systemischer Engrammatik und Remanenz. Natürlich sprechen Systemtheoretiker von Strukturen, von Erwartungen, Antizipationen, Irritabilitäten, von der Relationierung der Relationen verschwindender Ereignisse, aber sie vermeiden es dabei, die Frage fundamental zu stellen, wie sich etwas festhalten kann, das sich in einem fort entschwindet? Wie kann man aus Luft ein Haus bauen, wie kann sich Wasser zur Kugel ballen?

Das Konzept der Autopoiesis impliziert (und darin liegt eine seiner wesentlichen Leistungen) eine eigentümliche Temporalität. Es geht, wie wir sagten, von im Moment ihres Auftretens schon verschwindenden, zeitkleinen Ereignissen (passageren Operationen) aus, deren Existenz, deren Identität nachträglich etabliert wird: durch ein Folgeereignis, das das eben gewesene Ereignis ›inszeniert‹ als ein (reversibel) bestimmtes – durch ein

16 Wenn mich mein Gedächtnis nicht trügt, wäre es eine elegantere Wendung, von der Ne-me-tetigeris-Frage zu sprechen, aber es kann natürlich sein, daß die Erinnerung an meine Lateinlehrer sich darin täuscht, daß deren Gedächtnis hinreichend exakt war. Ich hätte irgendwo nachschlagen sollen, aber ich habe vergessen, wo man das nachschlagen kann, vielleicht in irgendeiner Grammatik, die sich mit negativen Imperativen und dem Konjunktiv Perfekt befaßt, aber wie auch immer: Ich habe gar keine Lust und keine Zeit, mein Gedächtnis (oder wessen?) zu prüfen.

17 Das war auch, ich erinnere daran, Freuds Frage, auf die er letztlich nur mit der genialen Metapher des Wunderblocks antworten konnte.

Folgereignis aber, das selbst post festum ›inszeniert‹ wird, für das also derselbe Modus der Nachträglichkeit (der nachgetragenen Identität) gilt.[18] Kein passageres Ereignis dieses Typs (Gedanken, Kommunikationen) ist an seiner Zeitstelle beobachtbar identisch, es sei denn, es wird beobachtet, aber dann ist es zu spät, seine Identität im Direktzugriff zu fixieren. Und es selbst kann sich nicht beobachten, sonst wäre es, wie wir oben festhielten, an seiner Zeitstelle doppelt, sonst wäre es in einem: »Original und Beobachtung«.[19] Es ist für sich selbst nicht *remanent*.[20] Es gibt keine Operation, mit der sich die Konkretheit eines konkreten Ereignisses beobachten läßt, woraus unter anderem aber auch folgt, daß Null-Ereignisse (Nichtkommunikationen zum Beispiel) in autopoietischen Systemen zur Kreation von Anschlußereignissen verwendet werden können.[21]

Abgesehen davon, daß diese Form der Zeitlichkeit zumindest aller sinngebundenen Systeme eine immer ver- und aufgeschobene Aktualität zu erzeugen scheint (die *différance* im genauen Sinne)[22], wird unter diesen Voraussetzungen die Frage unaus-

18 Siehe zu Konsequenzen im Blick auf eine soziologische Theorie der Musik: P. Fuchs, »Vom Zeitzauber der Musik. Eine Diskussionsanregung«, in: D. Baecker u. a. (Hg.), *Theorie als Passion*, Frankfurt am Main 1987, S. 214-237; ders., »Die soziale Funktion der Musik«, in: W. Lipp (Hg.), *Gesellschaft und Musik. Wege zur Musiksoziologie* (= *Sociologia Internationalis*, Beiheft 1), 1992, S. 67-86. Vgl. ferner unter Einrechnung Derridas: P. Fuchs, *Die Umschrift*, a.a.O.

19 Siehe noch einmal Pothast, *Über einige Fragen der Selbstbeziehung*, a.a.O., S. 38.

20 Siehe zu diesem Begriff F. Carstenjen und R. Avenarius, *Biomechanische Grundlagen der neuen allgemeinen Erkenntnistheorie. Eine Einführung in die »Kritik der reinen Erfahrung«*, München 1894, S. 75. Das Ereignis der Operation hat übrigens in diesem argumentativen Duktus keinen Husserlschen Kometenschweif, es sei denn für einen schnellen Beobachter.

21 Siehe schon G. Bateson, *Geist und Natur. Eine notwendige Einheit*, Frankfurt am Main 1982, S. 62 f.

22 Die Sinnwelt operiert retrospektiv im Unterschied zur Dingwelt. Darauf läßt sich die gnostische Unterscheidung von *pleroma* und *creatura* anwenden. So jedenfalls C. G. Jung, zit. nach Bateson, *Geist und Natur*, a.a.O., S. 14; ders. und M. C. Bateson, *Wo Engel zögern. Unterwegs zu einer Epistemologie des Heiligen*, Frankfurt am Main 1993, S. 31 ff. Die Natur (im Unterschied zu Sinn) könnte beobachtet

weichlich, wie ein System, das nur über passagere Operationen verfügt, Dauer schaffen bzw. (was dasselbe ist) Diskontinuitäten und Kontraste registrieren kann.[23] Dies ist im Kern das Problem der *creatio continua*.[24] Dies ist im Kern auch das Problem, das auftritt, wenn Niklas Luhmann die soziologische Theorie auf die Ereignishaftigkeit der Elemente sozialer Systeme umstellt, auf Handlungen zunächst, dann auf Kommunikationen.[25] Immer ist die Frage, wie sich Struktur (wie sich Dauer) als Verkettung aus Verschwundenem in der seltsamen Nichtpräsenz des Präsenten (des unaufhörlichen Verschiebens) entwickeln und halten kann.[26]

werden als die Domäne der Identität von Differenz und Identität. Siehe F. W. J. Schelling, »Einleitung zu dem Entwurf eines Systems der Naturphilosophie«, in: ders., *Schriften von 1799-1801*, Darmstadt 1982, S. 309. Die immer verschobene Aktualität (dieses Paradox) mag ein Ansatzpunkt sein, jene *tendentia ad esse* zu erklären, die quer zu aller *différance* ›Festigkeiten‹ konstruiert.

23 Mit diesen Begriffen arbeitet J. Markowitz, *Verhalten im Systemkontext. Zum Begriff des sozialen Epigramms. Diskutiert am Beispiel des Schulunterrichts*, Frankfurt am Main 1986. Siehe ferner: ders., »Relevanz im Unterricht – eine Modellskizze«, in: N. Luhmann und K. E. Schorr (Hg.), *Zwischen Technologie und Selbstreferenz*, Frankfurt am Main 1982, S. 87-115, hier S. 89 ff. Zum Problem vgl. aus philosophischer Sicht und bezogen auf Bewußtsein Pothast, *Über einige Fragen der Selbstbeziehung*, a.a.O., besonders S. 78.

24 Siehe *Œuvres de Descartes. Meditationes de prima philosophia* VII, Paris: Vrin 1964, S. 48 f. Später Nachklang hierzu: »Philosophers have taken to easily the notion of perishing.« A. N. Whitehead, *Essays in Science and Philosophy*, London 1948, S. 89.

25 Vgl. N. Luhmann, »Zeit und Handlung – Eine vergessene Theorie«, in: ders., *Soziologische Aufklärung*, Bd. 3, Opladen 1981, S. 101-125 (zuerst in: *ZfS* 8, 1979, S. 63-81); ders., »Autopoiesis, Handlung und kommunikative Verständigung«, in: *ZfS* 11, 1982, S. 366-379. Vor allem im erstgenannten Aufsatz dominiert die Metaphorik des ›von Moment zu Moment...‹ Siehe zur Umstellung auf Ereignisse im Blick auf Bewußtsein: ders., »Die Autopoiesis des Bewußtseins«, a.a.O., S. 25-94.

26 So kann man etwa zur Auffassung gelangen, daß die Zeit erst im Zuge der »Kodifizierung von Ereignissen« entsteht. Vgl. G. Schaltenbrand, »Bewußtsein und Zeit«, in: *Studium Generale* 22, 1969, S. 455-472, hier S. 466. Man weiß im übrigen mittlerweile, welche Anforderungen erfüllt sein müssen, damit die Orientierung mit Referenten und eindeutigen Referenzen arbeiten kann. Siehe dazu Mar-

Das Problem zeichnet in der Geschichte seiner modernen Bearbeitung, die hier bedeutsam ist, zunächst psychische Systeme aus als diejenigen, deren Impression bzw. Konstitution von Dauer erklärungsbedürftig wird. Etwa ab Mitte des 19. Jahrhunderts scheint eine gesteigerte Empfindlichkeit für Wahrnehmungsprozesse aufzutreten, wofür die Fechnerschen Elemente der Psychophysik oder die Machsche Empfindungsanalytik einstehen mögen, aber auch Phänomene wie der Impressionismus, der Pointillismus oder die mit Baudelaire einsetzende moderne Lyrik.[27] Die Bedingung der Möglichkeit von Wahrnehmung und deren Integration ist die Dauer, die Annahme, daß die Referenz auf ein Ereignis beim Beobachter ausgedehnte Gegenwarten (oder besser: diskrete Minimalgegenwarten) voraussetzt.[28] Die phänomenologische Tradition, von Brentano ausgehend, dann über die zentrale Station Husserl laufend, schließlich sich weitgehend abrundend bei Merleau-Ponty, stellt das bekannte Abschattungsschema zur Verfügung, in dem Retention und Proten-

kowitz, *Verhalten im Systemkontext*, a.a.O. Neben der Vielzahl der Leistungen, die Markowitz mit Namen versieht, ist soziologisch und psychologisch der Titel der Objektkonstanz als darauf bezogener Topos bekannt. Vgl. vor allen J. Piaget und B. Inhelder, *Die Entwicklung der physikalischen Mengenbegriffe beim Kinde*, Stuttgart 1969; J. Piaget, *Der Aufbau der Wirklichkeit beim Kinde*, Stuttgart 1974. Siehe auch G. H. Mead, *The Philosophy of the Present*, La Salle, Ill. 1932. Das Problem stellt sich selbstverständlich dann, wenn es um die Konstitution der Person geht. Vgl. I. Kant, *Kritik der reinen Vernunft*, Transzendentale Dialektik, 2. Buch, 3. Paralogismus; »Persona dicitur ens, quod memoria sui conservat«, formuliert Ch. Wolff, *Psychologia rationalis*, 1734, § 741.

27 Vgl. A. Gehlen, *Zeit-Bilder. Zur Soziologie und Ästhetik der modernen Malerei*, Frankfurt am Main 1960, S. 60. Siehe zum gesellschaftstheoretischen Hintergrund den Aufsatz über moderne Lyrik in Luhmann/Fuchs, *Reden und Schweigen*, a.a.O. Es ist in diesem Kontext bezeichnend, daß die Machsche Empfindungsanalytik unter dem Gesichtspunkt des Augenblicks thematisiert werden kann. Siehe M. Sommer, *Evidenz im Augenblick. Eine Phänomenologie der reinen Empfindung*, Frankfurt am Main 1987. Hier einschlägig ist natürlich H. Bergson, *Zeit und Freiheit*, Meisenheim am Glan 1949 (Original: *Essai sur les données immédiates de la conscience*, Paris 1888).

28 Von ›specious present‹ spricht W. James, *Principles of Psychology*, Bd. 1, London 1890, S. 609 ff.

tion sich so synthetisieren, daß trotz des immer neuen ›Jetzt‹ der Übergriff ins Vergangene, der Vorgriff ins Zukünftige, kurz: ›fungierende Intentionalität‹ (Merleau-Ponty) entsteht.[29]

Stellt man hier kurzerhand um auf Beobachtungstheorie, so läßt sich sehen, daß in dieser Tradition eigentlich eine einzige Frage dominiert: Wie bringt es der Beobachter fertig, Ereignisse (innen und außen) zu diskriminieren, zu erinnern, zu antizipieren, obwohl er selbst ereignisbasiert operiert, also keine Stelle hat, an der Raum und Zeit zur Speicherung verfügbar wären, keinen Ort für längerfristige Engagements, keinen Platz für Deponate, keinen platonischen Taubenschlag?[30] Die Antworten der Phänomenologie liefern einen Metaphernknoten, in dem Zurückhalten (Retention), Vorhalten (Protention), Einprägung (Impression), Abschattung und Spur im Jetztpunkt sich raffiniert so verschlingen, daß die Verknüpfung der Bewußtseinselemente möglich wird und mit ihr die Konstitution der Einheit des Bewußtseins über das Verschwinden seiner fundamentalen Ereignisse hinweg.

Aber auch die beobachtungs- und differenztheoretisch unterfütterte Systemtheorie ist auf eine ebenso sorgfältig abgestimmte Metaphorik angewiesen, wenn sie von der Ebene der Operativität auf die Ebene der Strukturbildung gelangen will. Die Metaphern des Aufbewahrens, Anreicherns, Kondensierens, des Verweilens und Einschleifens, des Strukturgewinnens, des Aufbaus von Geschichte verdecken das Problem, wie die Operation leisten soll, was sie nicht leisten kann, und verlagert es auf die Konnexität der Operationen, auf das System.[31] Im System bilden

29 Siehe zu dem Versuch, das Abschattungsschema mit Systemtheorie zu verbinden, W. Bergmann und G. Hoffmann, »Selbstreferenz und Zeit: Die dynamische Stabilität des Bewußtseins«, in: *Husserl Studies* 6, 1989, S. 155-175.

30 Siehe zu einer auf Dauer und Kontrast abstellenden Theorie der Attentionalität, die mit solchen Begriffen operieren muß, weil sie sich (wenn auch mit erheblichen Modifikationen) aus der phänomenologischen Tradition speist, Markowitz, *Verhalten im Systemkontext*, a.a.O.

31 Vgl. Luhmann, »Die Autopoiesis des Bewußtseins«, a.a.O., S. 46 ff. Gerade ich werde den Teufel tun und den hohen Wert dieser Metaphorik, ihre Durchstart- und Ordnungsmöglichkeiten verkennen. Auch dieser Versuch, die Metaphern aufzulösen, wird neue Meta-

sich »freischwebende Strukturen« aus, das System wird texttechnisch in ein ›man‹ transformiert, das sich selbst festlegt, lernt, das Erfahrungen verdichtet, Erwartungen ausprägt, sich alarmieren oder besänftigen läßt. Es ist beinahe tollwütig, so zu formulieren, aber gerade in dem hier erörterten Problemkontext erscheint das System als dunkler Gott, der bindet, was in den Ereignissen, weil sie verschwinden, mitverschwindet.[32]

Der Sprung von den Operationen zum System ist immerhin nützlich, er ist plausibel. Schließlich liegt auf der Hand, daß ohne Strukturen, ohne Gedächtnis, ohne Erinnerung, ohne Antizipation kein Beobachter hinreichend Redundanz aufbauen bzw. sich in Redundanzen seiner Umwelt so abstützen könnte, daß Ordnung registrabel wäre. Der Wegfall dieser Phänomene würde für einen Beobachter (der über Struktur verfügt) führungslose, arbiträr operierende Einheiten erzeugen, die sich durch die Welt fädeln, ohne sich selbst im Unterschied zum Nichtselbst in sich selbst zu bemerken.[33] Und würde der Beobachter selbst nicht über jene Möglichkeiten verfügen, wäre er kein Beobachter mit der Fähigkeit, Information zu verarbeiten. Er wäre nicht einmal in der Lage, Führungslosigkeit des beobachteten Systems zu unterstellen. Er wäre, um eine Analogie zu einer älteren Tradition aufzugreifen, *zeitblind* und infolgedessen vermutlich auch wahrnehmungsblind.[34] Der Sprung von den Operationen zum Sy-

phernbündel sprießen lassen. Das spricht für die Wichtigkeit und Schwierigkeit des Problems.

32 Ich erinnere damit daran, daß die germanische Sagenwelt erstaunliche Intuitionen vorweisen kann, zum Beispiel die, die beiden Raben Odins Hugin (Gedanke) und Munin (Gedächtnis) zu nennen. Morgens schickte Odin die beiden Raben los, und am Abend meldeten sie ihm, was sich rings um die Welt begeben hatte.

33 »Streichen wir Gedächtnis, kennt das System nur Durchsatz«, formuliert Heinz von Foerster, »Was ist Gedächtnis, daß es Rückschau *und* Vorschau ermöglicht«, in: S. J. Schmidt (Hg.), *Gedächtnis. Probleme und Perspektiven der interdisziplinären Gedächtnisforschung*, Frankfurt am Main 1991, S. 56-95, hier S. 62. Vgl. aber schon E. Mach, *Die Analyse der Empfindungen* (Nachdruck der 9. Auflage Jena 1922), Darmstadt 1991, S. 192.

34 Siehe zu dieser Metaphorik E. Mach, *Erkenntnis und Irrtum. Skizzen zur Psychologie der Forschung* (Leipzig 1926), Darmstadt 1991, S. 45 f. Instruktiv sind die Fallbeispiele in O. Sacks, *Der Mann, der seine Frau mit einem Hut verwechselte*, Hamburg 1995. Anosognosie

stem, wie immer metaphorisch umwölkt, führt zu *zeitsichtigen* Beobachtern, und dies ist zweifelsfrei die Bedingung der Möglichkeit, überhaupt von Systemen zu reden. Aber diese Zeitsichtigkeit muß irgendwie zustande kommen.[35] Will man den Sprung vermeiden, wird man nach den ›Festhaltemöglichkeiten‹ auf der Ebene der Operationen fahnden müssen.

b) Das Medium autopoietischer Systeme

Gedächtnis, so sagt man, vieles bündelnd, ist im Grunde der aktuelle Systemzustand, sonst nichts. In diesem Sinne ist die Deformation eines Reifens, der mit dem Bordstein Bekanntschaft gemacht hat, der Zustand des Reifens, durch den die Möglichkeit weiterer Ereignisse vorgezeichnet ist. Die Vorstellung eines aktuellen Systemzustandes setzt immer den Beobachter voraus, der einen Zeitschnitt machen kann, und zwar so, daß alles, was im System an einer Zeitstelle gleichzeitig ist, als Zustand definiert wird, der in Differenz steht zu vergangenen und zukünftigen Zuständen. Aber wann immer und von wem immer ein solcher Zeitschnitt vorgenommen wird, man trifft zumindest im Fall komplexer Systeme auf Arrangements artifiziell parallelisierter Ereignisse, von denen einige beginnen, andere gerade sich abschließen, wieder andere noch laufen.[36] Der Systemzustand ist offenkundig die Selektion eines Beobachters, der auch der Selbstbeobachter sein kann – ein notwendiges Artefakt von Observation.

(die Unmöglichkeit, die eigene Störung zu erkennen) ist dabei besonders interessant (S. 20 et passim).

35 Wir zehren hier über Gebühr, aber mit guten Gründen von der Metapher des ›Sehens‹. Aber erst weiter unten wird erkennbar werden, daß Wahrnehmung ein zentraler Faktor in unserer Argumentation ist. Wahrnehmung ist aber, wenn es um Gedächtnis geht, um Visuelles gruppiert (die anderen Sinne haben Probleme mit Dauern). Siehe zur Rolle innerer Visualisierung schon in der Antike F. A. Yates, *Gedächtnis und Erinnern. Mnemonik von Aristoteles bis Shakespeare*, 2. Auflage, Weinheim 1991 (Original: London 1966), S. 25 ff.

36 Dazu kommt das Problem, daß der Beobachter kaum oder nur unter sehr selektiven Bedingungen darüber entscheiden kann, welche Ereignisse jetzt zum Systemzustand notwendig und welche nur marginal dazugehören.

Die Ereignisse, die das System konstituieren, sind dagegen, so scheint es, gedächtnislos. Es macht wenig Sinn, einen Zeitschnitt durch ein Ereignis zu legen und seinen Zustand zu fixieren, und das macht schon deshalb keinen Sinn, weil die Ereignisse autopoietischer Systeme keine Identität haben, die nicht nachträglich wäre. Es gibt kein beobachtbares Ereignis A, keine Möglichkeit einer konkretistischen Fixierung, keine Möglichkeit, ohne die Angabe eines Kontextes (-Z, A, B, C ...) jenes A zu ›konservieren‹.

Gleichwohl muß das Ereignis als Operation *und* Beobachtung gedacht werden, als Syndosis, in der das Sich-selbst-nicht-Sehen der Operation mit dem, was sie sieht (anzeigt, bezeichnet), auf nur analytisch trennbare Weise verbunden ist.[37] Die Anzeige von etwas (dem eben oder vorhin Gedachten etwa im Falle psychischer Systeme) setzt auf der Ebene der Operationen minimale Zeitbindungsfähigkeiten voraus, weil die Anzeige oder Bezeichnung von etwas in der Folgeoperation ›gesehen‹ werden muß – oder für das System niemals existierte. Und die Operation, die in der Folge gesehen wird, ist selbst eine Beobachtung, die sich auf Vorangegangenes richtet und dort das Etwas des gerade verschwindenden Vorläufers registriert.

Dieses Minimum des Festhaltens, diese minimale Möglichkeit der Inspektion der Spur, ist, wie wir in einem ersten Schritt vermuten wollen, geknüpft an *die Zeitdifferenz, die dadurch zustande kommt, daß jede Operation sich in einem ›Substrat‹ vollzieht*, was nur ein anderer Ausdruck dafür ist, daß sie in der Welt geschieht. Wir könnten auch sagen, daß die Operationen an Materialität geknüpft sind, die sie in einem gewissen Sinne ausbremst, und zweifelsfrei hat man damit ein Organon von Langsamkeiten, gegen die gesetzt jede Operation schnell ist, so schnell, daß die Hysteresis (die inertia) der Materialitäten für sie abtastbar wird.[38] Die Operationen des Bewußtseins können Sprache diskriminieren, weil die gesprochenen Wörter, die Sätze

37 D. Baecker, »Überlegungen zur Form des Gedächtnisses«, in: Schmidt (Hg.), *Gedächtnis*, a.a.O., S. 337-359, sieht einen Ansatzpunkt der Möglichkeit von Zeitbindung in der gleichsam aufblitzenden Differenz von Operation und Beobachtung.

38 Siehe dazu die Kapitel über Gedächtnis und Hysteresis in P. Fuchs, *Moderne Kommunikation. Zur Theorie des operativen Displacements*, Frankfurt am Main 1993.

(und dann die geschriebenen Wörter und Sätze) langsam genug sind; sie können Welt diskriminieren, weil Wahrnehmungen in der Genese des Bewußtseins mit Konstanzen aufgeladen werden, die den Baum stehen und das Gras wachsen lassen. Wahrnehmung ist geradezu das Paradebeispiel einer bewußtseinsinszenierten Trägheit, gegen die die Operationen des Bewußtseins maßlos schnell wirken.[39]

Aber es ist zunächst nicht dieser Fall, den wir hier im Auge haben.[40] Es geht uns hier nicht um die Welt als Widerlager autopoietischer Systeme, als Generalbremser der Autopoiesis. Daß hier eine wichtige Quelle des Gedächtnisses sozialer und psychischer Systeme liegt (als System/Umwelt-Differenz, als Zeitdifferenz), dürfte schließlich plausibel sein. Der Baum steht auch morgen noch und stand schon gestern, der Rasen wächst bedauerlicherweise rasch, aber lange nicht so schnell, daß er für die schnellen Bewußtseins- oder Kommunikationsoperationen nicht immer noch der (mein) Rasen wäre. Und wenn auch die Menschen dahinwelken wie das Gras, sie tun es gleichwohl langsam genug, um für Bewußtsein und Kommunikation diskriminierbar zu sein.

Wir wollen statt dieses allgemeinen Falls den besonderen betrachten, der von der gedächtnisfreien Operation zum Systemgedächtnis führt.

Die These ist, daß das Gedächtnis autopoietischer Systeme entsteht, wenn und insoweit sie in der Lage sind, ihre Elemente selbst (diese Ereignisse) als Medium zu benutzen und aufzufassen und in diesem Medium mit Hilfe ebendieser Elemente Differenzen (Formen) zu etablieren, die sich zeitlich nutzen lassen: als Gedächtnis, als Ressource der Wiederverwendung (Erinnerung) und als Quelle des Vergessens.

Um diese These auszuarbeiten, greifen wir auf die Heider-Medien zurück in der Form, in der sie von Niklas Luhmann und einigen anderen theoretisch weiterentwickelt wurden.[41] Medien

39 Siehe dazu, was geschieht, wenn diese Konstanzen ausfallen, die Studie über Autismus in: Fuchs, *Die Umschrift*, a.a.O. Ich komme übrigens unten auf die Funktion von Wahrnehmung zurück.

40 Siehe dazu die Beiträge in Gumbrecht/Pfeiffer (Hg.), *Materialität der Kommunikation*, a.a.O.

41 Siehe als Ausgangstext: F. Heider, »Ding und Medium«, in: *Symposion. Philosophische Zeitschrift für Forschung und Aussprache* 1, 1926,

sind demnach lose gekoppelte Mengen gleichartiger Elemente, die sich durch rigidere Kopplung zu Formen binden lassen, also negentropiefähig sind. Diese Formen sind ihrerseits nur befristet stabilisiert und deswegen entropiefähig. Ihre Verweildauer hängt von den Eigenschaften der Elemente des Mediums ab: Luft, zu Schwingungen verdichtet, die wir als Sprechen hören, entkoppelt sehr schnell die dabei entstehenden Formen; Fußabdrücke im Sand sind durch Wind und Wasser löschbar; Zement, Ton etc. sind im Gegensatz dazu geeignet, Formen langfristig zu fixieren, wie man nicht selten an tausendjährigen Hunde-, Hühner-, Kinder- und Katzenspuren sehen kann, die sich in alten Steinen erhalten haben.[42]

Für unsere weitere Argumentation ist wichtig, daß die Form im Medium mit dem Medium gleichzeitig ist, daß alle Formen in einem Medium mit allen anderen Formen und allen Elementen des Mediums gleichzeitig sind, *daß aber nicht alle Formen im Medium und alle Elemente des Mediums gleich schnell sind*. Wir ziehen also die Möglichkeit von Tempodifferenzen *in* einem Medium in Betracht. Das ist nicht weiter bemerkenswert, wenn man sich ein Medium denkt wie etwa Sand an einem Küstenabschnitt, der hier in feinen Fahnen unter dem Wind dahintreibt, dort scharf von Dünenkanten abgerissen wird, an dieser Stelle Fußabdrücke nur momentweise hält, an jener Stelle für Stunden. Alle solche Kopplungen sind gleichzeitig, aber während hier an einer Zeitstelle hundert Körner aus einer Sandburg rieseln, stößt dort der Wind zum selben Zeitpunkt Abermillionen dieser Körner in

S. 109-157. Vgl. zu Ausarbeitungen in: Auswahl P. Fuchs, »Der Mensch – das Medium der Gesellschaft?«, in: ders. und A. Göbel (Hg.), *Der Mensch – das Medium der Gesellschaft*, Frankfurt am Main 1994, S. 15-39; N. Luhmann, »Das Kind als Medium der Erziehung«, in: *Zeitschrift für Pädagogik* 37, 1, 1991, S. 19-40; ders., »Das Medium der Kunst«, in: *Delfin* 4, 1986, S. 6-15.

42 So zum Beispiel im Heimatmuseum Reinfeld (Holstein) mit seinen Ziegelfragmenten aus der ehemaligen Zisterzienserabtei. Siehe zur Form unserer Beispiele auch F. Heider, *The Notebooks*, hg. von Marijana Benesh-Weiner, Bd. 1, *Methods, Principles and Philosophy of Science*, München/Weinheim 1987, S. 84: »*Sand versus cement: restraints.* Inner determined versus outer determined: look for good examples. Stepping on sand, leaving trace versus stepping on hard cement. How much inner restraints versus following influences?«

streifigen Schleiern vor sich her. Für jede Form dieses Mediums ist das Medium *hintergrundaktiv*, und das kann für jede Form in diesem Medium Konsequenzen haben.[43] In diesen physikalistisch gehaltenen Bildern hat dieser Umstand jedoch keine große Bedeutung.

Das ändert sich dann und nachhaltig, wenn man sich die Freiheit nimmt, zu überlegen, ob autopoietische Systeme nicht schon ihrer Definition nach in sich ein Medium produzieren und reproduzieren, das nichts weiter ist als die massenhaft anfallenden, unentwegt neu entstehenden und verschwindenden Ereignisse (Operationen), durch die das System sich reproduziert. Die Merkmale der Gleichartigkeit, der unaufhörlichen Reproduktion, der Entropietendenz liegen eindeutig vor, und ebenso eindeutig ist es, daß das System (wie sollten wir sonst von einem System reden können) nicht einfach der arbiträre Durchsatz, die Flut ungezählter Ereignisse ist, sondern in sich Formen zuläßt, die in Bewußtseinen oder Sozialsystemen als Strukturen (Erwartungen, Irritabilitäten) einleuchten. Da die Form/Medium-Differenz immer nur *einen Unterschied-im-Selben* bezeichnet (die Differenz von fester/loser Kopplung in der Menge der gleichartigen Elemente), ist ebenfalls klar, daß die Strukturen, Erwartungen, Irritabilitäten als Formen aus dem Typ von Elementen bestehen, in die sie sich einschreiben: aus bewußten Operationen oder aus Kommunikationen. Strukturen (diese Formen) können zwar von außen angeregt, mit Energie und Kausalität versorgt werden, aber sie reproduzieren sich im Medium des jeweiligen Systems: als Bewußtsein, als Kommunikation.[44] Hierin ist die alteuropäische Präge-Metaphorik von der Wachsmetapher der Antike bis hin zum Freudschen Wunderblock außerordentlich anschlußfähig[45]: Sie geht von einem homogenen, verdichtungsfähigen Medium aus, das außenbedingte Imprägnierungen zuläßt, ohne daß die Außenbedingtheit erhalten bleibt.

43 Ich gebe mich der Hoffnung hin, daß die Hintergrundaktivität des Mediums der Ansatzpunkt für eine Theorie psychischer Pathologien ist.

44 Von einem anderen Theoriestück her gesehen, ist diese Annahme ein äquivalenter Ausdruck für operationale Schließung.

45 Vgl. N. Luhmann, *Gesellschaftsstruktur und Semantik. Studien zur Wissenssoziologie der modernen Gesellschaft*, Bd. 4, Frankfurt am Main 1995, S. 43.

Diese Tradition konzeptualisiert Gedächtnis schon als Unterschied-im-selben, als Form im Medium, als die Einheit dieser Differenz. Was wir ihr hinzufügen, das ist die Idee temporalisierter Medien in temporalisierten Systemen.

c) Das Gedächtnis autopoietischer Systeme

Für einen Beobachter sind Medien zunächst und vor allem redundant. Sie bieten wenig Information. Die Luft sagt nichts, das Licht, das uns sehen läßt, offeriert selbst keine Bedeutung. Von jeder Stelle im Medium aus findet sich nur immer: mehr desselben. Die Redundanz des Mediums ist aber die Bedingung der Möglichkeit von In-*forma*tivität. Dabei tritt das Problem auf, daß der Aufbau von Informativität gelesen werden kann als Einführung von Redundanz.[46] Ordnung ist in diesem Sinne ›Spezialredundanz‹. Die Form im Medium ist die auf der Basis der medialen Redundanz gewonnene Spezialredundanz. Wir haben es mit einer Differenz von Redundanzen zu tun. Das Medium ist immer redundant und nichtinformativ (deswegen ›geräuschlos‹), die Form fügt dieser allgemeinen Redundanz die Information zu: als Eigen-Redundanz, die gleichwohl nichts anderes zu ihrer Erzeugung nutzen kann als die redundanten Elemente des Mediums.

Alles hängt mithin von den Eigenschaften der Elemente ab. Weil Sandkörner Körner sind mit hoher Packungsfähigkeit unter Druck- und bestimmten Feuchtigkeitsbedingungen, gibt es für Beobachter Fußabdrücke; weil die Luftmoleküle schwingungsfähig sind, kann Sprache gesprochen und gehört werden. Die zentrale Eigenschaft der Elemente autopoietischer Systeme ist ihre Ereignishaftigkeit. Wenn diese Elemente als Elemente eines Mediums aufgefaßt werden, dann sieht man zwei Bedingungen der Möglichkeit von Formbildung: Sukzessivität und zeitliche Parallelität vieler Sukzessionen. Die Einführung von Spezialredundanz kann nur auf diese Sukzessivität und nur auf diese Paral-

46 Heider, *The Notebooks*, a.a.O., S. 232, formuliert dieses Problem sogar als Paradox: »Paradox: When the elements are redundant then they carry little information. On the other hand: only when elements are redundant, when their location, shape etc., can be expressed in a way which makes them redundant, when they have order, only then they carry information.«

lelität vieler Sukzessionen zugreifen. In der Sukzession werden die freien Elemente ›angespült‹, und die Parallelität der Sukzessionen ist es, die die Tempodifferenz der Formen (die Besetzung der Elemente) ermöglicht.

Die pure Folge, die nackte Sukzessivität, kennt keine Struktur. Ereignisse geschehen, weitere kommen heran und werden durch weitere abgelöst.[47] Die Ereignisse jedoch, deren Konnexität durch den Begriff der Autopoiesis dargestellt wird, sind Operationen.[48] Alle Ereignisse des Systems sind Operationen, und Operationen sind Unterscheidungsverwendungen im Sinne einer Bezeichnungsleistung innerhalb einer Unterscheidung, die für die Operation selbst (sie ist einwertig) in ihrem Einsatz verschwindet. Genau besehen, sind Operationen Bezeichnungen, an die Unterscheidungen durch weitere Operationen herangetragen werden, die die Bezeichnung der schon verschwundenen Operation in diesen herangetragenen Unterscheidungen situieren. Diese Situierung (die nachgetragene Identifikation der gerade gefallenen Bezeichnung in einer Unterscheidung) ist: Beobachtung. Für jede Operation gilt, daß sie selbst eine (blinde, einwertige) Bezeichnungsleistung vollzieht *und* diese Leistungen an vorangegangenen Operationen durch Situierung in einer Unterscheidung beobachtet.

Alle Operationen eines autopoietischen Systems sind Operationen *und* Beobachtungen. In welcher Zeit sich die Operation auch immer begibt, als Beobachtung muß sie die wie immer minimale Möglichkeit einer Registratur passierter Ereignisse haben. Das Überziehen verschwindender Ereignisse mit Unterscheidungen erfordert, daß eine Repräsentation des Verschwundenen

47 »Setting aside some metaphysicians, I may venture to affirm the rest of mankind, that … the mind is a kind of theatre where several perceptions successively make their appearance, pass, re-pass, glide away, and wingle in an infinite variety of postures and situations. There is properly no simplicity in it at one time, no identity in different«, formuliert zum Beispiel D. Hume, *Treatise of Human Nature* I, 4, 6, 1739.

48 Wir bewegen uns in einem Zirkel. Wir versuchen zu schildern, wie aus zeitkleinen Ereignissen Struktur geschöpft werden kann (das setzt Systeme voraus), aber gerade wie es zur Struktur (und damit zum System) kommt, ist die Frage, die diskutiert wird. Ob dies ein guter oder schlechter Zirkel ist, steht noch dahin.

noch verfügbar ist: als Referat der Referenz einer aktuellen Beobachtung. Dies Erfordernis bearbeitbarer Spuren, diese im Blick auf Operationen, die Beobachtungen sind, minimale Repräsentationsfähigkeit wird man nicht mehr auf der Ebene des Systems selbst erklären können. Sie ist im Falle des Bewußtseins an die strukturelle Kopplung des Systems mit dem neuronalen System (insbesondere an Wahrnehmung) gebunden, im Falle sozialer Systeme an die strukturelle Kopplung mit Bewußtseinen.[49] Und, auch das kann man wohl noch sagen: In beiden Fällen geht es um Tempodifferenzen in der je laufenden Aktualität.[50] Daß Kultur das Gedächtnis des Gesellschaftssystems sei, davon läßt sich nur reden, wenn diese Aussage als Abbreviatur des Umstandes aufgefaßt wird, daß alle laufenden Kommunikationen im System zeitschneller sind als zum Beispiel die Sprache, die Kirchen, die Partituren, die Sitten, die Gebräuche, die Schrift, der Buchdruck.[51] Die zeitschnelle Kommunikation hat ihr Gedächtnis (die Kultur) differentiell. Natürlich ist all dies nur ein Ausdruck dafür, daß jedes autopoietische System differentiell konstituiert ist: als Differenz von System und Umwelt.

Und in Anspielung auf Novalis könnte man dann formulieren: Das Gedächtnis ist das Differential der System/Umwelt-Differenz, wie die Gegenwart das Differential von Vergangenheit und Zukunft. Man kann auch sagen: Das System ist das Gedächtnis, und das System ist die Differenz. Insofern haben autopoietische Systeme kein Gedächtnis, wiewohl sie nur über ihr eigenes verfügen.

49 Siehe dazu die Beiträge in: Schmidt (Hg.), *Gedächtnis*, a.a.O., und deren stark ausgeprägte neurophysiologische Tendenz.

50 Die vielleicht zu Unrecht verrufene ›engrammatische‹ Metaphorik hätte hier einen Anhaltspunkt. Sie setzt auf die Differenz des Langsamen und des Schnellen, oder moderner: von Festplatte und Lesekopf. Auch die Operationen eines Computers setzen Tempodifferenzen voraus in einer Gleichzeitigkeit. In diesem Sinne ist er Zeitverarbeitungsmaschine. Siehe P. Fuchs, »Kommunikation mit Computern? Zur Korrektur einer Fragestellung«, in: *Sociologia Internationalis* 29, 1, 1991, S. 1-30. Auch die Operationen des neuronalen Systems sind geknüpft an strukturelle Kopplungen mit trägeren Systemen, letztlich an die Trägheit der Synapsen.

51 Luhmann, *Gesellschaftsstruktur und Semantik*, Bd. 4, a.a.O., S. 47 f.

d) Das Trägheitserfordernis autopoietischer Systeme

Das formbildende (klebende) Moment im Medium der Operationen des Systems ist die Beobachtung. Die Elemente als Operationen sind redundant und nichtinformativ, die Beobachtung führt Information ein. Sie referiert, sie bezeichnet. Wenn Beobachtung im Spiel ist, kann Sukzessivität ›arrangiert‹ werden. Sukzession wird nicht aufgegeben, sie wird nur ›attraktionsfähig‹. Die Operationen, die verschwinden, führen als Beobachtungen einen »Stabilitätsüberhang« mit: Sie beziehen sich *nacheinander auf etwas, das nicht mit ihnen zugleich verschwindet.*[52] Sie formieren sich in Sukzession an der Hysteresis dessen, worauf sie sich beziehen. Die Wogen des Meeres beginnen in langen schäumenden Wellen zu rollen, wenn sie auf flache Küstenabschnitte treffen, sie werden entarbitrarisiert an dem, was langsamer vergeht als sie selbst, weniger entropisch ist als die Formen, die das Medium Wasser zuläßt. Dasjenige, worauf sich die Operationen autopoietischer Systeme als Beobachtungen beziehen, ist typisch träger als die Operation[53], und wir wollen annehmen, daß die Induktion von Trägheit im Falle des Bewußtseins durch *Wahrnehmung geschieht und durch die Geschichte der Wahrnehmungsgenese des Systems organisiert ist.*[54] Dabei gehen wir (und sei es der Einfachheit halber) von *innerer und äußerer Wahrnehmung* aus.[55] Beide Formen der Wahrnehmung (fremdreferentiell und selbstreferen-

52 Vgl. M. Stadler und P. Kruse, »Visuelles Gedächtnis für Formen und das Problem der Bedeutungszuweisung in kognitiven Systemen«, in: Schmidt (Hg.), *Gedächtnis*, a.a.O., S. 250-266, hier S. 255.

53 Man muß nur Filme sehr schnell ablaufen lassen, um dies plausibel zu machen. Wer von uns hat den Flügelschlag eines Kolibris jenseits technischer Zeitverlangsamungstechniken schon gesehen? Richtig ist natürlich auch, daß zu große Trägheit ebenfalls Informationen verschlingt. Wir sehen das Gras nicht wachsen.

54 Vgl. dazu oben die Rolle der Wahrnehmung in der ersten Topik Freuds und die Rolle der Wahrnehmung vor dem Spiegelstadium bei Lacan.

55 Um Mißverständnisse zu vermeiden: ich komme gleich darauf zurück, was innen/außen für das System bedeutet. Man wird sich entsinnen, daß die Wahrnehmung bei Freud im gleichen Schema organisiert ist als Rand, als die Projektion einer Oberfläche, als etwas, das nach innen und nach außen operiert.

tiell) haben ihre Einheit darin, daß sie ETWAS wahrnehmen. Im Feld der Wahrnehmung (dieser relativen Stabilität innen und außen) können durch zeitschnellere Operationen im Nacheinander dasselbe, das gleiche, das ähnliche abgetastet werden. Das Bewußtsein prozessiert nicht Wahrnehmungen, es prozessiert sich *an* Wahrnehmungen, es prozessiert sich immer an ETWAS, immer in Differenz zur Hysteresis (*inertia*) des Wahrgenommenen.[56] Von dessen Stabilität, von dessen Wiederaufrufbarkeit (durch die Funktion der Erinnerung) hängt die Bildung von Formen im Medium der Operationen ab, mithin Strukturalität und Irritabilität in der durch sich selbst nicht beendbaren Reproduktion des Systems.

Innere und äußere Wahrnehmung, das kompliziert die Lage, sind aber im Blick auf autopoietische Systeme *innen konstruiert*. Die Unterscheidung fällt unter ihre linke Seite; innen/außen ist eine systeminterne Unterscheidung, wenigstens dann, wenn man von der selbstreferentiellen Geschlossenheit solcher Systeme ausgeht. Begreift man die Operationen des Systems als massenweise anfallendes, lose gekoppeltes Medium, ist aber auch schon von dorther klar, daß die wahrnehmungsstabilisierten Formen *einen Unterschied-im-Selben* darstellen. Der Baum dort draußen, die nadelfeine Kirchturmspitze in der Ferne, die Amseln unterm Kirschbaum sind nicht *im* Bewußtsein, sie sind Konstruktionen *des* Bewußtseins, und ebenso eindeutig ist es, daß die Kommunikabilien der Kommunikation nicht jener Baum, jene Kirchturmspitze, jene Amseln in irgendeinem ontologischen Sinne sind, sondern Konstruktionen der Kommunikation. Der Unterschied innen/außen im Innen bezeichnet den Punkt, an dem die zeitliche Parallelität vieler Sukzessionen ins Spiel kommt, der Umstand, daß das Medium hintergrundaktiv ist und sich nicht in der Ausprägung je eines dichten Arrangements, je einer Form erschöpft, sondern viele dichte Arrangements, viele Formen ausprägt – in jeder Aktualität simultan, in jeder Aktualität aber auch tempodifferent. Damit ist nicht mehr gesagt, als daß in jedem Augenblick sehr viel mehr Formen (andere Ereignisverdichtungen) involviert sind, als es den Anschein haben

56 Die phänomenologische Tradition spricht hier von Intentionalität. Ich würde im Blick auf Sozialsysteme im gleichen Kontext und als funktionales Äquivalent von Kommunikabilien sprechen.

mag, wenn man nur auf die Relevanzmarkierungen und Aufmerksamkeitskonzentrationen achtet, die gleichsam im Vordergrund das System zu dominieren scheinen.[57]

Interessant ist jedoch, daß die Formen im Medium auf zeitlangsamere (stabilere) Formen im selben Medium referieren müssen, um ETWAS zu sehen. Wie immer diese Möglichkeit (wenn wir noch bei Bewußtsein bleiben) neurophysiologisch untersetzt sein mag, das beobachtungstechnische Applizieren von Unterscheidungen an operative Bezeichnungen setzt ›längerwellige‹ Adressen, mitunter ›langwellige‹ Formen voraus, die in den Unterscheidungsseiten und deren Unterscheidungsfiliationen angepeilt werden.[58] Man wird die Komplexitätschancen eines bewußten Systems deshalb an die Zahl der Formbildungsmöglichkeiten im Medium der Operationen binden müssen und an die Tempodifferenzen zwischen den Formen.[59] Gedächtnis ist das Ausnutzen dieser Tempodifferenzen in einem Medium, das aus temporalisierten Ereignissen besteht, die massenweise anfallen und über Beobachtungskondensate befristet bindungsfähig sind. Das Vergessen ist die Entropie der Formen im Medium, das Erinnern nichts weiter als die Form von Operationen, die Repetition registrieren, man könnte auch sagen: von ›redundancy-detecting operations‹.[60] Vermuten läßt sich, daß es Sinn machen könnte, Erinnern als Operation aufzufassen, die Tempodifferenzen zwischen Formen beobachtet: Man muß nicht erinnern, daß der Lichtschalter für die Tenne rechts neben dem Tor ist oder die wichtige Taste ›Esc‹ links oben an der Tastatur. Und selten wird es notwendig sein, sich in dringenden Fällen der *pattern* des

57 Phänomenologische Beschreibungen haben deshalb, seitdem es sie gibt, ihren Fokus auf das ›Auffüllen‹ gegebener Aktualität mit mitlaufenden Informationen gelegt, die die Aktualität supplementieren: als Zeit, als Raum, als Horizontalität etc. Siehe dazu in nicht lupenreiner, aber deshalb ergiebiger phänomenologischer Einstellung Markowitz, *Verhalten im Systemkontext*, a.a.O.

58 Sinn ist in diesem Kontext das aktuelle Ausagieren einer Form im schnellen (sukzessiven) Abtasten simultan gegebener, aber zeitstabilerer Formen.

59 In diesem Zusammenhang ließe sich über das Bewußtsein von Tieren diskutieren. Wieviel zeitschnelles *scanning* über zeitlangsame Insulationen (Formen) ist möglich? Bei Affe, Delphin, Amöbe?

60 Heider, *Notebooks*, a.a.O., S. 233 f.

männlichen Balzverhaltens zu entsinnen. Erst die unerwartete Verlegung des Lichtschalters oder der Taste, erst die Irritation, daß Balzmuster sich verändert haben, zwingt dazu, zu bemerken, daß man sich erinnern und dann Erwartungen, die man dabei erst bemerkt, verändern muß.

Gedächtnis, damit Struktur (Irritabilität), Vergessen und Erinnern, so kann man zusammenfassend sagen, sind bedingt durch Tempodifferenzen in Simultanlagen. In aller Aktualität (wie immer ver- und aufgeschoben Aktualität in autopoietischen Systemen sein mag) laufen in der gleichen Zeitscheibe viele Prozesse verschieden schnell ab.[61] Das ist die Bedingung der Möglichkeit ihrer wechsel(viel)seitigen Abtastbarkeit. Die Differenzierung des Bewußtseins ist nichts weiter als ebendies: die Erzeugung von Unterschieden-im-Selben, die Produktion von Formen im Medium, deren entscheidende Differenzen Tempodifferenzen sind. Die Differenzierung der Gesellschaft ist formal dasselbe: der unentwegte Anfall von Kommunikationen, die sich (zum Beispiel über Codes) ausstatten mit Spezialredundanz. In beiden Fällen liefert das Referat der Operation (das Beobachtete) die Hysteresis, an der sich die Beobachtung stabilisiert: Vorstellung im Bewußtsein, die Kommunikabilie in der Kommunikation. Das, was Heinz von Foerster als Imprägnierung zeitschneller Ereignisse auffaßt und als Kopieren der ›Imprägnate‹ auf »freie Träger«, wenn die schon imprägnierten Träger und Trägerkomplexe zerfallen, ist im Grunde nichts anderes als das Modell von Tempodifferenzen, das wir hier entwickelt haben: Imprägnierte Trägerkomplexe sind Formen in einem Medium, das (nach von Foerster) laufend neue (freie) Träger (in unserer Argumentation ereignishafte Elemente) produziert und produzieren muß, weil die schon imprägnierten Einheiten nicht mehr zur Verfügung stehen.[62] Wir ersetzen nur die Metapher des Imprägnierens durch die Unterscheidung Beobachtung/Beobachtetes (oder Referenz/

61 Die Metapher des Konzertes ist hier nützlich. Während die Kesselpauke von ihrem letzten Schlag noch dröhnt, turnt der Klarinettist vierzig Töne eines chromatischen Laufes hinauf und hinunter, indes die Posaunen zehn, die Hörner drei, das Klavier einhundertdreiundzwanzig Töne und Klänge produzieren. Man muß sehr dünne Zeitschnitte legen, um dies alles in einem Mikromoment einzufrieren.

62 Vgl. H. v. Foerster, *Das Gedächtnis. Eine quantenphysikalische Untersuchung*, Wien 1948, S. 8 ff.

Referat) und gehen davon aus, daß das Beobachtete eine trägere Form im Medium ist als das Arrangement von Observationen, die es im ›Blick‹ haben.[63]

3. Was ist das Nichtbewußte am Bewußtsein?

Wir haben uns nach dem gefragt, was am Bewußtsein das Nichtbewußte sei. Entscheidend war dabei die Referenz auf das Bewußtsein als autopoietisches System und die Einsicht, daß das System auf der Basis ereignishafter Elemente Struktur und Gedächtnis gewinnen kann. Für alles Weitere ist wichtig, daß das Nichtbewußte des Systems nicht mit dem verwechselt wird, was das System nicht weiß. Jedes Bewußtsein beobachtet vieles nicht. Und nach dem, was wir eben ausgeführt haben, beobachtet es ohnehin immer nur eigene Zustände, es hat eigentlich nur »Kenntnis von eigenen Seelenzuständen«[64], wie sehr es sich auch in der Illusion wiegen kann, dies seien Kenntnisse, die über es selbst hinausgehen.[65] In einem trivialen Sinn (so würde auch

63 Bei alledem kann sich der Verdacht aufdrängen, daß die noch zeitschnelleren Operationskomplexe, die beobachten, wie von einem Komplex andere Komplexe beobachtet werden, das sind, was man klassisch Bewußtsein genannt hat, die Aufmerksamkeit, die Helle, die Bühne. Das, was beobachtet und selbst nicht beobachtet wird, kann man mit Fug und Recht *unbewußt* nennen, und in dieser Hinsicht dürfte die Freudsche Eisbergmetapher eine erfreuliche Bestätigung finden. Im Falle des Gesellschaftssystems wird man die Vermutung hegen dürfen, daß die massenmediale Beobachtung der Gesellschaft ebendiese Funktion übernommen hat: das zeitschnelle *scanning* von Beobachtungsbeobachtungen, die zwischen anderen Komplexen in der Gesellschaft laufen, die aber ihrerseits die Effekte massenmedialer Beobachtung schon eingeplant haben und ›zurückbeobachten‹. Möglicherweise muß man hier ein bißchen abrücken von der Vorstellung, daß sich die Massenmedien aussteuern über die Unterscheidung sensationell/langweilig oder ähnliche Unterscheidungen. Vgl. P. Fuchs, »Die Reichstagsverhüllung: Ein Spillover-Ereignis?«, in: A. Klein u. a. (Hg.), *Kunst, Symbolik und Politik. Die Reichstagsverhüllung als Denkanstoß*, Opladen 1995, S. 113-122.

64 Freud, GW, Bd. X, S. 267 (»Das Unbewußte«).

65 Für Menschen, die ein leidenschaftliches Erkenntnisinteresse umtreibt, ist dies die Strafe: daß andere Menschen auch leben. Jedenfalls hat Goethe sich in diesem Sinne geäußert.

Freud argumentieren) ist das Bewußtsein eine Monade des Nichtwissens, des Nichtwahrnehmens, aber es weiß, daß dieses Nichtgewußte Effekte zeitigen kann: Hinter der nächsten Straßenecke kann schon ein Räuber »Geld oder Leben« fordern.

Etwas ganz anderes ist das *Nichtbewußte* des psychischen Systems. Dieser Begriff (in der Form, die wir ihm geben) bezieht sich auf das Fungieren des Systems selbst, auf die Kehrseite dessen, was es tut (Beobachten), auf die schiere (wiewohl nur analytisch separierbare) Operativität. Die Funktion der Beobachtung (die etwas vorstellt, etwas intendiert) wird erfüllt durch Operationen, die an ihren aktuellen Zeitstellen blind sind, in ihrer Identität gebunden an ihr Verschwinden in der Zeit, also an den Nachtrag, den Aufschub, an die *différance*. Das System operiert (insofern es beobachtet) zeitverschoben – immer, an jeder Stelle. Man könnte sagen, es ist immer verspätet, es prozessiert sich in Verspätung und ist deswegen in keinem irgendwie denkbaren (ontischen) Sinne selbstpräsent.[66]

Das Nichtbewußte des Bewußtseins, die Operativität, wird verdeckt durch das Ergebnis des Operierens, durch die Beobachtung. Da jede Operation (im Modus der Verschobenheit) Beobachtung ist, selbst beobachtet (ohne sich selbst zu beobachten) und beobachtet wird durch die Folgeoperation, für die dasselbe gilt, können wir formulieren: daß alle Bewußtseinsakte bewußt *und* nichtbewußt sind. Sie sind alle Beobachtung und Operation, sehend und blind.[67] Das Bewußtsein registriert allerlei, unter anderem sich selbst, aber nicht: die Operationen, die als Beobachtungen aufblitzen und dabei sich als Operationen überblenden.

Wir haben allen Grund, diesen Begriff des Nichtbewußten in dieser Form und in dieser Beschränkung festzuhalten. Er wird

66 Diese Selbstpräsenz, ich habe es gesagt, ist ja schon an Beobachtung geknüpft, also an Unterscheidungen und Bezeichnungen, die das Bewußtsein nicht selbst kreiert.

67 Fraglich ist, ob das Blinde (die Operation) nicht zu denken wäre als Produkt der Operationen der neuronalen Infrastruktur. Diese Operationen fallen ja gleichfalls in großer Menge an und sind, wenn man so sagen darf, auto-agil, energetisch. Und einige dieser Operationen eignen sich möglicherweise dazu, als unterscheidende und bezeichnende Operationen im Bewußtsein Form zu gewinnen. Das würde Gelegenheit geben, den Zusammenhang einer Mehrheit zueinander im Emergenzverhältnis stehender Systeme im Medium/Form-Schema zu analysieren.

uns nützlich sein, wenn es darum geht, zu klären, wie überhaupt Bewußtsein entsteht in dem Kompendium ineinander verklinkter Systeme, das wir gewöhnlich ›Mensch‹ nennen. Ferner wird sich zeigen, daß dieses Nichtbewußte am Bewußtsein zugleich die Einhakstelle für das ist, was wir weiter unten das eigentlich *Unbewußte* nennen werden.

B. Anfängliches

1. Der Beginn

Wir sind wie Lacan der Auffassung, daß das menschliche Leben präsymbolisch beginnt. Das heißt nicht, daß die foetale, die postnatale, die Wahrnehmung des Säuglings in einem asozialen Raum stattfände, sie ist eingesponnen, eingenäht in Effekte der Sozialität. Aber noch stehen keine Unterscheidungen, keine Bezeichnungen zur Verfügung, keinerlei Beobachtungsmöglichkeiten, nur eine noch weitgehend undirigierte Attentionalität, die auf Unterschiede (und eben nicht: auf Unterscheidungen) reagiert, auf heiß und kalt, auf laut und leise, auf Wohl und Wehe. Eine angemessene Beschreibung dieses präsymbolischen, präobservativen Zustandes steht logischerweise nicht bereit und wird niemals bereitstehen.[68]

Fraglos liefert uns die einschlägige Forschung eine Überfülle an Einsichten in die Anpassungsleistungen des Säuglings, geradezu enthusiastische Beschreibungen seiner interaktiven Fertigkeiten, aber sie liefert (wie sollte es anders sein?) Unterscheidungen post festum, sinnhafte Unterscheidungen für etwas, das selbst noch nicht sinnförmig operiert. Auf diesem Hintergrund lassen sich Metaphern schätzen wie die Lacans, der vom »Aufspringen (*déhiscence*) des Organismus« spricht, einer ersten »Zwietracht«, gesät durch den Schmerz, durch die »Not des Lebens«, von der Freud redet – Metaphern, die den Prozeß der Autogenese des Psychischen kennzeichnen, eines Ursprungs, der nicht ur-

68 Wenn irgend etwas den Menschen trennt von dem, was sonst vorkommt, dann eben diese seine Unfähigkeit, zu erleben, ohne zu beobachten. Er ist – müßig, es zu sagen – das Sinntier par excellence, und selbst die Sehnsucht danach, zu erleben, was der Blick einer Katze besagt, wird bezeichnet – befriedigungslos.

sprünglich ist, sondern im Verlust des Ursprungs das System wie von einer Nukleole aus in seine Arbeit treibt. Ebenso schätzenswert erscheinen Metaphern, die die frühen Wahrnehmungen in Bildern der Fragmentarität des Körpers zu fassen suchen, in Bildern des Aufreißens, des Einschnürens, des Blähens, Platzens, Bildern, in denen die Wahrnehmung gleichsam die Körperteile bewohnt und denen dann Metaphern des Schmiegens, der Reibung, des Ineinanderpassens, der Wärme, des Flüssigen, Schmierigen, des Weichen, des Fallens, kurz: der Lust hinzuzufügen wären.[69]

Wir sind gegenüber diesen Metaphern entschieden ärmer, wenn wir einfach sagen, daß das System des Anfangs nur für den Beobachter als Innen-/Außen-Differenz gegeben ist, daß aber diese Differenz noch nicht im System selbst als Innen/Außen unterschieden wird. Der Akzent liegt auf dem ›noch nicht‹ und ferner darauf, daß dieses ›noch nicht‹ auf einen einzigen Mangel zu beziehen ist, auf den der Abwesenheit des Wiedereintritts des Innen-/Außen-Unterschieds in das Innen des Systems als Unterscheidung. Das Subjekt des Anfangs ist ein Unterschied vor jeder Unterscheidung, der post hoc unterschieden wird. Es macht keine Mühe, sich dann vorzustellen, daß jene Metaphern Strukturierungsleistungen bezeichnen, die in der Post-hoc-Bezeichnung nicht mehr auffindbar sind, aber gleichwohl als *Ansatzpunkt jeder gehaltvollen Theorie der Individualität verstanden werden müssen*. Dieses System der Anteriorität ist noch Singularität jenseits von Affirmation und Negation, und in dieser Form ist es die vororganisierte Eintrittsstelle für Sinn, für das zweite Subjekt, das sich selbst in sich selbst unterscheidet und für das alles, was zuvor (sozusagen *vor Sinn*) gewesen ist, das Unzugängliche bleibt. Das erste Subjekt hat es beobachtbar nie gegeben, und auch hier könnten wir uns an Lacan anlehnen und es deswegen einfach das Reale nennen, das durch das Imaginäre verdeckt wird, in das das Symbolische schließlich einschlägt. Man muß nicht eigens noch den Punkt ausarbeiten, daß die Beschreibung des

69 Festzuhalten ist, daß diese Metaphern nicht phänomenologisch gewonnen (oder allenfalls Ableitungen hinzukommender phänomenologischer Erfahrung) sind, sondern sich speisen (besonders auffällig bei Lacan) aus der psychoanalytischen Erfahrung, in der bestimmte psychische Zustände die in den Metaphern bewegten Motive benutzen.

Unbewußten (in seiner vollkommenen Indifferenz) bei Freud das gleiche Phänomen bezeichnet.

Alles kommt in unserer Theoriesicht darauf an, wie das System des Anfangs zu Sinn, zu Unterscheidungen, zur Technik der Beobachtung gelangt.[70]

2. Der Erwerb der leeren Form von Sinn

Wir haben gesehen, welche entscheidende Bedeutung die Funktion der Wahrnehmung bei Freud hat; wir haben ferner schon angedeutet (in den Kapiteln über das Gedächtnis autopoietischer Systeme), daß Wahrnehmung, obgleich sie nicht selbst über Gedächtnis verfügt, die Trägheiten (die Hysteresis) liefert, mit denen das System Struktur aufbaut, obgleich es nur aus ereignishaften (selbst nicht speicherfähigen) Elementen besteht. Aber unabhängig davon liegt es auf der Hand, daß das noch nicht beobachtungsfähige System des Anfangs keinerlei Anhaltspunkte für seine Selbsttransformation in ein beobachtendes System ohne jenes besondere Vermögen zur Wahrnehmung hätte.[71] Die Wahrnehmung ist zweifelsfrei die Bedingung der Möglichkeit für die Genese bewußter Verarbeitung von Sinn, sie ist das Einfallstor für Prozesse, sagen wir einmal, der Sinnstimulation. Aber sie ist das nicht allein, denn auch Tiere (auf einer Bandbreite vom Elefanten bis zur Amöbe) haben Wahrnehmungsfunktionen, manche Leute insistieren sogar darauf, daß dies auch für Pflan-

70 System des Anfangs, das ist eine etwas fahrlässige Rede, wenigstens solange wir damit das Bewußtsein meinen, von dem wir ja sagen, daß es vor der Verfügung über Sinn wenn überhaupt, dann nur in einer Form existiert, die nicht zugänglich, nicht vorstellbar ist. Die Rede von diesem ersten System ist also eine Vereinfachung oder auch eine Verschleierung des Umstandes, daß wir zwar von der Autogenese des Systems reden, aber sie noch nicht beschreiben können. Nur unter dieser Bedingung lohnt es sich, ein System A von einem System B zu unterscheiden, bei dem nur B bezeichnungsfähig ist und A womöglich gar kein System.

71 Störungen dieser Funktion in der frühesten Kindheit führen zu entsprechend idiosynkratischen Systemen, zu schweren und schwersten Behinderungen. Siehe auch gerade in bezug auf Wahrnehmungsverarbeitungsstörungen die Studie über Autismus in Fuchs, *Die Umschrift*, a.a.O.

zen gelte. Man würde jedoch eine große Beweislast auf sich nehmen, wenn man behaupten wollte, daß Elefanten, Amöben oder Kakteen sinnprozessierende Systeme seien: Selbst in den sensationellsten Berichten über die Intelligenz der Schweine, Schimpansen, Tintenfische finden sich stets nur Hinweise auf außerordentlich reduzierten Gebrauch von Sinnschemata, eine quantité négligeable angesichts der Komplexität von Sinnverarbeitungsprozessen in psychischen und sozialen Systemen.

Kurz, zur Funktion der Wahrnehmung muß etwas dazukommen, das den Unterschied zwischen Säuglingen und Welpen ausmacht, und wir gehen in, wie ich glaube, nahezu vollkommener Übereinstimmung mit Freud und Lacan davon aus, daß dies die Zeit ist, insbesondere die Wiederholung und das Warten.

a) Die Wiederholung

Nach allem, was bisher erörtert wurde im Kontext des Aufschubs, der Nachträglichkeit, der *différance*, ist klar, daß aller Anfang schon Wiederholung (Re-präsentation) ist.[72] Insbesondere für autopoietische Systeme gilt, daß sie kein beobachtbares erstes und kein beobachtbares letztes Ereignis haben, denn was immer das erste oder letzte Ereignis in die Welt für einen Beobachter einschreibt, das System selbst kann seinen letzten Gedanken nicht beobachten (es wäre immer der vorletzte) und seinen ersten nur nachträglich ergreifen, so daß der Nachtrag das eigentlich erste Ereignis wäre, aber wiederum nur dann, wenn ein weiteres Ereignis dies bemerkt. Und genau besehen haben diese Systeme kein einziges originäres Ereignis, es sei denn: als Beobachtung, die beobachtet wird durch eine weitere Beobachtung, die beobachtet wird etc. In einem sehr fundamentalen Sinn realisieren sich solche Systeme durch die Wiederholung der immer gleichen Operation. Sie tun immer dasselbe und sind in dieser Hinsicht alles andere als originell.[73] Sie sind auf dieser

72 Vgl. in Referenz auf Derrida: V. Descombes, *Das Selbe und das Andere. Fünfundvierzig Jahre Philosophie in Frankreich 1933-1978*, Frankfurt am Main 1981, S. 172.

73 Wenn dies noch beobachtet wird, mag sich acedia, mag sich Angst und Grauen einstellen oder der Versuch, diese basale Wiederkehr des Gleichen zu überwinden, mystisch oder zenbuddhistisch. Siehe als

Ebene (ähnlich wie Computer) reine Zeitmaschinen.[74] Und doch kommt auf dieser Ebene Sinn ins Spiel, und zwar über die Beobachtung der Variation bzw. der Ähnlichkeit der Referenzen, die in der Beobachtung bewegt werden.

Das System, sagten wir, tut immer dasselbe, aber wir müßten genauer sagen: es tut immer das gleiche, insofern kein Ereignis mehrfach stattfindet oder kein Ereignis an seiner Zeitstelle bleibt.

Eben weil jedes autopoietische Element psychischer und sozialer Systeme ein Verschwinde-Element ist, müssen in einem fort neue Ereignisse produziert werden, die an immer anderen Zeitstellen gleiche, aber nicht dieselben Ereignisse sind. Dies ist die Bedingung der Möglichkeit für ein Zeitmanagement, in dem Sinn sich bildet:

»Vollzieht das System eine Anschlußoperation, so kann es die erste und die zweite Operation zu einer einzigen *kondensieren*. Der Referent wird identisch gesetzt. Der Gegrüßte hatte den Gruß nicht bemerkt, man grüßt nochmals. Derselbe Sachverhalt kann aber auch in anderer Richtung gelesen werden. Man *bestätigt* den Gruß, nämlich das, was er meint, indem man ihn nochmals ausführt. Je nach Leserichtung kondensiert man zwei Akte zu einem oder erweitert und konfirmiert man einen Akt durch einen ersten *und* zweiten Vollzug. In der einen Richtung sieht man, daß sich Identität bildet als Kondensat einer Mehrheit von Operationen. In der anderen Richtung sieht man, daß das Konfirmieren eine zweite Operation, also eine andere Situation erfordert. Der zweite Gruß ist, und ist nicht, der erste Gruß. Er ist nicht schlichtweg ein anderer, ein weiterer Gruß. Er ist ein zweiter als zweiter des ersten Grußes, ein erster *und* zweiter Gruß. Es bildet sich eine Identität, die aber mit verschiedenen Situationen kompatibel ist, also einen gewissen Spielraum von Möglichkeiten anzeigt. In rudimentärer Form erklärt diese Analyse uns die Genese von Sinn, deren Resultat Husserl beschreibt. Es entsteht auf diese Weise ein reaktualisierbarer Sinnkern und, unablösbar mit ihm verbunden, ein Horizont der Verweisung auf andere Möglichkeiten.«[75]

tour de force durch die Philosophie der Wiederholung (mit weiterführenden Hinweisen) E. Meyer, »Die Form der Wiederholung«, in: *Kunstforum* 114, 1991, S. 148-154.

74 Vgl. Fuchs, »Kommunikation mit Computern? Zur Korrektur einer Fragestellung«, a.a.O.

75 N. Luhmann, »Identität – was oder wie?«, in: ders., *Soziologische Aufklärung*, Bd. 5, *Konstruktivistische Perspektiven*, Opladen 1990, S. 14-30, hier S. 22; vgl. Fuchs, *Moderne Kommunikation*, a.a.O., S. 64 f. et passim.

Die Wiederholung wird dadurch wirkungsvoll, daß sie an anderen Zeitstellen geschieht (und niemals die identische Wiederkehr von etwas schon Vergangenem ist). Die andere Zeitstelle impliziert die Differenz des Kontextes, in dem die Wiederholung passiert. Dadurch wird Doppeltes möglich: die Referenz auf Selbigkeit *und* die Anreicherung mit Andersheit, die Entstehung eines Sinnkerns, eines Aktualitätszentrums, und seines Horizonts.[76] Dazu ist es erforderlich, daß die Wiederholung als Wiederholung errechnet bzw. konstruiert werden kann, als etwas mit Wiedererkennungswert. Das wäre die formale Voraussetzung der Sinngenese. Man kann dann (und so verfährt man häufig) die Materialität und die Plastizität des menschlichen Gehirns dafür verantwortlich machen, daß diese Voraussetzung bei ihm (und nicht bei den Tieren) gegeben ist, und man wird dabei keinen grundsätzlichen Fehler machen; aber da ja auch Tiere offenkundig über die Fähigkeit verfügen, etwas wiederzuerkennen, in Ereigniszüge einzurasten[77], und da man gewissen Tierarten hohe Intelligenz zuspricht, wird es sinnvoll sein (und wir verfahren ja auch so), die soziale Komplexität, also die Fülle der sozial angelieferten Varietät und Redundanz ins Kalkül zu ziehen. Kein Säugling wird, abgesehen davon, daß er allein ohnehin nicht überleben würde, ohne Kontakt mit der Verlautbarungswelt ein mehr als rudimentäres Bewußtsein aufbauen und über mehr als idiosynkratische Beobachtungsleistungen verfügen. Der neurophysiologische Unterbau gewinnt an Komplexität (bis hin zur Emergenz des Bewußtseins) in der Differenz zu einer hochkomplexen (kommunikativen) Umwelt, die das System mit Variationen überschüttet.[78]

Man kann an dieser Stelle ohne weiteres noch einmal festhalten, daß die Freudsche »Not des Lebens« die gleiche Gedankenfigur

76 Vgl. Luhmann, *Die Wissenschaft der Gesellschaft*, a.a.O., S. 108 ff.

77 In diesen Tagen im Tierpark Hagenbeck konnte ich bei Gelegenheit des Elefantenreitens beobachten, daß der entsprechend ausgebildete Elefant nicht nur bei jeder Runde gewisse Rituale wiederholte, sondern auch mit Irritation reagierte, als der Wärter, der auf dem Nacken saß, den hingebogenen Rüssel einmal nicht mit einer Leckerei versah.

78 Luhmann spricht hier von »Selbsterregung und Sinnüberflutung«, die durch Konditionierung, mithin durch die Entstehung sozialer Systeme, limitiert wird. Vgl. Luhmann, *Soziale Systeme*, a.a.O., S. 236.

bewegt.[79] Die Einschreibung der Spur, die Kombination mit der Erinnerung an eine andere Spur, der Umstand, daß die zweite Bedürfnisbefriedigung nicht die erste ist, aber die erste evoziert, daß also die erste Befriedigung nur als Halluzination erscheint (und damit der *Wunsch* ermöglicht wird), das sind die Beschreibungsmerkmale eines Systems, dessen Entstehung an die Ausarbeitung einer spezifischen temporalen Differenz geknüpft ist, die das unmögliche »Zurück« erzeugt und die Kognition am Enttäuschungsfall sich aufbauen läßt: durch den Umweg.

b) Das Arrangement A und das ›Anderes-geschieht-zwischendurch‹

Die Form von Sinn (Aktualität/Virtualität) kann in einem System verfügbar werden, das in der Lage ist, auf differenzierende Wiederholung zu reagieren, das Zusammenspiel von Ähnlichkeit, Andersheit, Selbigkeit zu inszenieren. Das System muß, weil es keine *identischen Replikationen* von Ereignissen gibt, Wiederholung konstruieren können und in der Wiederholung die Differenz.[80] Es hindert uns nichts daran, anzunehmen, daß es in diesem Spiel der temporalen Differenz anfänglich (und vielleicht nicht nur anfänglich) einen *Relevanzknoten* gibt, einen Attraktor, der hohe Aufmerksamkeitsleistungen anzieht, weil es in ihm um die mögliche Negation des Systems geht.[81] Wir wollen diesen Attraktor das *Arrangement A* nennen.

79 Siehe oben das entsprechende Kapitel.

80 Für unsere Argumentation ist es nicht ausschlaggebend, aber ich will es dennoch erwähnen: Das System des Anfangs muß ebendeswegen schon über ein Netzwerk von Operationen verfügen (vielleicht leerlaufenden Operationen), über die Produktion massenweise anfallender Ereignisse, in die sich Formen einschreiben lassen, in denen Kondensationen/Konfirmationen Effekte zeitigen, die gewöhnlich in den Metaphern der Spur, des Abdrucks etc. formuliert werden. Die Freudsche Energiemetapher, die der Kraft (also letztlich der Produktion), gehört hierhin. Das ist die Idee eines Impulsgebers, einer Quelle der Motilität, der Wahrnehmung und letztlich der Zwang, die energetische Unterfütterung emergierender Systeme mitzudenken.

81 Siehe zu einem entsprechenden Relevanzbegriff, der allerdings schon auf der Ebene von Sinn gearbeitet ist, Markowitz, Relevanz im Unterricht – eine Modellskizze«, a.a.O., S. 93 f. Es ist bezeichnend, daß

Bestimmte Wiederholungen werden sehr früh gegenüber allem, was sonst als Wiederholung konstruiert werden könnte, ausgezeichnet. Lange vor der Möglichkeit, Objektkonstanzen (Identitäten) zu beobachten, lange vor der Möglichkeit, das Andere als Anderes zu imaginieren, fallen die dramatischen Sequenzen auf, in denen es um das (Über-)Leben selbst geht, um die Befriedigung elementarer Bedürfnisse. In dem (selbst ja speicherfreien) Durchsatz der Wahrnehmungen, von denen wir gesagt haben, daß das System sie noch nicht sich selbst zuordnen kann, in diesem Anbranden von optischen, akustischen, taktilen, olfaktorischen Signalen sind einige besonders stark. Sie organisieren einen Fokus der Aufmerksamkeit, der sich auf den Hunger, den Schmerz und die Gegenpole, die Sättigung, die Lust, bezieht. Hier werden Wiederholungs- und Vermeidungsnotwendigkeiten existentiell, aber mit ihnen zugleich die Chance, in der Wiederholung Variation zu registrieren. Hier greifen die Freudschen Metaphern der Spannung, der Besetzung, der Abfuhr, der Animierung der ersten Spur durch eine Wiederholung, die Metaphern der Bahnung und der Kraft. Hier greift auch (in einem gewissen Sinne eleganter) die Medium/Form-Unterscheidung, die wir oben diskutiert haben.

Uns genügt es im Augenblick, festzustellen, daß es im Gewitter der Unterschiede, die auf die Wahrnehmung des Säuglings einstürmen, sehr schnell zu Insulationen der Bedeutsamkeit kommt, zu einem Arrangement extrem wichtiger Wiederholungen. Und mit Freud läßt sich der Akzent darauf legen, daß allein mit dem Begriff der Wiederholung intermittierende Phasen eines *Anderes-geschieht-zwischendurch* impliziert sind, Phasen, in die bei ihm wesentlich die Halluzination der ersten und vollständigen Bedürfnisbefriedigung fällt.[82] Wir verschieben den Akzent nur insofern, als jenes *Anderes-geschieht-zwischendurch* eine Doppelchance eröffnet:

Erstens läuft die Wahrnehmung weiter, sie gewinnt sozusagen Zeit, Bearbeitungsmaterial zu produzieren, das nicht sofort an

die Markowitzschen Beispiele Motive wie Hunger (also die Reduktion auf die Bedingungen des Systems selbst) bewegen.

82 Das Wort Halluzination ist hier sehr präzise, weil man in ihm das Subjekt des Halluzinierens nicht mitdenken muß. Halluzinierende Funktionen lassen sich denken ohne den *re-entry* der Systemunterscheidung in das System.

existentielle Bedürfnisse angelagert ist. Aufmerksamkeiten können dezentriert, sie können befristet umgeschichtet werden in Zeiträumen der Entlastung, ehe sich (anfänglich oft, später immer weniger) wieder die relevanten Interessen durchsetzen. Das ist der Ansatzpunkt jeder Theorie des Spiels, die den Ernstfall vom Spielfall, die Anspannung von der Zeitentlastung unterscheidet.[83] Das ist nicht ganz das, was der »Umweg« bei Freud bezeichnet, diese Auslenkung zwischen Bedürfnis und Befriedigung, die für das Kind kognitive Komplexitätschancen auslöst. Denn sowohl bei Freud wie bei Lacan imponieren in diesem Kontext die tragischen, die von der Idee der »Not des Lebens« geprägten Metaphern. Wir optieren deutlich anders, insofern wir die Komplexitätschancen an die intermittierenden Entlastungen binden. Dabei wird die Dramatik nicht geleugnet, die darin liegt, daß das Kind (*infans*) nur überlebt, wenn es durch seine Umwelt mit den entscheidenden Ressourcen ausgestattet wird, aber das System des Anfangs hat seine Kognitionserweiterungsmöglichkeiten genau dort, wo Aufmerksamkeit dezentriert und umdirigiert werden kann auf anderes, das zwischendurch geschieht. Insofern läßt sich das bekräftigen, was Ausgangspunkt nahezu

83 Deswegen finden sich über Babybetten mehr oder minder anregende Arrangements, die die Aufmerksamkeit fesseln sollen mit Klappern, Summen, Leuchten, Drehen etc. Eine gute Theorie der Zeitentlastung (im Blick auf Autopoiesis) steht noch aus. Wichtige Ansatzpunkte finden sich natürlich bei Freud in der kombinatorischen Differenz von Konstanz- und Trägheitsprinzip. Andere Anhaltspunkte finden sich in Theorien, die etwa die Funktion von Musik eben im Bereich der Autopoiesisentlastung suchen. Vgl. Fuchs, »Vom Zeitzauber der Musik. Eine Diskussionsanregung«, a.a.O.; ders., »Die soziale Funktion der Musik«, a.a.O.; ders., »Musik und Systemtheorie – Ein Problemaufriß«, in: T. Richtsteig, U. Hager und N. Polaschegg (Hg.), *Diskurse zur gegenwärtigen Musikkultur*, Regensburg 1996, S. 49-55. Wir kommen zwar darauf zurück, aber ich weise vorweg darauf hin, daß der Gesichtspunkt von freigesetzter (also durch anderes faszinierbarer) Wahrnehmung entscheidend ist, wenn es um Kommunikation und Sprache geht. Im übrigen läßt sich erkennen, daß die Entwicklung eines Kindes genau dann beeinträchtigt wird, wenn mangelnde oder unsensible Bedürfnisbefriedigung die Zeiten der Entlastung verkürzt oder beeinträchtigt. Man kann das pointieren und sagen, daß das entspannte Baby die eigentliche Lernmaschine ist.

jeder Entwicklungstheorie ist, der einfache Umstand nämlich, daß Menschen im Verhältnis zum Tier sehr lange brauchen, um überlebensfähig zu werden. Sie benötigen Zeit, immens viel Zeit, in der das andere geschehen kann.[84]

Die zweite Chance ergibt sich daraus, daß die im *Arrangement A* erworbenen Möglichkeiten, in der Wiederholung des Relevanten Differenz und Selbigkeit zu registrieren, in den Intervallen des *Anderes-geschieht-zwischendurch* sich weiternutzen und vor allem sich ausbauen lassen. Die Aufmerksamkeit schweift gleichsam nicht frei, sondern ist strukturiert durch das, was im *Arrangement A* an Formgewinn für sie abfällt.[85] Dieser Gewinn ist nichts anderes als das Entstehen einer Operativität, die im Blick auf Referenz noch leerläuft, oder besser vielleicht: die noch nichts weiter ist als ein sich mehr und mehr strukturierender Durchsatz von Wahrnehmungen, gleichsam das Prozessieren der ›leeren‹ Sinnform, in die sich Referenz, Unterscheidung und Bezeichnung noch irgendwie einhängen müssen. Das System des Anfangs, soweit gediehen, prostituiert sich in gewisser Weise der Welt.[86]

3. Der Gegenspieler

Wir haben das *Arrangement A* (als Relevanzknoten, als Attraktor) unterschieden von Intervallen der Zeitentlastung. Es ging darum, die Genese einer sich im System generalisierenden, sinn-

84 Wir wollen mutmaßen, daß Psychoanalyse und einige wenige ernstzunehmende Formen der Psychotherapie nichts anderes sind als Introjektion von Zeit.

85 In den Intervallen der Entlastung fallen dann gleichsam Lockerungsgewinne an, die auf das *Arrangement A* einwirken.

86 Das ist der theoretische Ort des reinen Signfikanten oder der Signifikantenkette bei Lacan. Vgl. *Schriften* II, 3. Auflage, Weinheim 1991, S. 173. Im übrigen wird man sagen können, daß das System des Anfangs in dieser Form empfänglich ist für beliebigen Sinn. Es ist hier arbiträr, und so könnte man in diesem Zusammenhang die Prozesse ins Auge fassen, die sozial die Arbitrarität des Sinns ent-arbitrarisieren. Sowohl bei Freud wie bei Lacan ist das die eigentlich restriktive Macht, der Vater. Wir würden, und sei es um der darin liegenden Bosheit willen, auf die Mutter setzen. Aber zum Glück ist das nicht unser Thema.

förmigen Operativität zu beschreiben, die weitgehend an Wahrnehmung geknüpft ist. Was dadurch verfügbar wird, ist (in Lacanscher Sprechweise) ein Register, in das Signifikate eingehängt werden können, ein Prospekt, in den Sinn einrückt, eine Art Verzeichnis, in das Sinn eingetragen werden kann. Das System ist – um moderne Assoziationen heranzuführen, ge*bootet* –, das Speichermedium formatiert. Entscheidend wird jetzt der Prozeß, in dem die Umwelt des Systems enggeführt wird auf die Verlautbarungswelt, auf Sozialität.

Sie ist, wir wollen das nachdrücklich festhalten, *der einzige Lieferant für Sinn*. Dafür kommt niemand sonst in Frage, denn der Sinn, der in Köpfen von Vätern, Müttern, Geschwistern bewegt wird, ist schlechthin nicht zugänglich. Und wenn das so ist, ergibt sich das Erfordernis einer *bewußtseinsfreien Sphäre der Sinnvermittlung*.[87] Das System des Anfangs kann schließlich sinnentnehmende Prozesse nicht im Direktkontakt mit anderen Bewußtseinen praktizieren.[88] Diese Evidenz zwingt schon allein dazu, ein anderes System zu unterstellen, in dem Sinn erzeugt, bearbeitet, vermittelt wird, ohne daß es dafür den Zugriff auf das Bewußtsein selbst braucht: Es benötigt nichts weiter als strukturierten Lärm: die Gebärde, den Blick, die Stimme, die Sprache, die es auffassen können muß als Ereignisse, die auf es selbst bezogen erzeugt werden. Wir lassen wahrlich keine Katze aus dem Sack, wenn wir sagen: Diese anderen, bewußtseinsfreien, gleichwohl Sinn prozessierenden Systeme seien Sozialsysteme, ihre Einheit sei Kommunikation.

a) Die Projektion der Kommunikation

Sozialsysteme sind, wir haben es noch einmal betont, bewußtseinsfreie Systeme, die dennoch sinnförmig operieren. Sie setzen zweifelsfrei Bewußtsein voraus als externe Prozessorsphäre, aber sie selbst schließen in ihren eigenen Operationen nicht an Operationen des Bewußtseins an, sondern immer nur (im ehernen

87 Siehe zu einer theoretischen Parallelsituation bei Derrida die entsprechenden Kapitel in: Fuchs, *Die Umschrift*, a.a.O.

88 Beinahe müßig, zu sagen, daß dies natürlich für jedes Bewußtsein gilt. Parapsychische Phänomene fallen hier schon statistisch einfach nicht ins Gewicht.

Duktus der Autopoiesis) an eigenen Operationen. Diese Operationen sind Kommunikationen.[89] Für sie gilt generell das, was wir oben über Autopoiesis und deren spezifische Temporalität ausgesagt haben.[90] Sie sind in diesem Sinne (als Momente eines Autopoiesis-basierten Systems) zu den Operationen des Bewußtseins komplett isomorph. Sie kombinieren Fremd- und Selbstreferenz, sie erzeugen Identität durch Differenz, sie sind an keiner Zeitstelle identisch, sie sind angewiesen auf die Struktur der Nachträglichkeit, und sie sind insofern gegenüber jeder ideellen Aktualität verschoben.[91] Sozialsysteme beinhalten keine substantiellen (präsenten) Komponenten. Sie haben kein Herz, keine Seele, vor allem aber keine Organe der Wahrnehmung. Interessanterweise können sie auch nicht wahrgenommen werden: Niemand hat jemals ein Sozialsystem gesehen oder Kommunikationen direkt beobachtet, schon gar nicht die Autopoiesis, in der sich diese Systeme reproduzieren.

Interessant ist das, weil wir (ganz locker) die Freudsche Idee aufgreifen können, Bewußtsein sei die *Projektion einer Oberfläche*.[92] Ganz ähnlich läßt sich sagen, daß die Kommunikation und mit ihr Sozialsysteme eine wahrnehmbare Oberfläche projizieren, einen Mantel, eine Auffaltung aus Fleisch, Gebärden, Stimmen etc., die sich der Wahrnehmung anbietet.[93] Diese Metapher

89 Siehe grundlegend das Kapitel über Kommunikation in Luhmann, Soziale Systeme, a.a.O.; siehe zu Präzisierungen und Ausarbeitungen Fuchs, *Moderne Kommunikation*, a.a.O.; ders., »Der Mensch – das Medium der Gesellschaft«, a.a.O.

90 Sie sind wie die Elemente des Bewußtseins *transientes*. »A thought is the inseparable unity of an arrival and departure. Its coming and going are one. A thought is a *transient*«, formuliert G. L. S. Shackle, *Imagination and the Nature of Time*, Edinburgh 1979, S. 1.

91 Und sie fallen natürlich massenweise an, weswegen sie als Medium für Formbildungen begriffen werden können.

92 Wir haben diese Freudsche Idee oben schon diskutiert. Dennoch will ich anmerken, daß sie alles andere als schlicht ist. Das meint zum Beispiel W. Balzer, »Überlegungen zur ›psychischen Oberfläche‹ des psychoanalytischen Prozesses«, in: *Jahrbuch für Psychoanalyse* 35, 1995, S. 34-64, hier: S. 38.

93 Mit Bedacht benutze ich hier die Metapher der Falte, des gefalteten, sich auffaltenden Stoffes. Vgl. G. Deleuze, *Die Falte. Leibniz und der Barock*, Frankfurt am Main 1995, ein Buch, das, wie ich am Rande bemerken will, das Binärparadigma auch der Systemtheorie mit einer

bezeichnet den Umstand, daß sich Kommunikation in Materialität vollzieht.[94] Sie ist selbst nicht materiell, nichts Substantielles, sie ist eine bestimmte Synthese- und Beobachtungsleistung, die sich auf die Selektionen Information, Mitteilung und Verstehen bezieht, aber sie innerviert Weltmaterial. Sie kommt für die Wahrnehmung nie anders vor als gebrochen im Material, geknüpft an eine Stimme, an eine Schrift, ein Verziehen des Gesichtes, eine hastige Gebärde. Kommunikation durchpflügt die Welt, sie schneidet ein, sie zieht Spuren, sie durchpflügt die durch sie gespurte Welt, sie legt über die unerfaßbare Realität (ganz im Sinne Lacans) das Netzwerk ihrer Effekte. Sie erscheint als Textur. Es ist, als würde von einer nichtmateriellen Stelle aus ein Fesselballon aufgeblasen, dessen Faltungen, dessen Bauchungen, Wölbungen, dessen Schlaff- und Strammheiten das einzige ist, was der Beobachter sieht.[95]

anderen Metaphorik zersetzen oder durchsetzen könnte. Aus der Werkstatt geplaudert: Die Textdatei für dieses Buch heißt: falte.doc.

94 Siehe zu Studien, die beginnen, mit diesem Umstand zu rechnen: Gumbrecht/Pfeiffer (Hg.), *Materialität der Kommunikation*, a.a.O.

95 Ich gebe zu, daß es hier Metaphern regnet, aber der cartesischen Sprache fehlen die geeigneten Mittel. Tröstlich ist, daß auch andere erkannten, daß die cartesische Geradheit solche Krümmungen nicht abbilden kann. Ich zitiere etwas umfangreicher, um deutlich zu machen, daß Leibniz das gleiche Problem bearbeitete, nur bezogen auf die Differenz von Materie und Seele. Er stellt sich ein Haus vor. »Die obere Etage ist es, die keine Fenster hat: dunkles Zimmer oder dunkle Kammer, ausgestattet einzig mit einer gespannten, ›von Falten untergliederten‹ Leinwand, wie eine lebendige Haut. Diese auf der undurchsichtigen Leinwand gebildeten Falten, Stränge oder Spannkräfte, repräsentieren eingeborene Erkenntnisse, werden aber aktiv durch die Reizungen der Materie. Denn diese löst die ›Schwingungen oder Oszillationen‹ am unteren Ende der Stränge aus, vermittels ›einiger kleiner Öffnungen‹, die auf der unteren Ebene sehr wohl existieren. Leibniz führt eine große barocke Montage durch zwischen der unteren, durch Fenster unterbrochenen Etage und der oberen Etage, die blind und verschlossen, aber mit Widerhall ausgestattet ist wie ein Musiksalon, der die unten sichtbaren Bewegungen in Töne übersetzt ... Leibniz (macht) daraus eine Art Repräsentation dessen, was er immer wieder behaupten wird, nämlich eine Entsprechung und sogar Kommunikation zwischen den beiden Etagen, zwischen den beiden Labyrinthen, den Faltungen der Materie und den Faltungen der Seele. Eine Falte zwischen den Falten? Auf beide wird, unter

Vielleicht wird das deutlicher, wenn man den Parallelfall Bewußtsein diskutiert. Auch hier gilt, daß niemand das Bewußtsein sieht, sondern nur den Kranz von Effekten, den es ausstreut.[96] Daß etwas Bewußtsein habe, darauf muß durchgeschlossen werden: von Verhaltenspromulgationen auf eine dahinter, darunter liegende Form der Organisation, auf eine selbstreferente Strukturalität, die wir uns typisch nicht substantiell, nicht physikalisch vorstellen.[97] Auch das Bewußtsein, wir haben an Freud erinnert, ist die Projektion einer Oberfläche und selbst (als eine Beobachtungsform, die sich in Materialität ausprägt) nicht physikalisch situierbar, es sei denn: als Virtualität.[98]

Für uns von Bedeutung ist, daß das System des Anfangs von Anfang an gleichsam in die Falten der Projektion von Kommuni-

unterschiedlichen Bedingungen, dasselbe Bild der Adern des Marmors angewandt: einmal sind die Adern die Faltungen der Materie, welche die in der Masse genommenen Lebewesen umgeben, so daß der Mamorblock wie ein aufgewühlter See voller Fische ist. Ein andermal sind die Adern die in der Seele eingeborenen Ideen, wie die im Marmorblock potentiell enthaltenen gefalteten Figuren oder Statuen. Die Materie ist marmoriert, die Seele ist marmoriert ...« Deleuze, *Die Falte*, a.a.O., S. 12 f. Unsere Metapher der Intumeszenz mag mit phallischem Beiklang gelesen werden, aber statt von Schwellung könnte man auch von Einstülpung reden, von Invagination. Siehe auch im Blick auf Bewußtsein die Metapher des ›embodied consciousness‹. Vgl. F. J. Varela, E. Thompson und E. Rosch, *The Embodied Mind*, Cambridge 1991.

96 Ich erinnere daran, daß ich das sehr radikal meine. Das Bewußtsein, das sich selbst zu sehen versucht, arbeitet fremdreferentiell.

97 Vgl. zu den Routinen dieses Durchschließens Fuchs, »Kommunikation mit Computern?«, a.a.O.

98 Die Materialebene ist subemergent, Hirnereignisse verhalten sich zum Bewußtsein infrastrukturell. Die Schwierigkeit ist einfach der Begriff Bewußt*sein* selbst, in dem eine ganze Ontologie impliziert ist. Die optischen Metaphern Freuds sind in diesem Kontext sehr instruktiv. Es ist klar, daß wir hier das Leib/Seele-Problem berühren, das aber seinerseits unsere Fragestellung kaum tangiert. Siehe dennoch zur aktuellen Diskussionslage G. Roth, »Kognition: Die Entstehung von Bedeutung im Gehirn«, in: W. Krohn und G. Küppers (Hg.), *Emergenz: Die Entstehung von Ordnung, Organisation und Bedeutung*, Frankfurt am Main 1992, S. 104-133; M. Stadler und P. Kruse, »Zur Emergenz psychischer Qualitäten. Das psychophysische Problem im Licht der Selbstorganisationstheorie«, in: ebd., S. 134-160.

kation gelegt ist. Wenn wir in der Freudschen Metapher bleiben, dann ist die eine Projektion einer Oberfläche (Wahrnehmung, dann Bewußtsein) gelegt auf das Projektat der Kommunikation, auf eine durch und durch von Kommunikation durchformte Welt.[99] Dabei läßt sich annehmen, daß die Form der Interaktion dominiert, die Anwesenheit sich bewegender Körper, die Produktion faszinierender und distinkter Geräusche, die aus den Gesichtern fallen, die Berührungen durch diese Körper, das Summen, Singen und Schimpfen. Sie dominiert insbesondere im *Arrangement A*, in dieser Verknüpfung lebensrelevanter Verrichtungen, auf die die Aufmerksamkeit sich zentriert und in der die Wiederholung bedeutsamer ist als sonst im Ablauf der Zeit.[100] Von diesem Arrangement kopiert sich, wie wir sagten, die wie immer rudimentäre Sinnform in die Intervalle, in denen anderes geschieht, aber die gleichen Akteure aktiv sind, die überdies das System des Anfangs mit Kommunikation überschütten, so als sei es schon am Sozialsystem beteiligt, so als sei es schon etwas für sich Unterschiedenes. Im *Arrangement A* und in den (langsam zeitlich anwachsenden) Intervallen der Entlastung kommt es zu einer Dauerfokussierung der Wahrnehmung auf Unterschiede, die durch Kommunikation auf der Ebene der Interaktion gemacht werden. Es sind die Unterschiede, die die Unterschiede machen *im* System, die als Differenzen zu wirken beginnen, mithin als Informationen.[101]

Die Wahrnehmung wird in gewisser Weise okkupiert oder, um gleich mit Freud zu sprechen, *Besetzungs*prozessen unterzogen. Die Unschärfe oder Vieldeutigkeit des Begriffs ›Besetzung‹ gestattet es, zu formulieren, daß Besetzung die Engführung selbst ist, die Einschnürung auf relevante Wiederholungen aus der absolut dominanten Sphäre der Sozialität.[102] Besetzung ist, in ande-

99 Vor allem auch von vergangener Kommunikation und ihren materialen Kondensaten durchformt: Bällen, Uhren, Vorhängen, Betten, Flaschen, Schlafens-, Spiel- und Essenszeiten etc. pp.

100 Sie geschieht täglich mehrfach und wird Tag für Tag mehrfach repetiert.

101 Siehe zu der entsprechenden berühmten Definition Bateson, *Geist und Natur*, a.a.O., S. 123 et passim. Vgl. ferner Luhmann, *Soziale Systeme*, a.a.O., S. 68.

102 Vgl. zum unsicheren Status des Begriffs: J. Laplanche und J.-B. Pontalis, *Das Vokabular der Psychoanalyse*, Frankfurt am Main 1994 (12. Auflage), S. 92 ff.

ren Terminologien, Attraktorbildung, Kondensation, Produktion von Eigenwerten. Es soll uns aber jetzt nicht auf die Begriffe ankommen, sondern nur darauf, daß die Projektion der einen Oberfläche (Wahrnehmung) der anderen Projektion der Kommunikation begegnet und daß es dabei zur Markierung von Unterschieden kommt, die bevorzugt Unterschiede machen *im* System des Anfangs.[103]

Wir haben gesagt, daß Kommunikation für das System des Anfangs die Projektion einer Oberfläche darstellt, eine markierte Ebene, eine materiale Auffaltung, in der es gleichsam nistet. Wenn man sich ein anschaulicheres Bild machen will, könnte man davon reden, daß ein Beobachter sehen könnte, wie im Anprall der Unterschiede, die für das System Unterschiede machen, Schraffuren verdichtet und Erhöhungen gesetzt werden, wie im Spiel der Wiederholungen immer neue Überlagerungen zu Schwärzen und zu Helligkeiten führen, die ein eigentümliches individuelles Muster erzeugen, das für kein Subjekt mehr zugänglich ist. *Kommunikation ist aber nicht die Oberfläche, die sie projiziert, sie ist nicht in der Stimme der Mutter, des Vaters oder gar im eigenen Schreien oder Lachen. Sie ist nicht in irgendeinem der beteiligten Bewußtseine. Sie ist vielmehr eine Prozeßform, in der drei Selektionen miteinander verschliffen werden: Information, Mitteilung und Verstehen.* Die Synthese kommt nicht ohne psychischen Lärm aus, gewiß, aber sie findet jenseits des Bewußtseins statt, in der Zeit der Autopoiesis, in der Anschlußereignisse jeweils darüber befinden, was eben gewesen ist, was gemeint war, worauf es eben ankam oder nicht ankam.

Das, was die Mutter gesagt hat, gewinnt seine Identität durch Folgeereignisse, die das eben Gesagte zerlegen in Komponenten, die sich auf Welt (Information, Fremdreferenz), und Komponenten, die sich auf die Weise des Sagens (Intention, Selbstreferenz, Mitteilung) beziehen. Und in dieser Unterscheidung wird die eine oder andere Seite bezeichnet durch das Folgeereignis, das festlegt, ob die Fortsetzung der Kommunikation eher fremdreferentiell oder eher selbstreferentiell gestimmt ist.[104] Unter-

103 Insofern diese Unterschiede in beiden Systemen Unterschiede machen, im System des Anfangs und im Sozialsystem, wäre es Zeit, an dieser Stelle Begriffe wie Interpenetration und Kopplung einzuführen. Wir verschieben das dennoch auf später.

104 Daß hier statt einfacher Binarität (Bezeichnung der einen oder an-

scheidung und Bezeichnung *uno actu*, das ist Beobachtung. Die Beobachtung, die Kommunikation konstituiert, arbeitet mit der Unterscheidung Information/Mitteilung. Sie projiziert sie auf eine *utterance*, die ja nicht in irgendeinem ontischen Sinne ein Doppeltes ist. Sie separiert beide Komponenten und markiert (dadurch, daß sie selbst als eine Folge-*utterance* anfällt) eine der Komponenten für weitere Informationsverarbeitung. Diese Markierung, das ist soziales Verstehen.[105]

Dies ist nun ungeheuer wichtig für unsere Argumentation. Es geht nicht darum, daß Köpfe diese Unterscheidungen treffen und in der Welt plazieren, sondern darum, daß ein autopoietisches System *sui generis* Serien von *utterances* erzeugt, an denen es im autopoietischen Zeitmanagement Unterschiede markiert, die für es selbst informativ sind. Es beobachtet, es reproduziert auf diese Weise sich selbst – und nicht etwas anderes. Es enthält kein Bewußtsein, es bedient sich seiner als Zurechnungspunkt für die Unterscheidung von Information und Mitteilung und erzeugt unter anderem jene kommunikativen Artefakte, jene Erwartungscollagen, die wir Personen nennen.

Weil das System des Anfangs (wie überhaupt jedes wahrnehmende bzw. bewußte System) diese nicht bewußtseinshaltige Prozeßform nicht wahrnehmen kann, sondern nur die Spur, die materiale Auffaltung, die Projektion der Kommunikation, wird die Frage nach den Indizien wichtig, die an der Projektion auf die projizierende Prozeßform verweisen. Wie wird das System des Anfangs für Unterschiede sensibel, die durch die Synthese der Kommunikation gemacht werden? Wie kann ihm Selbst- und Fremdreferenz so zugemutet werden, daß es sich selbst in sich selbst zu unterscheiden beginnt von dem, was es nicht ist?

deren Seite) an eine Art gleitender Bewegung in einer Dimension gedacht werden kann, habe ich (Fuchs, *Moderne Kommunikation*, a.a.O.) vermutet. Daran lassen sich Überlegungen knüpfen, die eine Evolution von bevorzugten Strategien behaupten, das aufklärerische Displacement als Begünstigung der Selbstreferenz, das romantische Displacement als Präferenz für die Selektion der Mitteilung und das nebulose Displacement, das sich auf Verstehen konzentriert. Psychoanalyse gehört in das nebulose Displacement.

105 Vgl. umfangreicher: Fuchs, *Moderne Kommunikation*, a.a.O.; ders., *Die Umschrift*, a.a.O. Siehe auch zu Einführungszwecken: P. Fuchs, *Niklas Luhmann – beobachtet. Eine Einführung in die Systemtheorie*, Opladen 1992.

b) Die adressierte Strömung und der Umweg in der Kommunikation

Die Ausgangslage ist scharf gezeichnet. Wahrnehmbar ist die Oberfläche der Kommunikation, nicht aber die Syntheseleistungen, die jenseits allen Bewußtseins jenen *stream of utterances* organisieren, der das System des Anfangs umspült, natürlich auch im *Arrangement A*, in dem relevante Wiederholungen Selbigkeit und Ähnlichkeit, Identität und Differenz als eine Form etablieren, die in Zeitintervallen des *Anderes-geschieht-zwischendurch* erprobt und generalisiert werden können.[106] Auf dem Projektionsschirm der Wahrnehmung, auf den die Kommunikation ihre Oberfläche projiziert, findet sich die unentwegte Wiederholung von *utterances,* der massenhafte Anfall von markanten Ereignissen, der Berührungen, der Blicke, der Stimmen, der Gebärden, des Vertröstens, des Aufschiebens, der Beruhigung. Das System des Anfangs steht gleichsam in einem Zentrum von an ihm vorgenommenen oder auf es bezogenen Verrichtungen, die sich so sehr wiederholen wie das unentwegte Gemurmel der Menschen, mit denen es zu tun hat. Diese Rotation des Ähnlichen schleift Strukturen ein, die am Krisenfall erkennbar werden: Der Popo wird nicht gestreichelt, ein Thermometer wird eingesteckt; statt der Mutterbrust taucht eine allenfalls funktional ähnliche Flasche auf. Auch solche Krisen wiederholen sich und erweitern die Spielräume der Antizipation. Irgendwann kann schon beim Anblick des Thermometers geschrien werden, es hat sich im Spiel der Wiederholung zu einem Ding verfestigt.

Wenn man das Bild vom Strom, vom Umspülen, noch einmal aufnimmt, so ließe sich in einem gewissen Sinne sagen, daß das von *utterances* umströmte System des Anfangs nicht nur ein Hindernis ist, an dem die Strömung sich teilt, sondern eines, an

106 Wir argumentieren sehr abstrakt, aber ich glaube, es ist klar, daß die Entwicklung des Körpers, der Ausbau von Körperschemata eben auch unter die Rubrik der Wiederholung und der daraus resultierenden Differenzgewinne fällt. Wir betreiben nicht das Projekt einer weiteren, systemtheoretisch animierten Entwicklungspsychologie, sondern konzentrieren uns nur auf die eine Frage: Wie kommt Sinn, sozialer Sinn in ein System, das selbst nicht kommuniziert und keinerlei Zugang zu irgendeinem anderen Bewußtsein hat?

dem die Strömung arbeitet, ein Hindernis, auf das sie ausgerichtet ist. Es ist eine zu weiten Teilen dezidiert *adressierte Strömung*.[107] Diejenigen, die schon an Kommunikation beteiligt sind, verfahren so, als ob das System des Anfangs ebenfalls an Kommunikation partizipiere. Sie nennen es beim Namen, und sei es in diminutiven Formen wie Maunzerle, Peterle, Mariechen oder Muckelmaus. Sie begleiten, was sie mit dem Kinde tun, durch beschwörende repetitive Wendungen. Aber ebendiese Geschehnisse sind die materialen Auffaltungen der Kommunikation, das ist die Projektion der Oberfläche. Die Organisation der Auffaltung, jene Synthese von Information, Mitteilung und Verstehen, ist darauf angewiesen, Adressen, Zurechnungseinheiten zu konstruieren, und die Besonderheit dieser Zurechnungseinheiten ist es, daß sie nicht anders als *selbstreferentiell* sein können.

Das Konstrukt der Person ist angelegt als etwas, an dessen Äußerungen sich die Differenz von Information/Mitteilung ablesen läßt, also ein Innen- und ein Außenverhältnis. Die Kommunikation wiederholt in einem fort und Tag für Tag diese Zurechnung, sie sinnt dem System des Anfangs immerfort an, eine Innen/Außen-Differenz nicht zu sein, sondern auch: sie intern zu imaginieren. Sie unterstellt *Intentionalität,* eine Richtung des Verhaltens, Strategien (oder in psychoanalytischer Manier: Begehren), und sie nimmt dabei die Verhaltenspromulgationen des Kindes als Mitteilungen von Informationen, die anders ausfallen könnten. Passendes Verhalten wird durch Anerkennung ratifiziert, nicht passendes Verhalten (das Kind lächelt nicht, wenn man Eiteitei macht) löst ein anstrengendes Spiel der Suche nach den wirklichen Intentionen aus. Die Differenz der Reaktionen auf passend/unpassend wiederholt sich; es entsteht, wie man im Blick auf die Metapher der Auffaltung sagen kann, die Differenz von *Volumen an Kommunikation*. Kommunikation schwillt im Krisenfall an, vermehrt sich am Nichtverstehen, das (wenn man die psychoanalytische Parallele betonen will) die Struktur der *Umwegigkeit* erzwingt.[108]

107 Für die Prozesse des Arrangements A gilt das auf alle Fälle. In den Entlastungsintervallen wird es nach und nach gelten, spätestens dann, wenn das System unterscheidet, ob es adressiert ist oder ob andere sich wechselseitig ohne seine Beteiligung unterhalten.

108 Das Wort »Krise« soll hier nicht allzu dramatisch genommen wer-

Der Umweg, das ist die *Amplifikation* und *Augmentation* von Kommunikation.[109] Sie kommt, das ist instruktiv, von Anfang an mit ihrer zentralen Funktion, der *error correction*, ins Spiel.[110] In diesem Spiel ist Selektivität vorausgesetzt.[111] Die Notwendigkeit vermehrter Kommunikation entzündet sich am Krisenfall, der einen Horizont von Nichtkrisenfällen (oder anders möglichen Krisenfällen) aufspannt. Entscheidend ist die Wiederholung der Differenz der Volumina, und: daß das Anschwellen von Kommunikation im Krisenfall Relevanz markiert, also die Aufmerksamkeit besetzt. Und noch etwas: Diese dringliche, Aufmerksamkeit hoch besetzende Kommunikation läßt sich leicht auslösen.[112] Mit einem einzigen Schrei, mit einem leisen Knüttern, mit einem Um-die-Ecke-Krabbeln, Einen-Käfer-Essen, mit einem An-der-Telefonschnur-Ziehen – wird der Motor angewor-

den. Es soll die Situationen kennzeichnen, in denen es notwendig wird, mehr zu reden als weniger. Einschlafrituale sind beliebte Beispiele in diesem Zusammenhang.

109 Mit niemandem wird so viel und scheinbar erfolglos wie mit Säuglingen geredet. Aber gerade das ist die Bedingung der Möglichkeit eines Erfolges.

110 Vgl. J. Ruesch und G. Bateson, *Communication: The Social Matrix of Psychiatry*, New York 1987. Vgl. zu einem Anwendungsfall D. Baecker, »The Reality of Motion Picture«, in: *MLN* 111, 1996, S. 560-577.

111 »Error correction presupposes selectivity, since there are no errors if there is no observation of a range of other possible selections that can be taken as the right ones, that is, as the right ones until further error correction occurs.« Ebd., S. 563.

112 Leider und zum Leid der Menschen mit zunehmendem Lebensalter immer weniger. Es ist schon auffällig, welches Maß an Anerkennung, an kommunikativer Aufmerksamkeit für einen selbst man ein Leben lang erwartet und wieviel Frustration mit der vergeblichen Erwartung verbunden ist. Man muß sich allerlei einfallen lassen, um noch Gegenstand derart auftrumpfender Kommunikation werden zu können. Aber das ist ein altes Problem, dessenthalben man schon früh Bibliotheken anzündete oder die Tugend der Bescheidenheit proklamierte. Im übrigen wäre es nicht schwierig, zu zeigen, daß ein Kind, das diese Prozesse nicht auslösen kann (niemand interessiert sich für es) oder sie nicht registrieren kann (es ist behindert), in pathologische Morphogenesen abdriftet. Klar ist auch, daß ein Kind, das nicht verstanden wird, selbst in eine quasi-amplifikatorische Tätigkeit verfällt: Es entfacht einen Sturm von Aktionen.

fen. Der Schnulli ist weg, das Schnuffeltuch in Hunde- oder Katzenurin getaucht – die Kommunikation startet, und ihre fleischliche Infrastruktur eilt heran.[113]

c) Das Einfallstor – Augmentation/Amplifikation

Die Differenz der Volumina von Kommunikation und die leichte Auslösbarkeit von Kommunikation im Krisenfall, bedingt durch ihre Zentralfunktion der *error correction*, bringt eine weitere Differenz ins Spiel, die wir schon erwähnt haben, nämlich die von *Augmentation* und *Amplifikation*. Augmentation, das ist das Anwachsen der Quantität, das schiere Anschwellen jenes *stream of utterances*, das Mehr an Kommunikation, das durch den Krisenfall und die Funktion der *error correction* ausgelöst wird.[114] Amplifikation, das ist der Prozeß der Variation im *pool* der Wiederholungen, der Prozeß, in dem Abweichungen instruktiv werden und mitunter (im Wege des *deviation-amplifying*) das System in seiner Morphogenese entscheidend (und überraschend) bestimmen. Es fiele uns leicht, die Augmentation auf die Produktion eines Mediums zu beziehen, in das sich via Amplifikation Formen einschreiben.

Wir wollen uns hier statt dessen auf die klassische Rhetorik beziehen, auf die *amplificatio* als Quantitätsfigur. Das Ziel der amplifizierenden Rede/Schrift ist: Evidenz.[115] Und nicht wie die der *brevitas*: Ökonomie. Bezweckt wird nicht die schlagende, im Moment einleuchtende Intuition, sondern möglichst genaues (anschauliches) Verstehen. Das Verfahren ist unökonomisch, weil es die Rede/Schrift differenziert: mehr Kommuniziertes statt weniger. Es ist praktisch, weil es Redundanzen entfaltet, um

113 Wir wollen festhalten, daß dies nicht allein ein Merkmal von Kommunikation ist, an die Kinder angeschlossen werden sollen. Kommunikation beflugelt sich immer am Krisenfall, und wo der nicht ist, muß er simuliert werden – zum Beispiel durch Klatsch. Das wäre jedenfalls meine Anmerkung zu J. R. Bergmann, *Klatsch. Zur Sozialform der diskreten Indiskretion*, Berlin/New York 1987.

114 Augmentation ist Teil der Differenz Weniger/Mehr, damit auch bezogen auf die Differenz des Relevanzattraktors Arrangement A und den Intervallen des Anderes-geschieht-zwischendurch.

115 Wir orientieren uns an H. F. Plett, *einführung in die rhetorische textanalyse*, Hamburg 1985 (6. Auflage), S. 44 ff.

Verstehen zu erreichen. Es wendet sich, das ist hier mit *Evidenz* gemeint, an die Wahrnehmung (›ad oculos ponere‹). Es wendet sich an die Phantasie und unterscheidet sich darin von dekorativen Funktionen oder solchen Verfahren, die an den Intellekt appellieren.[116] Kurzum: Amplifikation ist die Technik der Differenzierung von Differenzen.[117] Sie erzeugt Redundanz (mehr desselben), aber in der Wiederholung statt des Selben das Gleiche, das Ähnliche, das Verwandte, das auch dazu Gehörige. Aber sie ist (als nicht ökonomische Figur) fundamental von der Struktur des Umwegs. Diese Struktur ist gemeint, wenn wir sagen, daß das Einfallstor für die Generierung von Sinn im System des Anfangs (das, wie oben erörtert, über die leere Sinnform schon verfügt) *amplifizierende Kommunikation im Krisenfall* ist. Das liegt ja auch nahe, wenn man damit einverstanden ist, die Funktion von Kommunikation in *error correction* zu sehen.

Die Differenzierung von Differenzen, diese Technik, kann verschiedene, ineinandergreifende Formen annehmen: Sie kann diäretisch (distributiv) sein und das Thema der Kommunikation entfalten, Themen wie Baden, Wickeln, Wespenstiche etc.; sie kann kumulativ (additiv) sein und Details zum Thema häufen bzw. Details aus benachbarten Kontexten heranassoziieren. Distribution und Kumulation können ihrerseits nach einer Vielzahl von Formen differenziert werden.[118] Wir wollen das hier nicht

116 Es fügt sich, daß Evidenz in ihren Spitzenformen Simulation (Fiktion) und Realität ununterscheidbar macht. Ich erinnere daran, daß die Kommunikation, die den Säugling einschließt, als Simulation seiner Selbstreferenz beginnt.

117 Auch hier trifft es sich wie von ungefähr, daß sich das Differenzierende der Differenz als *Zwiefalt* begreifen läßt, als Wechselspiel des Sich-Faltens und Sich-Entfaltens in der Simultaneität einer Differenz. Vgl. Deleuze, *Die Falte*, a.a.O., S. 53f. mit instruktiven Verweisen auf Heidegger und Mallarmé.

118 Plett, *einführung in die rhetorische textanalyse*, a.a.O., nennt für die distributive Technik: Distributio, Enumeratio, Definitio, Distinctio, Dilemma, Correctio, Antithese, Antimetabole, Oxymoron; für die kumulative Technik: Accumulatio, Commoratio, Descriptio, Descriptio rei, Descriptio personae/loci/temporis, Incrementum, Periphrase, Paranthese, Disgressio, Similitudo etc. pp. Ich denke, man kann all diese Formen im Sinne präzisierender Forschung auf die amplifikatorische Krisenkommunikation beziehen und einigen Gewinn dabei machen.

vertiefen, sondern nur festhalten, daß die Form amplifizierender Kommunikation im Krisenfall Differenzen in beliebige Tiefen differenziert, und *vielleicht darf man sagen, daß die Zeit des nicht oder kaum Verstehens, die Zeit, ehe für das System des Anfangs Sinn verfügbar ist, als Institut einer Dauerkrise begriffen werden kann*. Ebendies würde uns gestatten, den Unterschied zum Tier festzuhalten, bei dem man nicht ohne Anstrengung von einer solchen Krise sprechen kann und bei dem sich nicht als Reaktion auf Krisen die Augmentation/Amplifikation von Kommunikation beobachten läßt.[119] Wer diesen Befund anthropologisch formuliert haben möchte, wird die unübersehbare Literatur herandenken müssen, die die Plastizität des Menschen, seine Instinktoffenheit, seine zu frühe Geburt traktiert. Freud und Lacan behandeln, wie wir gesehen haben, das infantile Stadium (die Abhängigkeit und Hilfsbedürftigkeit des Klein- und Kleinstkindes) auf dramatophile Weise. Sie schließen durch auf die Not des Lebens. *Wir sehen dagegen die Fülle der ebendadurch angeregten amplifizierenden Kommunikation, nicht den Mangel also, sondern die Notwendigkeit zur Selektion.*[120] Man wird nach den Selektoren fragen müssen, die die Fülle limitieren.

4. Eine kleine Erzählung über einen einsamen kleinen Datenfaden

Vielleicht ist folgendes Bild nützlich: ein kleines einsames (monadenförmiges) *file*, irrend in einem Kosmos von Daten. Dieser kleine Datenfaden ist noch nichts für sich selber. Wir wissen, daß er Wahrnehmungen prozessiert, also eine Oberfläche projiziert. Auf diesem Schirm läuft ein multimedialer Film ab, der von niemandem gesehen wird. Das System des Anfangs *ist* dieser Film, diese Oberfläche. *Niemand in dem System sieht, daß gesehen wird. Das System selbst sieht nicht, daß es ein System ist, das eine Oberfläche projiziert. Oder anders: Auf seinem Monitor wird innen und außen nicht unterschieden.* Übrigens wird niemals irgendwer sehen, wie es ist, einen Film zu sehen, ohne ihn zu

119 Man findet eher, wenn ich mich richtig erinnere, in Krisenfällen Formen leerlaufenden Verhaltens.

120 Ich weise noch einmal hin auf B. Waldenfels, *Phänomenologie in Frankreich*, Frankfurt am Main 1983, S. 507.

sehen: den Durchsatz von Wahrnehmungen, von Unterschieden, die keine Unterscheidungen sind, keine Bezeichnungen im Rahmen von Unterscheidungen.[121]

Immerhin gibt es Ansatzpunkte für die Unterscheidung von innen und außen, von Selbst und Nichtselbst. Freud hatte den Prozeß dieser Differenzierung im Unterschied von Wahrnehmungen gesucht, die von innen oder von außen kommen. Dabei hatte er den seltsamen Grenzhöcker des Bewußtseins gefunden, vor allem aber: die Metapher der Projektion einer Oberfläche. Lacan hatte von einem ersten Aufspringen des Organismus gesprochen, von dem, was als Schmerz, als Lust nahelegt, einen Ort des Stattfindens zu haben, eine Austrittsstelle, einen Zusammenzieh- oder Polstersteppunkt, eine Verdichtung von Betroffenheit/Betreffbarkeit, die sich nicht mehr im Ort aller Örter, dem Raume, verteilt.

Vielleicht kann man sagen, daß die Projektion unseres Datenfadens deshalb nach kürzester Zeit nicht mehr homogen ist, sondern in gewisser Weise ›verflockt‹. Im Medium der Wahrnehmungen ereignet sich die Inskription von Formen, die noch nicht unterschieden und bezeichnet werden können, aber schon Unterschiede sind, sagen wir einmal: der Nähe und der Ferne. Wir haben hier vom *Arrangement A* gesprochen und seiner Wiederholung der Markierung von Relevanzen, ferner von den Intervallen der Entlastung. Jene ›Verflockung‹ oder Granulation im Medium der Wahrnehmungen, dies Entstehen von Effekten einer Grenze (die noch nicht registriert wird), wollen wir den Prozeß der *Zentrierung* des Systems nennen, die Etablierung von Nähe und Ferne durch Grade der Betreffbarkeit bzw. Betroffenheit.

Das Spiel gewinnt weitere Form, wenn man sich verdeutlicht, daß unser Datenfaden (diese verflockte Oberfläche) nicht autonom ist, daß sein Überleben vielmehr an die Existenz von Datenstrukturen im Universum der Daten geknüpft ist, solchen Strukturen, die sich des Fädchens annehmen. Im Datenkosmos sind

121 Man kann dies wollen wie vielleicht Zenbuddhisten, Mystiker, und man kann dies vielleicht sogar ›erleben‹, aber es ist schlechterdings unmöglich, eine nicht fundamental verkennende Kommunikation darüber aufzunehmen. Vgl. noch einmal Luhmann/Fuchs, *Reden und Schweigen*, a.a.O. In einem der berühmtesten Gedichte Rilkes klingt, was wir meinen, an: »Sein Blick ist vom Vorübergehn der Stäbe so müd geworden, daß er nichts mehr hält…«

alle relevanten Ereignisse mit Kommunikation verbunden, oder anders: In die Welt aller möglichen Ereignisse eingeschrieben, gibt es das Sozialsystem, die engere und bedeutsame Umwelt, die, wenn man so will, die merkwürdige Eigenschaft hat, sich nicht direkt unserem *file* zu präsentieren, sondern nur als materiale Auffaltung, als adressierte Stimme, als adressierter Blick. Unter den Nichtverstehens- und Krisenbedingungen des Anfangs imponieren allerdings die materialen Auffaltungmöglichkeiten der Kommunikation. Augmentation und Amplifikation sind Mechanismen der Überschüttung des Systems mit Volumen (und der Differenz zum Schweigen) und mit der Differenzierung von Differenzen.[122]

Von entscheidender Bedeutung ist, daß alle Ereignisse, die auf dem Schirm des anfänglichen Systems erscheinen und in der Welt der Verlautbarung erzeugt werden, daß also alle das System betreffenden Kommunikationen eine extreme Markierung im Blick auf Selbstreferenz haben: Sie unterstellen, das haben wir gesagt, die Selbstreferenz des Systems, und die Form dieser Unterstellung ist die *Pointierung der Selbstreferenz von Kommunikation, mithin die Pointierung der Mitteilungskomponente*. Es ist das Nichtverstehen, die Krise der Anfänglichkeit, die dazu nötigt, Information in der Kommunikation zu minimieren, die Selektion des Verstehens für schwierig zu halten und ebendeshalb Kommunikation zu ›vernachdrücklichen‹ und zu emphatisieren.

a) Die Mitteilung und die Verweigerung

Nichtverstehen als Krise, die die zentrale Funktion von Kommunikation *error correction* aufruft, führt zu deren Augmentation und Amplifikation. Zugleich wird sie ›vernachdrücklicht‹. Die

122 Ich habe es schon gesagt, wiederhole es hier aber noch einmal, daß eine Theorie der ernsthaften Behinderung hier ihren Ausgang zu nehmen hat. Allein der Fall einer aus irgendwelchen Gründen nicht granulierenden Wahrnehmung, einer Nicht-Zentrierung des Systems (es genügt schon eine Seh- oder Hörschädigung), zeitigt gravierende Folgen. Ebenso leicht kann man sich vorstellen, daß eine deamplifikatorische Kommunikation (die Nichtbeachtung des Nichtverstehens etc.) zu einer erheblich abweichenden Sozialisation führt.

Informationskomponente wird vereinfacht (vergröbert), die Mitteilungskomponente verschärft eingesetzt.[123] In den engeren Zirkel relevanter Ereignisse, mit denen das System des Anfangs konfrontiert wird, schreibt sich ein weiterer Zirkel ein: die Wiederholung *starker* Mitteilungen auf einer Bandbreite zwischen Zärtlichkeit und Wut, zwischen Kindervers und entsetzter Negation. Kommunikation mit dem Kleinkind schlägt nach der Seite des Appells aus, nach der Seite des Durchgriffs auf die Selbstreferenz.

Eine der Ursachen dafür ist, daß die *performance* des Kindes, das, was als Anschlußselektion, als *utterance* begriffen und unterstellt wird, selbst extrem diffus ist: Zappeln, Strampeln, Lächeln, Schreien, Knüttern. Solches Verhalten kann nur als Serie von Mitteilungen (und Reaktionen auf Mitteilungen) verstanden werden, die gleichsam ins Unscharfe hinein hoch unsichere, kommentarbedürftige Informationen über Zustände des adressierten Systems präsentiert. Oder etwas raffinierter: Die Zurechnung auf Mitteilung (und dahinter liegende Strategien, Intentionen etc.) wird selbst als Information genommen.[124] Mitunter hat man den Eindruck, daß ebendies genossen wird, wenn man etwa

123 Das ist nun ein weites Feld, das hier nicht weiter ausdifferenziert werden kann. Man beobachte die Prozesse, die sich einstellen, wenn die Kommunikation auf Nichtverstehen, auf falsches Verstehen, auf Abwehr, auf Unterkomplexität stößt. Sie wird hektisch oder ganz langsam, sie wird redundant oder laut und leidenschaftlich. Der Pegel der begleitenden Signale (Gestik, Mimik) schwillt an, die Hände werden zur Hilfe genommen. Jeder weiß, daß das Auftauchen eines Säuglings Exzesse seltsamer Kommunikation hervorruft. Immerhin können wir jetzt feststellen, daß diese Emphase, Vergröberung etc. korrekt ist und jeder Versuch, mit dem Kleinkind wie mit einem Erwachsenen zu reden, eine Absurdität. Die ›Vernachdrücklichung‹ im Krisenfall (der auch die Liebe sein kann) spielt im übrigen in vielen Prozessen der Gesellschaft eine zentrale Rolle.

124 In ganz lockerer Weise (und ohne jede Absicht, Parallelität überzustrapazieren) könnte man formulieren, daß der Typ der Kommunikation, an dem das System des Anfangs beteiligt ist, als romantisches Displacement begriffen werden kann. Vgl. dazu die entsprechenden Kapitel in Fuchs, *Moderne Kommunikation*, a.a.O. Und vielleicht, jedenfalls würde mir das Spaß machen, empfehlen sich an dieser Stelle Assoziationen, die den Topos von Kind und Kunst heranführen.

vom Zauber der Kindheit spricht, der sich mit den Präzisierungsmöglichkeiten sprachlicher Art bei zunehmender Reife des Kindes offensichtlich verliert.[125]

Aber wie auch immer, die Forcierung der Mitteilung und die Möglichkeit der Kommunikation, das Verhalten des Kindes zu ›digitalisieren‹, in diskrete Einheiten, *utterances*, zu zerlegen, an deren Mitteilungskomponente angeschlossen wird, sind zentral.[126] Einerseits wird die Kommunikation im beschriebenen Sinne aufwendig, sie wird in die Struktur von Mutmaßung getrieben.[127] Andererseits aber wird mit der Appellativität des kommunikativen Zugriffs *die Möglichkeit der Verweigerung* eröffnet.[128]

Das ist in der Tat eine Doppelmöglichkeit (auf seiten Egos und Alters). Das Verhalten des Kindes entspricht nicht dem Appell (es lächelt nicht, es schreit weiter, es wendet sich ab, es ißt den Regenwurm), und im Gegenzug: Das Verhalten der Eltern (oder anderer Personen) trifft trotz aller Nachdrücklichkeit nicht, worum es geht: Das Kind hat eine nervöse Störung der auf Mimik bezogenen Muskulatur, es hat in Wahrheit Blähungen, es kann die Tante nicht riechen, es hat Hunger). Die Zurechnung auf Verweigerung bringt Alternativität, bringt Kontingenz ins Spiel. Und verschärft die Dramatik, die Imposanz, die Faszination von entsprechender Kommunikation.[129]

125 Und dann wieder eingeführt werden kann: als Strategie verkindlichender Kommunikation im Syndrom der Liebe zum Beispiel. Auch das Amae-Syndrom japanischer Kommunikation wäre ein einschlägiges Exempel. Vgl. Fuchs, *Die Umschrift*, a.a.O.

126 Wir reden also von struktureller Kopplung.

127 Damit auch, das will ich hier nicht vertiefen, in die Struktur der Imperativität. Wenn das Kind auf Appelle nicht oder falsch reagiert, wird es mit Maßnahmen überzogen.

128 Vgl. (natürlich bezogen auf das Feld der Sprache) J. Lacan, *Freuds technische Schriften. Das Seminar*, Buch I, Weinheim/Berlin 1990 (2. Auflage), S. 115. Kommunikation, das muß hier noch nicht erörtert werden, ist natürlich die Prozeßform, die auf die Möglichkeit der Negation geradezu gegründet ist. Vgl. Luhmann, *Soziale Systeme*, a.a.O., S. 212.

129 Wir werden weiter unten genauer darauf eingehen, daß die Verweigerung unmittelbar mit dem Scheitern von Selektionsofferten zusammenhängt, die selbst nicht mehr zur Kommunikation gehören, aber von eminenter Bedeutung sind.

Im Arrangement der *raw feels* bzw., wie wir sagen würden, der *raw perceptions* entsteht ein Knoten, in dem das System (unser Datenfädchen) an gleichsam überdimensionierten kommunikativen Selektionszumutungen die Effekte registriert, die sich verschärfen, wenn es selbst agiert, insbesondere dann, wenn es im weitesten Sinne *verweigert* oder (das ist in jener Doppelmöglichkeit begründet) Verweigerung erfährt. In der Klaviatur des Systems des Anfangs werden gleichsam Tasten bedienbar, durch die Kommunikation fulminant wird, und die wiederholte Bedienung der Taste (die damit herangeführte Augmentation, Amplifikation, Vernachdrücklichung) läßt auf dem Schirm des Systems es selbst als *Anlaß* all diesen Lärms erscheinen. Es entsteht in der Projektion ein Verdichtungspunkt, ein Attraktor, an den sich die Effekte von Eigenagilität anlagern, eine Verschärfung der Nähe/Ferne-Relation, in der die anfangs unbestimmte Attentionalität zu differenzieren beginnt zwischen System und Umwelt, zwischen Innen und Außen.

Insofern wird das Sozialsystem mit der Überforcierung der Mitteilungskomponente für das System des Anfangs informativ: Es macht Unterschiede, die im psychischen System des Kindes Unterschiede machen.

b) Die Information

Zunächst ist feszuhalten, daß bei aller Minimierung der fremdreferentiellen Komponente und der starken Betonung des selbstreferentiellen Anteiles Kommunikation nur dann zustande kommt, wenn alle drei Komponenten (Mitteilung, Information und Verstehen) synthetisiert werden. Es ist schlechterdings nicht vorstellbar, daß eine Kommunikation nur aus Mitteilungen besteht, aus Akten, die über nichts sprechen, keinen Inhalt haben. Und nicht minder erstaunlich wäre es, wenn eine Kommunikation Informationen präsentierte, ohne sie mitzuteilen.[130] Und noch

130 Vor allem im Blick auf die Minimierung von Information kennen wir erstaunliche Beispiele aus der Geschichte der Kunst und der Literatur. Aber auch die Vermeidung von Sinn ist informativ und, wie man weiß, extrem anschlußfähig. Vgl. dazu die Studie über moderne Lyrik in Luhmann/Fuchs, *Reden und Schweigen*, a.a.O.; ferner P. Fuchs und F. Schmatz, *»Lieber Herr Fuchs, lieber Herr*

erstaunlicher wäre es, wenn die soziale Selektion des Verstehens auf kein Ereignis zugriffe, das als die Mitteilung einer Information aufgefaßt werden könnte. Das bedeutet, daß die Kommunikation, die das System des Anfangs adressiert und dabei auf die Mitteilungsselektion setzt, gleichwohl das Moment der Information mitführt, also Nachrichten über die Welt enthält, die sich von der Form ihrer Mitteilung unterscheiden lassen. Es geht immer um etwas, und sei es nur darum, dem System mitzuteilen, daß Zuneigung für es empfunden wird, daß die Brust hinreichend gefüllt, die Flasche angenehm warm oder das Badewasser noch zu heiß ist.

Daß in der Kommunikation immer *etwas* mitgeteilt wird, wäre allein eine triviale Aussage. Zu erinnern ist daran, daß wir von einer bewußtseinsfreien Sphäre der Sinnvermittlung sprechen, von der Autopoiesis eines Systems, das ausschließlich über ein bestimmtes Zeitmanagement (die sequentielle Verkettung von *utterances*) das Etwas und die Form der Mitteilung erzeugt. Wir wissen, daß dies retrospektiv geschieht, im Nachtrag, der darüber entscheidet, was eben geschehen ist, und zwar genau dadurch, daß er selbst in einem weiteren Nachtrag als bestimmt geartete Beobachtung begriffen wird, die eher an der Mitteilung, eher an der Information, eher am Verstehen anschloß und damit errechnete, was als Mitteilung, was als Information, was als Verstehen zu gelten hat. Wenn mithin das System des Anfangs an Kommunikation angeschlossen werden soll, ist vorausgesetzt, daß es eine *zeitverarbeitungsfähige* Maschine ist, in unserer Metapher ein Datenfaden, der Zeit binden kann, und zwar mindestens so, daß die Differenz von Ereignis und Folgeereignis in gewisser Weise zusammengezogen wird.

Das System muß Zeitpunkte konstruieren können, also die Fertigkeit haben, Nichtigkeiten (den Schied der Differenz von Vorher/Nachher, das ›nun‹ der aristotelischen Tradition) zur Orientierung einzusetzen.[131] Es muß diskriminieren können zwischen

Schmatz« – Eine Korrespondenz zwischen Dichtung und Systemtheorie, Opladen 1997. Das Unterkühlen der Mitteilungsselektion ändert nichts daran, daß mitgeteilt wird, daß man die Mitteilung nicht überschätzt sehen möchte. Ich habe dies das aufklärerische Displacement genannt. Vgl. dazu Fuchs, *Moderne Kommunikation*, a.a.O.

131 Vgl. N. Luhmann, »Zeit und Gedächtnis«, Ms., Bielefeld 1996, S. 3.

Vorher und Nachher, und dies setzt nach unserer oben vorgetragenen Gedächtnistheorie die Differenz von zeitschnellen Operationen und zeitlangsamer Infrastruktur voraus, die Differenz also von Bewußtsein und Gehirn. Der Freudsche Wunderblock formuliert die Metapher der Problemlösung: Es gibt die Ebene der Einträge in ein zeitlangsames Medium und die Ebene des Durchsatzes von Wahrnehmungen, die sich formieren an der Ebene der Einträge, der reaktivierbaren Schemata. Zeitverarbeitung ist also an die Differenz geknüpft zwischen infra- oder extrastruktureller Hysteresis und den je eigenen Operationen.

Wird diese Möglichkeit für das System des Anfangs vorausgesetzt[132], dann wird jede adressierte Kommunikation zur Möglichkeit einer Bifurkation: nämlich anzuschließen an der Mitteilung oder an der Information, auf den Ausdruck des Trostes mit weiterem (mitunter sehr kunstvollem) Weinen zu reagieren oder auf die Wiederholung eines Wortes hin den Blick auf das gemeinte Objekt (Papa) zu richten und dann zu registrieren, daß derjenige, der das System immer wieder hochwirft und auffängt, tatsächlich im Blickfeld erscheint.[133] Die langsamere neurophysiologische Infrastruktur liefert gleichsam die *Engrammatik* für die Syntax bestätigter/nichtbestätigter Erwartungen. Sie sensibilisiert für das kommunikations- und bewußtseinstypische Syndrom der Nachträglichkeit.

Die Fremdreferenz, das Gemeinte, das Thema differenziert sich gegen die Form der Mitteilung, und ganz offensichtlich ist es so, daß die Dominanz der Mitteilungskomponente mit zunehmendem Alter des Kindes langsam ausgetauscht wird gegen die Pointierung der Fremdreferenz, gegen die Pointierung des Wortes, das etwas bezeichnet. Die Welt des Kindes rotiert aus der kommunikativen Sphäre der Nachdrücklichkeit allmählich in die kommunikative Sphäre der Information hinein.[134] Dabei verliert

132 Und nichts spricht seit Piaget dagegen, so zu verfahren. In meiner Studie über Autismus (Fuchs, *Die Umschrift*, a.a.O.) habe ich versucht zu zeigen, was geschieht, wenn man ebendies nicht voraussetzen kann. Dies wäre zu unserer Argumentation eine Beweisführung e contrario.

133 Auf die Tatsächlichkeit dieses Erscheinens komme ich gleich zurück.

134 Oder aus der Romantik in die Aufklärung, eine verbotene, aber hübsche Parallele. Vgl. Fuchs, *Moderne Kommunikation*, a.a.O.

es etwas, dabei gewinnt es etwas. Aber der Gewinn ist geknüpft an eine weitere Errungenschaft und an einen weiteren Verlust, an die *Verfügbarkeit des Abwesenden.*

c) Das Abwesende, der Mord der Sache und die Beobachtung zweiter Ordnung

Kommunikation (als bewußtseinsfreie Sphäre der Sinnvermittlung) ist fundamental gebunden an die Abwesenheit jedes spezifischen Agenten. Sie benötigt kein bestimmtes Bewußtsein, aber auch kein bestimmtes Ding.[135] Sie benötigt und prozessiert Zeichen, deren Verstehbarkeit mit der Bedingung der *Nichtprivatheit* verflochten ist. Insofern gibt es Kommunikation nicht als Singularität. Niemand kann idiosynkratische Äußerungen verstehen.[136] Jeder, der sich an Kommunikation beteiligt, muß damit leben, daß er es mit der Form von Sinn zu tun hat, also mit Virtualität/Aktualität und nicht mit Substantialität. Kommunikation ist zutiefst nicht-ontologisch, sie bedarf nicht des *esse*, sondern des *posse*.[137] Kommunikation beginnt mit der Emanzipation von allem Zeigen-auf-etwas, oder anders: Sie könnte nicht operieren, wenn ihre Unterscheidungs- und Bezeichnungsleistungen auf Anwesenheit von etwas Bestimmtem oder gar auf die Anwesenheit eines bestimmten Subjektes angewiesen wären. Dasselbe läßt sich für das Bewußtsein sagen: Was wären seine Operationen ohne die Referenz auf das Abwesende? Die Sinnform erzwingt auch hier den Horizont des Mit- und Nichtge-

135 Siehe unter Referenz auf Derridas Schrift das Kapitel »Die Kommunikationsmaschine« in Fuchs, *Die Umschrift*, a.a.O.

136 Und wenn es welche gäbe, etwa Privatsprachen zwischen Zwillingen, Liebenden oder wem immer, so sind sie ebendeshalb nicht anschlußfähig. Und wenn doch, dann hat man sie übersetzt. Und wenn man sie übersetzen konnte, dann waren sie niemals privat. Das kann man als Kernproblem einer modernen Lyrik verstehen, die auf Einzigartigkeit setzt, aber daran wie auch immer überzeugend scheitert. Vgl. meinen Aufsatz über moderne Lyrik in Luhmann/Fuchs, *Reden und Schweigen*, a.a.O.

137 Vgl. zu diesem Schema, das selbstverständlich in der Kommunikation eingesetzt wird: Markowitz, *Verhalten im Systemkontext*, a.a.O.

meinten, vor dem sich aktuelle Bedeutung ausmünzt. Und eben haben wir noch gesehen, daß die Operation des Bewußtseins Orientierung gewinnt am Schied der Differenz, an der Barre, die Vorher/Nachher trennt und selbst nicht im mindesten die Form einer Anwesenheit, eines Wesens, einer Substanz hat.

In jener Bifurkation, in der sich Mitteilung und Fremdreferenz separieren, muß auf der Seite der Fremdreferenz (der Information) die Referenz auf das wirkliche Ding, auf die Sache, auf die Inkarnation der Person (diesen Vater, diese Mutter) getilgt werden, damit Sinn und Kommunikation ihre Wirkung entfalten können. Es muß ein Verschwinden, eine *absentia* eingeführt werden, die Möglichkeit zur *Referenz auf alle Dinge und Personen im Horizont ihrer Eliminierung.*[138] Das Nennen von etwas, von jemandem, muß die Abwesenheit des Genannten nicht nur verkraften können, sie setzt sie genauso voraus wie die Fähigkeit zur Zeitbindung im System des Anfangs.

Den Mechanismus des Verschwindens, des Absentierens hat Freud vorgeführt.[139] Es dreht sich um das berühmte *o-o-o-o/Da* oder (bei Lacan) *Fort/da-Spiel*, um die Beobachtung der Lust von Kindern (im Falle Freuds: eines nicht sehr reifen Knaben)[140] am Verschwinden und Wiederauftauchen von etwas oder von jemandem, der auch das Kind selbst sein kann. Das ist ein Spiel, das

138 Für Lacan stellt das Symbol den »Mord der Sache« dar. Der Gewinn des Symbols ist der Verlust der Sache und zugleich die »Verewigung des Begehrens«. Vgl. J. Lacan, *Schriften* I, 3. Auflage, Weinheim/Berlin 1991, S. 166 f. Der Mord der Sache, das ist der Urschmerz, der durch Sinngebrauch entsteht und für den es keine Reparatur gibt. Wenn wir von Urverdrängung reden würden, dann in bezug auf ebendiesen niemals heilbaren Urschmerz. Ich denke, man kann sich das hier Gemeinte daran verdeutlichen, daß unser Text nur dann funktioniert, wenn alles, was er sagt, gerade nicht an die Präsenz irgendeines Signifikats geknüpft ist.

139 GW, Bd. XIII, S. 11-14 (»Jenseits des Lustprinzips«).

140 Eines anderthalbjährigen Jungen, der erst über wenige Worte verfügt und über etliche »bedeutungsvolle Laute«. Ebd., S. 11 f. Wir halten diese Beobachtung Freuds nicht für zufällig, sie verweist darauf, daß das Fort/da (so würde Lacan argumentieren) die Beherrschung von Sprache, das Andocken an Kommunikation erst ermöglicht. Am Rande sei noch bemerkt, daß wir hier den Assoziationsreichtum Freuds und Lacans erheblich einschränken und uns nur auf Anwesenheit/Abwesenheit konzentrieren.

man endlos mit Kleinkindern spielen kann bzw. das sie selbst mit Gegenständen und mit Menschen (Kuckuck) spielen können. Entscheidend ist, daß es nicht nur einfach das Schema Vorher/Nachher voraussetzt, das Verschwinden und die Wiederholung, sondern die *Beobachtung der Einheit des Schemas*, die Imagination des *Vorher und Nachher und die Reproduzierbarkeit des Schemas, also die Wiederholung seiner Komplettanwendung.*[141] Die Fadenrolle jenes Knaben, die er verschwinden (o-o-o-o = fort) und wiedererscheinen läßt (da!), funktioniert als Spielgegenstand nur, weil im Kind die Imagination der Fadenrolle nicht an ihre Sichtbarkeit geknüpft ist und die Wiederkehr der Rolle das Schema (die Einheit der Differenz von anwesend/abwesend) wahrnehmungsförmig bestätigt. Freuds Beispiel beinhaltet die Generalisierung des Schemas von der Fadenrolle über die Mutter, den Vater bis hin zur Anwendung des Schemas auf das schematisierende System selbst: Der Junge spielt das Spiel vor einem nicht ganz an den Boden reichenden Spiegel; wenn er sich hinhockt, ist er verschwunden, wenn er sich aufrichtet – wieder da!

Bei Freud und später bei Lacan wird an diesem Beispiel die Ökonomie der Lust und des Todestriebes angerissen und erörtert. Für uns ist wichtiger, daß jenes *fort/da* die *geläufigste Eigentümlichkeit der Kommunikation* ist. Nicht nur, daß sie der Wahrnehmung (in ihrer materialen Auffaltung) unentwegt Geräusche, Hinweise präsentiert, die bezeichnen, was jetzt nicht *da* ist (»Augenblick, gleich, einen Moment noch, ich komme ja schon, warte, sofort...!«), eine Struktur der Vertröstung, der Erwartung, des Aufschubs, dann der Erfüllung, des Eintreffens des Angekündigten[142]; sie wäre vielmehr ohne die *laufende Aktualisierung von*

141 Es ist müßig, darauf zu verweisen, daß der Begriff ›Imagination‹ aus der Idee lebt, daß das Nichtpräsentierte präsentiert wird. Siehe dazu, zu den Unterscheidungen von Coleridge (primäre, sekundäre Imagination und fancy) und zu einem Anwendungsfall auf Psychoanalyse, R. Britton, »Wirklichkeit und Unwirklichkeit in Phantasie und Dichtung«, in: *Jahrbuch der Psychoanalyse* 35, 1995, S. 9-33, hier: S. 20 ff.

142 Ich habe das nicht weiter überprüft, aber ich denke, es würde sich leicht zeigen lassen, daß Kommunikation, an der kleine Kinder beteiligt sind, durch Zeitindices überstark geprägt ist, vermutlich deshalb, weil das Verstehen im Blick auf Zeit noch nicht funktioniert, also das Warten selbst noch nicht gelernt ist. Genau das führt

Schemata (also auch ohne Loslösung von der Anwesenheit des Referierten) nicht möglich. In den Schemata ist Redundanz organisiert, vor deren Hintergrund Varietät erlebt werden kann.[143] Schemata sind ›Relikte‹ von Wiederholungen; sie sind das Abstrakte (das ›Abgezogene‹) aus vielerlei sich wiederholenden konkreten Anlässen, deren Konkretes vergessen wurde, so daß nur die Form der Bewältigung von Problemen zurückbleibt: das Schema des Leugnens, der Begeisterung, der Vertröstung, der Resignation, des *fort/da* etc. Vor allem aber sind Schemata Unterscheidungen, bei deren operativem Einsatz durch die Bezeichnung der einen Seite die andere Seite nicht gelöscht, sondern (damit verstanden werden kann) mitangezeigt wird. Daß ›Papa‹ gleich kommt, versteht sich nur im Schema der Präsenz/Nichtpräsenz, wenn die Imagination der Präsenz kombiniert ist mit Nichtpräsenz. Das Schema des *fort/da* kann dabei auf den Ball hinter dem Wandschirm, auf die Fadenrolle, auf die Mutter, auf die Sonne, den Mond bezogen werden.

Das Schema, wir sagten es, funktioniert nur als Einheit, im Zusammenzug seiner Seiten, und: *Es gibt nicht nur ein Schema, die Kommunikation benutzt viele Schemata*; andernfalls wäre sie führungs- und also gedächtnislos. Aber genau damit spielt sich die Möglichkeit ein, *Schemata (als Einheiten von Unterscheidungen) zu unterscheiden*. Das *fort/da* kann bezeichnet werden, und sei es durch ein »Nein«, also durch die Verweigerung, die das Kind der Mutter, die es eben durch dieses Spiel ablenken will, entgegenhält. Das Kind bewegt sich im Moment operativ im *Schlechte-Laune/Ablenkung*-Schema. Das treibt, wie wir wissen, in die Amplifikation der Kommunikation, also in die Aktualisierung weiterer Schemata und in die Verschärfung der Möglichkeit, Schemata, also Unterscheidungen zu unterscheiden.

Was ist dies anderes als die Möglichkeit der Beobachtung zweiter Ordnung, also von *second-order observation*? Im Augen-

zu einer Amplifikation darauf bezogener Wendungen. Gleich mitzuüberprüfen wäre, ab wann die amplifizierende Referenz auf Vergangenheit einsetzt, der Appell an die Erinnerung, an den Vertrag: Ich habe dir doch gesagt, daß man kleine Hunde nicht tritt!

143 Luhmann, »Zeit und Gedächtnis«, a.a.O., S. 6. Man könnte sagen, daß dies der Mechanismus der Sinnauffüllung des Systems ist, das (im Mechanismus der Wiederholung) über die gleichsam leere Sinnform schon verfügt.

blick, in dem Schemata bezeichnet werden (und ihre Aktualisierung verweigert, aufgeschoben oder einfach nur bezeichnet werden kann), steigt das System des Anfangs in einen anderen Ring, in dem Weltbewältigung sinnhaft abläuft. Es unterscheidet und bezeichnet Unterscheidungen, es beginnt dieses Meta-Schema zu beherrschen und sich in ihm (als Stelle der einzigen Dauerpräsenz) von anderem zu unterscheiden und sich selbst in der Differenz zu bezeichnen. Aber seine Inthronisation ist offensichtlich an den Schematalieferanten par excellence geknüpft, an Kommunikation.

Von diesem Zeitpunkt an wird ein (hinreichend gebildeter) Beobachter nichts mehr finden, was nicht schon gefunden worden wäre, wird nichts mehr unterschieden werden, was nicht schon unterschieden und bezeichnet worden wäre. Das Kind bewegt sich in der Verlautbarungswelt, also im Rahmen der Nichteinzigartigkeit, im Rahmen der Kommunikabilität, und was immer seine einzigartigen Erfahrungen sein mögen, sie sind nicht kommunikabel, sie können nicht bezeichnet werden, es sei denn (um Lacan zu paraphrasieren): im Register der Sozialität. Die für Freud und Lacan zentrale und unerhörte Überlegung ist dann, daß das Original des Bewußtseins (das Bewußtsein in der Unterscheidung von Kommunikation und Bewußtsein) sich als Symptom meldet, sei es psychotisch oder neurotisch oder einfach nur somatisch: als Nichtkommunikation, so scheint es. Vielleicht kann man hier noch anders optieren, ich komme darauf zurück.

C. Das Begehren

Im Kern der psychoanalytischen Anthropologie findet sich (wie in allen Theorien) eine fundierende Unschärfe.[144] Da gibt es etwas, das bei Freud *Wunsch* heißt, aber auch bei ihm nicht die vollkommene Klarheit eines Begriffes erlangt, nur eine Art *dunkler Evidenz*, an der andere Autoren anschließen konnten, indem sie das Wort nicht direkt übersetzten, wie etwa in der englischen Tradition durch *wish*, sondern mit *désir, desiderio, desejo, deseo*, es also auffüllten mit einem umfangreicheren Sinn, dessen Rück-

144 Man könnte formulieren: ein *fuscum subnigrum*, wenn man darauf aufmerksam machen will, daß dieser dunkle Grund alles durchgründet. Vgl. Deleuze, *Die Falte*, a.a.O., S. 97.

übersetzung auf Wörter führt wie Begehren, Begierde, Verlangen.[145] Trotz der weiteren begrifflichen Verdunkelung, die mit diesem Sinnausbau verbunden ist, haben diese Begriffe (insbesondere bei Lacan) Karriere gemacht. Ich vermute, das liegt unter anderem daran, daß das Begehren wie eine anthropologische Konstante eingesetzt werden kann, von der aus die Verwicklungen, die Brechungen, die Tragödien in der Entwicklung des Menschen erklärt werden. Dahinter steckt der Topos der (vergeblichen, verkennenden, mißgeleiteten ...) Liebe, die Idee einer ubiquitär vorfindlichen Kraft, die die Menschen treibt und scheitern läßt.[146] Das Geschick des Scheiterns ruft die Psychoanalyse auf den Plan, die im Begehren das Subjekt gleichsam aufrechterhält, das sie zweifelsfrei zu ihrer Rechtfertigung auch dann noch benötigt, wenn man die Idee des Unbewußten an die Sprache knüpft. Man kann schließlich nicht sagen, daß die Sprache etwas ›begehrt‹, allenfalls, daß sie die Topoi, die Tropen, die Schemata des Begehrens bewegt, und nicht einmal wir Systemtheoretiker könnten verzerrungsfrei sagen, daß die Kommunikation (die doch keine Gefühle, keine Wahrnehmungen, keine Leidenschaften kennt) der Träger des Begehrens sei. Oder doch?

Ja doch, wir verstehen uns dazu, zu behaupten, daß sich das Mythologem des Begehrens noch einmal gewinnbringend reformulieren läßt.

145 Vgl. nur Laplanche/Pontalis, *Das Vokabular der Psychoanalyse*, a.a.O., S. 634 f. Ich zitiere noch einmal die entscheidende Stelle bei Freud: »Eine solche Regung ist das, was wir einen Wunsch heißen; das Wiedererscheinen der Wahrnehmung ist die Wunscherfüllung, und die volle Besetzung der Wahrnehmung von der Bedürfniserregung her der kürzeste Weg zur Wunscherfüllung. Es hindert uns nichts, einen primitiven Zustand des psychischen Apparats anzunehmen, in dem dieser Weg wirklich so begangen wird, das Wünschen also in ein Halluzinieren ausläuft.« GW, Bd. II/III, S. 571 (*Die Traumdeutung*).

146 Statt Liebe könnten wir auch den all dies plausibilisierenden Begriff der Sexualität hinzuziehen. Wer wollte leugnen, daß unsere Binnenerfahrungen von Begehren, Begierde, Verlangen hier ihr plausibles Modell haben? Ob wir nun fressen, saufen, huren, man kann das alles auf fehlgeleitete Strukturen des Begehrens beziehen.

Kommunikationstheoretisch gesehen, tritt zu der Synthese der drei Selektionen Mitteilung, Information, Verstehen eine weitere hinzu, die, wenn man geneigt ist, topologisch zu formulieren, außerhalb der Kommunikation liegt, aber mit jeder Kommunikation ins Spiel gerät, so sehr, daß man schließlich sagen kann, sie strukturiere das, was auf der Ebene der Kommunikation geschieht.[147] Diese vierte Selektion ist die *Annahme/Ablehnung des Sinnes, der in der Kommunikation offeriert* wird, also die durch die Kommunikation präsentierte Ja/Nein-Alternative. Die Bezeichnung der Ja-Seite wollen wir *Ratifikation* nennen. Dabei wird unterschieden werden müssen zwischen der Gleichgültigkeit von Kommunikation gegenüber Ratifikation oder Nichtratifikation (sie baut in beiden Fällen Strukturen auf) und den Effekten, die die Nichtratifikation in psychischen Systemen auslöst.

Diese Unterscheidung ist nicht einfach zu handhaben. Das Problem liegt darin, daß wir es mit zweierlei Formen des Verstehens von Sinnzumutungen zu tun haben, mit dem sozialen und dem psychischen Verstehen. Das soziale Verstehen ist, verkürzt gesagt, das Fallen eines Anschlußereignisses, das von einem weiteren Ereignis als Anschlußkommunikation aufgefaßt wird.[148] Ebendeshalb ist Kommunikation in ihren Syntheseakten komplett unabhängig davon, ob sie es mit einem korrekten oder inkorrekten Verstehen zu tun hat. Auf der Ebene der Strukturen, die sie aufbaut, können Äußerungen fallen, die sich mit der Inkorrektheit von Verstehen beschäftigen, aber als Ereignisse sind sie schon Anschlüsse, mithin Fortsetzungen von Kommunikation.

Das verhält sich anders mit psychischen Systemen, die durch ihre Mitteilungen (ihre Promulgationen) den Lärm erzeugen, aus dem das soziale System auswählt, was als mitgeteilte Information, an die sich durch weitere Mitteilungen anschließen läßt, gelten kann und was nicht. Gerade deshalb ist jene vierte Selek-

147 Wir orientieren uns im folgenden weitgehend an Luhmann, *Soziale Systeme*, a.a.O., S. 203 ff.

148 Womöglich hat dies W. L. Schneider, *Die Beobachtung von Kommunikation. Zur kommunikativen Rekonstruktion sozialen Handelns*, Opladen 1994, dazu verführt, Dreizügigkeit in die Theorie der Kommunikation einzuführen.

tion der Kommunikation extern. Sie setzt die psychophysische Umwelt voraus, in der Kommunikation Folgen hat. Jemand spitzt die Lippen verführerisch zu, jemand anderer legt seine Lippen darauf und unterschreitet damit den gebotenen Abstand zwischen zivilisierten Menschen Mitteleuropas. Wenn die Lippenspitzerin nur ein Liedlein pfeifen wollte, wird die anschließende Kommunikation heftig werden, aber sie wird fortgesetzt. Selbst eine schallende Ohrfeige ist aus dem (in diesem Fall antiquierten, aber gerade deshalb raffinessefähigen) Repertoire kommunikativ verfügbarer Sinnmaterialien gegriffen und fällt unter die Rubrik des Verstehens, gleichgültig, ob der Küsser, die Küsserin sich psychisch verstanden fühlen oder nicht.

Das eine ist also die Reproduktion von Kommunikation, die so lange läuft, wie sie Ereignisse aufgabelt, die als *utterances*, als negationsfähige Einheiten begriffen werden können. Das andere ist die durch Kommunikation inaugurierte »Zustandsänderung« psychischer Adressaten.[149] Es finden in der Umwelt jeder Kommunikation (andernfalls gäbe es sie nicht) *psychische Prozesse der Sinnentnahme* statt. Sinn, der sich kommunikativ inszeniert, wird dabei eingestellt in eine differente (psychische) Kontextualität.[150] Prozesse der Sozialisation haben zwar dafür gesorgt, daß diese psychische Differentialität weitgehend *entarbitrarisiert* erscheint (im allgemeinen bekommt man keine Schläge, wenn man Brötchen verlangt, jedenfalls solange man sich im muttersprachlichen Kontext bewegt), aber diese Entarbitrarisierung greift nie so durch, daß die Differenz verschwindet.[151] Die Differenz selbst schafft die Grundlage zur Annahme/

149 Luhmann, *Soziale Systeme*, a.a.O., S. 203. Luhmann argumentiert an dieser Stelle so, als sei die dritte Selektion psychisch: »Das Verstehen ist jene dritte Selektion, die den Kommunikationsakt abschließt: Man liest ...« Wir ziehen diese Verkürzung nur auseinander, indem wir noch einmal ausdrücklich festhalten, daß das soziale Verstehen vom psychischen Verstehen (und gerade bei Luhmann) scharf zu unterscheiden ist.

150 Dies ist der Grund, warum die Übertragungsmetapher im Blick auf Kommunikation nicht funktioniert.

151 Allen Versuchen der Gleichschaltung zum Trotz. Im übrigen sehe ich hier zwei Ausbaurichtungen: in Richtung verminderter Arbitrarität (Sozialisation, Erziehung, totalitäre Systeme) und in Richtung vermehrter Arbitrarität, also in Richtung dessen, was gemeinhin als psychische Störung, als Behinderung, als Pathologie

Ablehnung *entnommenen Sinnes, und sie ist die Basis der kommunikativ immer mitgeführten Unterstellung, die Ratifikation dieses Sinnes könne verweigert werden.* Dabei wird, am Rande bemerkt, durchgegriffen auf die Umwelt des Kommunikationssystems, also so verfahren, als ob andere beteiligte psychische Systeme die Sinnzumutungen offerierten.[152] Für die Beteiligten ist das Kommunikationssystem selbst hinter seiner materialen Auffaltung, hinter seiner Textur, hinter dem Mantel aus Fleisch und Geräuschen unsichtbar.

Die psychischen Sinnentnahmeprozesse haben es mit der fundamentalen kommunikativen Doppelbewandtnis zu tun: mit den Kommunikabilien, der Fremdreferenz, der Information *und* mit der Mitteilung, dem Appell, der unterstellten Intention oder Strategie. Die Information (als der Unterschied, der im System den Unterschied macht) hinterläßt das System immer als ein geändertes. Es weiß jetzt (oder meint zu wissen), daß dies oder das der Fall ist (oder zu sein scheint), und es kann das für sich selbst nicht abweisen, wie sehr es Routinen der Verleugnung gegenüber anderen Personen beherrschen mag.[153] Der Appell sagt, du mußt jetzt dies oder das tun (oder unterlassen oder verweigern), und genau hier kann das adressierte System blockieren oder ratifizieren oder scheinbar ratifizieren oder scheinbar blockieren. Entscheidend ist, daß jede Kommunikation diese Lage schafft, eine strapazierende Situation, der sich niemand entziehen kann.[154]

gedeutet wird. Siehe zum Versuch, diese Deutung kommunikationstheoretisch zu explizieren, die Studie über Autismus in Fuchs, *Die Umschrift*, a.a.O.

152 Das ist eine ziemlich sinnwiderständige Formulierung, aber ich erinnere daran, daß zwischen die Köpfe die Sphäre bewußtseinsfreier Sinnermittlung gestellt ist. Der Sinn, der eine Rolle spielen kann, entsteht auch für die Beteiligten post festum.

153 Es kann dann für sich selbst hergehen und beschließen, peinliche Informationen nicht zu bearbeiten. In der Psychoanalyse wäre das die Verdrängung, deren Verdrängtes aber das System disbalanciert. Wir würden vielleicht sagen, daß der Aufwand der Nichtbearbeitung einer verfügbaren Information das System in eine gleichsam konternde, ausweichende, umgehende Autopoiesis treibt. Und möglicherweise in eine deviante Morphogenese.

154 Kommunikation ist also anstrengend. Sie stellt eine Belastung des Bewußtseins dar, obwohl sie gleichzeitig der Anlaß zur Reproduktion des Bewußtseins ist. Siehe zur These, daß deshalb bewußt-

Dies kann man nun ausarbeiten in einer Theorie der *Pressionen*, die kommunikativ eingesetzt werden, um die Ratifikation von Selektionsofferten zu erreichen. Man kann sich hier der Konflikt- und Transaktionstheorien und der Theorien symbolisch generalisierter Kommunikationsmedien bedienen[155]; man könnte zeigen, daß die Nichtverfügung über Pressionsmöglichkeiten (zum Beispiel über Sprache, Rhetorik, Ironie etc. oder über Geld, Liebe, Macht etc.) in die Gewalt treibt, also in die Substitution der kommunikativen Ratifikation durch Körpereinsatz.

Wir wollen aber statt dessen dieses ungemein wichtige (und sehr vernachlässigte) Theoriestück einschränken auf die Frage, ob es nicht eine fundamentale Sinnofferte gibt, die immer im Spiel ist hinter mannigfaltigen Verkleidungen.

2. *Die zentrale Offerte: Adressabilität*

Damit Kommunikation funktioniert, muß sie sich in eine Art Simplifikation treiben.[156] In der Sprache, die wir oben unter Rückgriff auf Deleuze benutzt haben, wäre zu formulieren, daß sie sich Materialisationspunkte schafft, daß sie sich material entfaltet, sich Knick- und Umlaufstellen kreiert, in denen sie erscheinen kann, ohne zu erscheinen. Sie hat diese Epiphanie (die eben nicht die Epiphanie der Autopoiesis ist, nicht die der selbstreferentiellen Synthese, die jenseits des Bewußtseins abläuft) in der *Zurechnung auf Mitteilungsakte*. Das Mitteilen muß als Handlung ›kapiert‹ werden, ein Verhaltensstrom muß zerlegbar sein in Ereignisse, die als datierbare Mitteilungen einleuchten

seinsentlastende Techniken erfolgreich sein können, Fuchs, »Vom Zeitzauber der Musik. Eine Diskussionsanregung«, a.a.O.; ders., »Die soziale Funktion der Musik«, a.a.O.; ders., »Musik und Systemtheorie – Ein Problemaufriß«, a.a.O. Vgl. ferner mit Blick auf das Theater: ders., »Die moderne Beobachtung kommunikativer Ereignisse: Eine heuristische Vorbereitung«, in: F. Balke, E. Méchoulan und B. Wagner (Hg.), *Zeit des Ereignisses – Ende der Geschichte?*, München 1992, S. 111-128. Die These der belastenden Kommunikation findet sich ausgearbeitet auch in der Autismusstudie in Fuchs, *Die Umschrift*, a.a.O.

155 Vgl. Luhmann, *Soziale Systeme*, a.a.O., S. 203 ff.

156 Ebd., S. 227 f.

und zu kommunikativen Anschlüssen Veranlassung geben.[157] Die Molluske Kommunikation stattet sich so mit einem Skelett aus, mit einem Stützgestell oder Tragwerk, dessen Kreuzungspunkte (oder Knoten) es in die Lage versetzen, sich selbst zu beschreiben, Kausalitäten zu ermitteln, die sich auf Personen beziehen, Verantwortungen zu errechnen, Intentionen zu unterstellen etc. Kommunikation beobachtet sich auf diese Weise selbst, sie markiert, wie Luhmann sagt, ihre »elementare(n) Einheiten« so, »daß sich Abstützpunkte für Anschlußhandlungen ergeben«.[158]

Kommunikation erzeugt Mitteilende und Mitteilungshandeln. Wie man weiß, schert sie sich dabei selten darum, ob jemand etwas wirklich mitteilen wollte oder ihm eine solche Absicht nur unterstellt wurde. Im Gegenteil, es müssen Sonderroutinen entwickelt werden, die sich darauf beziehen, wie man vermeidet, an Kommunikation beteiligt zu sein, Sonderroutinen, deren Schwierigkeit darin besteht, daß sie selbst nicht wiederum als Mitteilungen darüber aufgefaßt werden, daß man nicht wünscht, beteiligt zu sein. Es geht also um die Vermeidung der Demonstrativität des ›Ich will nicht‹, und jeder, der mitunter diesen Wunsch hegt, wird wissen, wie schwer es ist, sich dem Zurechnungs- und Simplifikationssog der Kommunikation zu entziehen. Er ist so massiv, daß die bekannten Theoreme des ›Man kann nicht nicht kommunizieren‹ wie Evidenzen behandelt werden.[159]

157 Das ist gespreiztes Deutsch, das aber sonderbarerweise sehr viel genauer paßt als das Verb ›veranlassen‹. Denn jene Ereignisse tun, was sie tun, nicht von sich aus.

158 Luhmann, *Soziale Systeme*, a.a.O., S. 229. Handlungen (Selektionen) werden immer Systemen zugerechnet, und wie man hinzufügen könnte, im Normalfall psychischen Systemen. Wenn das nicht der Fall ist, also das Sozialsystem als Urheber von Selektivität begriffen wird, dann kann die anonyme und bedrohliche Macht heraufbeschworen werden, die diejenigen, die ›eigentlich handeln‹, versklavt. Zu diesem Thema gibt es aus der Ecke der Kulturkritik vielerlei Variationen. Großartig behandelt ist es bei Kafka. Der Mechanismus selbst (das Zurechnungsschema Erleben/Handeln) wurde auch von Freud gekannt. Vgl. im Kontext der Projektion und des Beachtungswahns (heute: Spotlight-Effekt): S. Freud, *Briefe an Wilhelm Fliess 1887-1904*, hg. von J. M. Masson, Frankfurt am Main 1986, S. 109.

159 Obwohl sie es schon in der Formulierung nicht sind. In unserem

Da ist also auf der einen Seite die in die Kommunikation eingebaute mächtige Drift, Mitteilungshandeln zu identifizieren und damit via Zurechnung die psychische Umwelt gleichsam wie ein Wal das Plankton einzustrudeln; aber da ist auf der anderen Seite das selten gesehene Problem, wie Kommunikation es dann vermeidet, nicht alles, was in ihrer Umwelt geschieht, als Abstoßpunkt für eigene Operationen in Anspruch zu nehmen.[160] Das ist die Frage nach der Grenzbildung sozialer Systeme im Blick darauf, was als Mitteilungshandeln unterstellt werden kann und was systematisch nicht.[161]

Aber es ist weniger diese spannende Frage, die hier interessiert, sondern das Konstatieren des einfachen Umstandes, daß Kommunikation offensichtlich *in dieser Hinsicht ein- und ausschließen kann*. Es geschieht, daß sie Ereignisse, die als *utterances* behandelbar wären (zum Beispiel das, was eine Person sagt, schreit, zeigt), nicht behandelt, dann sind sie sozial nichtexistent, irrelevant, allenfalls eine psychische Erinnerung. Es geschieht auch, daß sie solche Ereignisse dezidiert nicht behandelt, etwa wenn sie (wie in der Form der Interaktion) physisch Anwesende als nichtanwesend auffaßt oder wenn bestimmte Adressaten als nicht selbstreferenzfähig eingestuft werden (schwer geistig Behinderte etwa) oder aus irgendwelchen anderen Gründen nicht in Betracht kommen. In der einschlägigen Literatur würde man das Ansteuern/Nichtansteuern von (potentiellen) Adressaten mit dem Schema *Inklusion/Exklusion* bearbeiten.[162] Wir le-

Theorieansatz ist ja zunächst einmal klar, daß überhaupt niemand kommunizieren kann.

160 Ich verdanke diese Anregung Alois Hahn. Er machte sie bei einem seiner Suppenseminare, und ich habe ihre Tiefgründigkeit erst sehr spät begriffen.

161 Siehe als Studie zum Problem, was geschieht, wenn selbstreferente Agenten überall impliziert sind, P. Fuchs, »Die archaische Second-Order Society. Paralipomena zur Konstruktion der Grenze der Gesellschaft«, in: *Soziale Systeme* 2, 1, 1996, S. 113-130.

162 Vgl. N. Luhmann, »Inklusion und Exklusion«, in: H. Berding (Hg.), *Nationales Bewußtsein und kollektive Identität. Studien zur Entwicklung des kollektiven Bewußtseins der Neuzeit* 2, Frankfurt am Main 1994, S. 15-45; R. Stichweh, »Inklusion in Funktionssysteme der modernen Gesellschaft«, in: R. Mayntz u. a., *Differenzierung und Verselbständigung: Zur Entwicklung gesellschaftlicher Teilsysteme*, Frankfurt/New York 1988, S. 261-293; P. Fuchs,

gen den Akzent darauf, daß Exklusion nicht der Präferenzwert des Schemas ist, weil Exklusion (wenn jemand inkludiert werden will) dramatische psychische Folgen hat. Exklusion betrifft das Bewußtsein, weil ohne Beteiligung an Kommunikation jene Irritation ausfällt, die für seine Reproduktion unverzichtbar ist. Es muß prinzipiell an Kommunikation beteiligt sein können, nicht immer und überall, aber mindestens dann und wann und als System des Anfangs ohnehin. Bewußtsein käme, wir haben das gesehen, ohne Kommunikation nicht einmal zustande. Es ist deshalb von ungeheurer Bedeutung, daß das psychische System als Adressat für Handlungszurechnung (als in dieser Hinsicht relevantes selbstreferentielles System) bemerkt werden kann, daß es zählt im Rechnungswesen der Kommunikation.[163]

In Generalisierung von bisher Vorgetragenem könnte man formulieren, daß in jeder Kommunikation nicht nur beliebige Sinnofferten ratifiziert werden sollen, sondern immer die beteiligten Subjekte selbst. Der Subjektstatus selbst ist davon abhängig, daß der Prozeß der Selbstsimplifikation von Kommunikation (die Zurechnung, die Ereignisse in Handlungen transformiert) über jemanden läuft. Das begründet dann unsere ungeheure Empfindlichkeit bei als Verachtung, Ignorieren, Überhören etc. deutbaren Phänomenen, und ebenso, daß wir offenbar alles tun, um ›anerkannt‹ oder besser ›anerkennbar‹ zu sein. Wir waschen die Haare, desodorieren Achselhöhlen, reden die dem sozialen Kontext angemessene Sprache, fürchten den Klatsch (wie sehr wir ihn selbst betreiben) und verbringen mit diesen Zubereitungen viel Zeit, deren Funktion in unserer Adressabilität liegt.[164] *Die Ursache, ins*

D. Buhrow und M. Krüger, »Die Widerständigkeit der Behinderten. Zu Problemen der Inklusion/Exklusion von Behinderten in der ehemaligen DDR«, in: P. Fuchs und A. Göbel (Hg.), *Der Mensch – das Medium der Gesellschaft*, Frankfurt am Main 1994, S. 239-263; P. Fuchs und D. Schneider, »Das Hauptmann-von Köpenick-Syndrom. Überlegungen zur Zukunft funktionaler Differenzierung«, in: *Soziale Systeme* 2, 1995, S. 203-224. Wir werden weiter unten unter dem Stichwort ›Interpenetration‹ das Schema Inklusion/Exklusion noch tiefer verankern.

163 Siehe zur Bedeutung der ›Vertäuung‹ des Menschen schon durch seinen Eigennamen: W. Benjamin, »Goethes Wahlverwandtschaften«, in: ders., *Gesammelte Schriften*, hg. von R. Tiedemann und H. Schweppenhäuser, Bd. I/1, Frankfurt am Main 1980, S. 292.

164 Ich habe diese Beispiele gewählt, aber jeder, der anders verfährt,

Dramatische gewendet, ist einfach: Komplettexklusion würde uns töten, wir würden unter ihrer Bedingung nicht einmal (als ein Bewußtsein) gelebt haben.

Adressabilität ist die conditio sine qua non für die Genese und die Reproduktion von Bewußtsein.[165] Eine Anschrift zu sein, in kommunikativen Kontexten zu zählen, ein eigenes Gewicht zu haben, kurz, gehört zu werden und hörenswert zu sein, das ist die Sinnofferte, die vor der Ratifikation aller anderen Selektionszumutungen ratifiziert werden muß. Das Bewußtsein muß, weil es Kommunikation gibt und weil Kommunikation zur Selbstsimplifikation gezwungen ist, Daueraufmerksamkeit abzweigen im Blick darauf, daß seine Adressabilität noch garantiert ist, und es reagiert seismographisch auf die geringsten Gefährdungen.[166] Verschärft wird die Lage dadurch, daß es – gesetzt, Adressabilität sei die fundamentale Sinnofferte, die das Bewußtsein in jeder Kommunikation durchsetzen muß – keine Wahl gibt, obwohl es um eine Wahl geht.

Adressabilität fiele nämlich unter das Gesetz der vierten Wahl. Die Kommunikation eröffnet die Wahl der Annahme/Ablehnung auch in diesem Fall, und diese Wahl hat die Eigentümlichkeit, daß sie selbst, daß also die Alternative nicht verworfen werden kann, ohne daß das Verwerfen unter die Schemaseite der Ablehnung fiele: »Liebst du mich?« – »Das steht nicht zur Debatte!« Oder noch anders ausgedrückt: Man kann Adressabilität nicht verwerfen, ohne über Adressabilität zu verfügen. Man kann sagen, daß es für einen nicht wichtig ist, als Zurechnungspunkt für Mitteilungen in Betracht zu kommen, aber man kann nicht vermeiden, daß man wenigstens für diesen Fall, für diese Kundgabe, Zurechnungspunkt sein muß. Und entscheidend ist (nur

Ringe durch Nase, Brustwarzen, Genitalien zieht, Tätowierungen schätzt oder lange fettige Haare, die im Nacken auf den Hemdkragen aufstoßen, wer gern zwei verschiedenfarbige Socken anzieht oder Kampfhunde führt, kurzum, jeder baut die fundamentale Offerte der Adressabilität aus.

165 So erklärt sich die Brutalität der Strafe, die da Nichtbeachtung heißt, sei es bei Kindern, sei es bei Ehepartnern, und so erklärt sich auch, daß diese Strafe zu eminenter Aktivität führt bei dem, der von ihr getroffen wird. Es geht schlechterdings um alles.

166 Die Reaktionen darauf können, versteht sich, bezogen auf Schichten und soziale Kontexte differieren.

so konnten wir die Theoriestücke Selektionsofferte und Selbstsimplifikation zusammenbringen), daß *das Funktionieren/Nichtfunktionieren eigener Adressabilität am Anschlußhandeln ablesbar ist*, an Verhaltenspromulgationen von *embodied consciousness*, sagen wir es einfach: von Menschen.

Bezogen auf unsere Diskussion, ist die Projektion der Kommunikation der zuhörende, der antwortende, der reagierende Andere. Auf dem Projektionsschirm des Bewußtseins erscheint er und nicht: die Kommunikation, erscheint die materiale Auffaltung, die Stimme, der Blick, die Geste, das Streicheln, das Schlagen, das Weggehen und wieder nicht: die kommunikative Synthese, die Autopoiesis des sozialen Systems. Die Verankerung der eigenen Adressabilität wird in Menschen gesucht, auf Menschen zugerechnet, und es bedarf hohen Aufwandes, hinter dieser Wahrnehmungsstruktur Strukturen des Sozialsystems zu entdecken, und noch mehr Aufwandes, Menschen davon zu überzeugen, daß der Verlust ihrer Adressabilität (eines Teiles) nicht durch jemanden (einen oder mehrere Menschen) verursacht wurde.[167]

Die Kommunikation, darauf kommt es uns an, schleift diesen Kurzschluß auf den Menschen ein. Sie ist es, die die Formen und Möglichkeiten von Adressabilität generiert und auf der Gegenseite, im psychischen System, die buchstäbliche Lebensnotwendigkeit, adressabel zu sein. Kommunikation drillt den Menschen auf den Menschen ein, weil sie sich der Wahrnehmung entzieht.[168] Jede, aber auch jede Anthropologie hat hier ihren (sie ermöglichenden) Defekt. Die Psychoanalyse (und alle Formen der Wissenschaft und der Therapie, die von ihr ausgehen), sei sie nun in einer phantasmatischen oder orthopädischen Anthropologie verfangen, ist dieser Verkennung verhaftet, einer Verkennung, die keine Verfehlung ist, weil sie den Strukturen der Kommunikation vollkommen entspricht.[169] Sie ist systematisch im allergenauesten Sinne des Wortes.

167 Hierher gehört all das, was man unter systemischer Therapie zusammenfassen könnte, die eben mit dieser Fundamentalillusion zu kämpfen hat.

168 Wir verfahren nicht so, aber wir könnten natürlich sagen: Der Signifikant ist von allem Anfang an der andere. Aber wer will schon Eulen in die Soziologie tragen?

169 Das Projekt der Umschrift zielt ja gerade darauf, die Verkennung aufzudecken.

Und wie es sich mitunter fügt, das Eindrillen des Menschen auf den Menschen (und damit auch jenes systematische Verkennen) hängt an der invisiblen Synthese der Kommunikation. Sie ist, wenn nicht gar unbewußt (eine Frage, die wir prüfen werden), so doch nichtbewußt. Sie formiert an zentraler Stelle die Genese des psychischen Systems und erscheint doch nicht in den Projektionen des Bewußtseins. Dort spult sich ein *Stattdessen* ab. Es mag sein, daß Lacan dies meint, wenn er sagt: »Die Beziehung des Subjekts zum Andern entsteht zur Gänze im Prozeß einer béance/eines Klaffens.«[170] Sollte er das nicht so gemeint haben, fügen wir hinzu, dieses ›Klaffen‹ ist nichts anderes als die unsichtbare Synthese der Kommunikation.

3. Also dann: Laios, Jokaste und Ödipus als quälbare Adresse

In dieser Arbeit geht es nicht vordringlich darum, psychoanalytische Befunde mit den Anschlußmöglichkeiten neuer und lebendiger Terms auszustatten. Aber nichts hindert uns daran, daß wir an die Stelle jener Verkennung, von der gerade die Rede war, das kommunikationsbedingte Problem der Adressabilität plazieren und behaupten: Wenn überhaupt von einer universal anfallenden Crux des Menschen die Rede sein kann, von einer Grundgegebenheit, in der alle Möglichkeiten des Scheiterns und des Gewinnens eingeschrieben werden, dann ist es die durch Kommunikation immer mitgeführte Notwendigkeit, für Kommunikation adressabel zu sein. Wir fänden nichts dabei, in psychischer Systemreferenz vom *Fundamentalbegehren* zu sprechen, wenn damit gemeint ist, daß der Anschluß des Systems des Anfangs an Kommunikation so unverzichtbar ist, so lebenszentral, daß der bloße Anspruch, gehört zu werden, Adresse zu sein, im Krisenfall gewaltige Energien freisetzt, die alles übersteigen, was man sonst an die Stelle des Begehrens setzen könnte: Libido, Liebe, Sexualität oder was immer. Nichts von alledem wäre erreichbar für eine Nichtadresse, für einen sozialen Nicht-Ort, für den, der nicht in Frage kommt.[171] Ebendies macht die Inklusions-/Exklu-

170 J. Lacan, *Die vier Grundbegriffe der Psychoanalyse. Das Seminar*, Buch XI, Weinheim/Berlin 1996 (4. Auflage), S. 217.

171 Natürlich muß gelernt werden, daß man nicht in allen Hinsichten

sions-Problematik so interessant und letztlich auch dramatisch.

Daß wir nichts dabei fänden, von einem fundamentalen Begehren der Adressabilität zu sprechen, ergibt sich daraus, daß die Lacansche Erweiterung des Wunschbegriffes bei Freud, die Transformation zum *désir*, parallel zu unserer Theorie konstruiert ist, nur daß an die Stelle dessen, was wir Kommunikation nennen, die Sprache tritt, in der das Subjekt des Aussagens (nicht der Aussage) das Begehren konstituiert. »Das Begehren ist nicht das, was das Sprechen ausdrückt oder auszudrücken vorgibt, sondern das, was das Sprechen konstituiert, das, was es ist. Und wenn es eine Untertänigkeit, eine Subjektivierung (*assujettissement*) voraussetzt, so gilt diese dem Gesetz des Sprechens, das heißt, dem Begehren des Anderen – und nicht einem beliebigen anderen.«[172] Soviel auch an Lacans Theorie miß- und schwerverständlich sein mag, man wird nicht darüber streiten müssen, daß es um den Anderen geht, um die Unterjochung, die von ihm befürchtet werden muß, um das Umleiten der frühen symbiotischen *jouissance* auf stellvertretende Objekte, um die Distanzierung vom Anderen im postspekularen Projekt der Individuation, um die Geschicke letztlich der Adressabilität und der Möglichkeiten der Adressierung.[173]

Im Duktus unserer sehr abstrakten, im Detaillierungsgrad mit Freud und Lacan nicht vergleichbaren Argumentationslinie sagen wir, daß diese Geschicke nichts anderes sind als der *Prozeß fortschreitender Exklusion unter gleichzeitigem Einbau immer neuer Inklusionsfelder*. Nichts liegt näher als die Einsicht, daß die

und zu allen Zeiten und bei jedem für irgend etwas in Frage kommt. Dafür bilden sich soziale Routinen aus, die ich unter dem Begriff Konzessivität fassen würde, einem Begriff, der im unmittelbaren Zusammenhang mit den symbolisch generalisierten Kommunikationsmedien gebildet ist. Das Nichterlernen von Konzessivität (Hedonismus zum Beispiel) führt in soziale Katastrophen. Vgl. dazu P. Fuchs, »Die Nationen des Ostens und das Hobbesian Problem of Order – ein systemtheoretischer Essay«, Ms., Groß Wesenberg 1995.

172 A. Juranville, *Lacan und die Philosophie*, München 1990, S. 123.

173 Ich finde es bezeichnend, daß Lacan die Metapher der Lamelle ins Spiel bringt, des Superflachen, das sich der Wahrnehmung entzieht, ein invisibles Organ gleichsam, das durch die Prozesse des Lebens immer involviert wird: wie eine Nichtexistenz, die wirkt. Vgl. Lacan, *Die vier Grundbegriffe der Psychoanalyse*, a.a.O., S. 207.

durch Kommunikation eingeschliffene Notwendigkeit der Adressabilität (in psychischer Systemreferenz: das fundamentale Begehren, in dem es um Überleben geht in einem viel weitergehenden Sinn als nur dem der Vermeidung des physischen Todes) mit der anderen Notwendigkeit einhergeht, die Totalität des Anspruchs, Adresse zu sein, aufzugeben und Adressabilität zu *partialisieren*.[174] Die Totalinklusion des Anfangs (das Überborden der Mitteilungsselektionen, die Überforcierung von Selbstreferenz, die Prozesse der Augmentation und der Amplifikation von Kommunikation, ja selbst die Inklusion des Körpers in all seinen Aspekten) kann nur befristet aufrechterhalten bleiben. Im Augenblick, in dem das Kind Adresse der Kommunikation wird (und nicht nur die Simulation einer Adresse ist wie das System des Anfangs), kann ihm partiell Adressabilität entzogen werden: Es zählt gleichsam oft (und wird alles tun, um zu zählen), aber es zählt nicht immer und nicht für jeden in allen Hinsichten gleich. Genau dafür (und wir sehen darin eine geniale Intuition) ist das ödipale Arrangement ein Beispiel.[175]

In der Argumentation Lacans ist dieses Arrangement gekennzeichnet durch die Intervention eines dritten subversivenTerms, meistens des Vaters, der das *non* (*nom*) einführt, damit die Mutter/Kind-Symbiose stört, aufschneidet. Er kommt als die Adresse ins Spiel, die die Totaladressabilität des Kindes, die durch die Mutter garantiert ist, coupiert (kastriert). In unserer Sicht interveniert irgend jemand; das kann sogar die Mutter selbst sein, die sich zurückzieht, abweist, verweigert, ignoriert, und schon damit die Adressabilität des Kindes partialisiert.[176] Wer immer aber die

174 Kenner der Theorie Freuds sehen hier mit Recht die Anspielung auf die Partialtriebe.

175 Aber ach, ein Beispiel nur, dessen Prominenz sich dem Umstand verdankt, daß es Geschlechtlichkeit einführt, die wir hier unterlaufen haben. Sie ist im Blick auf Adressabilität absolut sekundär. Wir können uns durchaus andere Systemmorphogenesen vorstellen, in denen Adressabilität andere Schicksale erleidet, die dann im Schema der Sexualität beobachtet werden. Wir bleiben dem gegenüber kühl.

176 Ich neige dazu, die traumatisierende Rolle der Mütter für völlig unterschätzt zu halten. Als Vater, der es mit einer Pluralität von Kindern nachhaltig zu tun hat, meine ich, daß ein Besuch auf einem Kinderspielplatz hinreichend Gelegenheit gibt, Plausibilitäten für diese Annahme heranzubeobachten. Es genügt, zu sehen, daß die

dritte Macht sein mag, deren ›Nein‹ diese Partialisierung auftreten läßt, sie ist (sei es als Präludium des Über-Ich, sei es als das ›Gesetz-im-Namen-des-Vaters‹) diejenige, die die Restriktionen der Kultur in das Feld des Anfangs zieht, die Fragmentarität der Adresse des Kindes, damit das Problem, sich auf wechselnde Adressierungen einzustellen und einzupegeln und dabei zugleich den Urverlust zu erleiden, der sich darauf bezieht, für jemanden die wichtigste, die einzige Adresse zu sein. In gewisser Weise wird die fundamentale Sinnofferte, adressabel zu sein, durch die Kommunikation, die sich erweitert und immer mehr Adressen erzeugt, gebrochen. Nie wieder wird die Erfahrung der Totaladressabilität aktuell sein können, es sei denn in ihrer raffiniertesten Spiegelung, der romantisch codierten Liebe, dieser eminent fragilen (kommunikativen!) Hochform einer Simulation der Frühe. Das psychische System des Kindes mag austesten, wie weit sein Einfluß reicht, um diese Frühe wiederherzustellen, es mag einkoten, einnässen, Sprechen verweigern, das Baby spielen und schmollen; es entkommt nicht der Partialisierung und hat dann nur noch die Wahl, für jemanden lieber Adresse zu sein als für jemand anderen, also (im ödipalen Duktus) für die Mutter zu optieren und den dritten Term beseitigen zu wollen, sich dann meinetwegen zu identifizieren mit der Macht, die sich nicht beseitigen lassen will, auf dem Wege der Konkurrenz oder der Konkordanz, rivalisierend mit dem Vater oder mit der Mutter, je nach den Schemata, die es erlernt hat.[177]

Es ist leicht, sich alle möglichen Verwicklungen vorzustellen (und das hat die Psychoanalyse getan und tut sie noch, wie man hört), die in diesem Arrangement auftreten können und zu psychischen Devianzen führen. Dabei sind historisch und gerade im

Mütter, die sich unterhalten, Gefahren für ihre Kinder erst im Grenzfall registrieren, oder zu hören, mit welcher Lautstärke die Kinder nach ihren Müttern schreien, einer Lautstärke, die wohl nur dann entsteht, wenn man sehr oft und bei zarterem Stimmeinsatz nicht gehört wird. Man muß hier aber gar nicht von Traumatisierung reden, sondern einfach die Freudsche Not des Lebens in die Diskussion bringen: Welche Mutter und welcher Vater hätte denn Zeit für Totalinklusion?

177 Es kann aber nicht zurück und die Alternative adressabel/nicht adressabel verwerfen, es sei denn in der Form des Autismus. Vgl. Fuchs, *Die Umschrift*, a.a.O.

Ödipus die sexuellen Konnotationen entscheidend geworden. Es ging und geht um das sexuelle Schicksal des Menschen. Wir sagen dagegen, es geht um mehr: Die Sinnofferte der Adressabilität muß funktionieren, sonst wird das System des Anfangs nicht an Kommunikation angeschlossen, und das bedeutet die Elimination der Möglichkeit, Bewußtsein zu entwickeln. Im Zentrum steht mehr als das sexuelle Schicksal, nämlich die Bedingung der Möglichkeit von Schicksal überhaupt: Bewußtsein. Die Bedingung der Möglichkeit von Bewußtsein ist Kommunikation, die sich ihrerseits nur reproduziert, wenn in ihrer Umwelt bewußte Systeme agieren. Was man bislang so nicht gesehen hat, ist, daß die Kommunikation als bewußtseinsfreie Sphäre der Sinnvermittlung gleichsam die psychischen Systeme abtropfen läßt in einer Form, in der alles auf Adressabilität und gelingende Partialisierung, auf ein gelungenes Management von Inklusion und Exklusion ankommt.

In traditionell psychoanalytischer Terminologie müßte man sagen, daß Laios und Jokaste stärker sind als Ödipus. Im Laios-Komplex ist formuliert, daß das Kind (Ödipus) drei Tage nach der Geburt nicht nur im Gebirge ausgesetzt, sondern zusätzlich an den Füßen verstümmelt wurde. Was heißt dies anderes als das Abschneiden von Kommunikation, als der Verlust einer Adresse? Daß Ödipus dennoch ein beachtliches Schicksal vorweisen kann, liegt daran, daß die *Kastration* nicht gelang. Im Ratschluß der Götter war nicht vorgesehen, an einem bewußtseinsfreien Wesen das Gesetz zu vollziehen. Folglich mußte Kommunikation her, und erst dann war auch Ödipus eine quälbare Adresse.

D. Das Unbewußte

Wir sind noch nicht am Ziel. Was wir gesehen haben, das ist prinzipiell die Bestätigung dafür, daß das Bewußtsein ganz und gar unter der Herrschaft der Verlautbarungswelt zu stehen scheint. Immer noch gilt, daß es in jeder Wendung auf sich selbst die Schemata benutzt, in den Semantiken operiert, die ihm durch Kommunikation angesonnen werden. Was gelungen sein mag bisher, das ist die Reparatur einer kommunikationsbedingten Fehlfunktion des Beobachters, der der Selbstsimplifikationsstruktur von Kommunikation aufsitzt und durchgreift auf das, worauf durchzugreifen ihm die Selbstverbergung von Kommunikation nahelegt, auf den Menschen und dessen Selbstreferenz, dessen *Darin*, heiße es nun Psyche oder psychisches System oder Bewußtsein oder Unbewußtes oder Subjekt. Lacan war sehr weit gegangen damit, diese Referenz auf das *Darin* zu unterbinden, aber noch lange nicht weit genug.

Wir könnten hier stehenbleiben und den Befund festhalten, der darauf hinausläuft, sagen wir es ruhig, das Proprium des Menschen, sein Bewußtsein, zu tilgen und an seine Stelle ein anderes Proprium zu setzen: die Domäne der Kommunikation. Wir hätten dann eine Ebene der Akkordierung von Selektivitäten, die wie das Auftauchen eines superhumanen Leviathan ist, die Erscheinung eines Megaspielers, der es versteht, sich zu verbergen, und der es (weil gefühllos, wahrnehmungslos) nicht nötig hat, den Triumph seiner Siege auszukosten. Wir hätten die Gesellschaft als die Instanz, der jeder Sinn sich verdankt und durch die jeder erdenkliche Sinn den Bewußtseinen introjiziert wird, und eben auch der Sinn, mit dem sie sich über sich selbst neigen. Er ist unaufhebbar sozial. Es bliebe nicht, wenn wir radikal denken, eine Restkategorie des Idiosynkratischen oder Singulären, denn gäbe es sie, wäre sie nicht kommunikabel, und was nicht kommunikabel ist, das steht auch nicht zur Selbstbeobachtung des Bewußtseins zur Verfügung. Es kann nicht bezeichnen, wo es keine Unterscheidung gibt, und alle Unterscheidungen, die es hat, stammen aus der Verlautbarungswelt. Mitunter mag es wie in einem schnellen Flimmern oder wie im Aussetzen eines Herzschlags spüren, daß dies nicht alles ist, aber im Moment, in dem es sich darauf richtet, steht es unter diesem Gesetz, daß sein Sinn nicht sein Sinn ist, und selbst wenn es seine Verzweiflung darüber (und sogar nur für sich selbst) zu formulieren sucht, benötigt es sozial angelieferte Unterscheidungen. Und selbst die abgrundtiefe Melancholie, das Erstarren in der Depression, entspricht immer noch einer sozialen Beschreibung und intern wahrscheinlich einer Reduktion auf ganz wenige Unterscheidungen.

Die Lösung Freuds (und der Anschluß Lacans) versiegelt diese Restkategorie der psychischen Singularität im Unerreichbaren der Zeit. Es war einmal etwas, das noch nicht Bewußtsein war, aber es werden sollte, und dieses Etwas hat ein Schicksal, das die Zukunft des Bewußtseins präformiert, aber selbst nie bezeichnet werden kann. Es ist im Lande *Ur* gelegen, im Urphantasma, in der Urverdrängung, und es zeigt sich nur als Nichtoriginal, als Nichtauthentizität – im Nachtrag, der immer schon *méconnaissance* ist, die Verkennung eines Originals (und die Sehnsucht nach ihm), das immer schon zeitlich sekundär ist, also nie ein Original war.

Diese Lösung hatte ersichtlich sozialen Erfolg, sie führte in das, was man heute die *psychische Reizbarkeit der Gesellschaft* nennen könnte.[178] Über die Ursachen dieses Erfolgs eines in Wahrheit extrem komplizierten Modells läßt sich spekulieren. Einer der Gründe ist aber sicherlich seine Vereinfachungsfähigkeit. Wer kennt schon Freud? Wer Lacan? Aber jeder hat eine Vorstellung vom Unbewußten, das im Konzept des modernen Menschen die entscheidende Nische besetzt hält, diejenige, in der er als Geheimnis, als Unerklärbarkeit gelten kann, in der ein Drama sich abspielt, das sogar mit mythologischen Chiffren bezeichenbar ist. Mit der Idee des Unbewußten gibt es noch das individuelle Drama, das Schicksal, die alten Götter, deren Ratschluß unerforschlich war: Da wird der Faden des individuellen Geschicks gesponnen, da setzt sich Singularität und Unverwechselbarkeit in Szene.[179] Man kann sagen, daß sich hier so etwas findet wie die letzte antisoziale Bastion.

Muß man sie wirklich erobern? Muß die Idee des Unbewußten tatsächlich durchgestrichen werden? Ersetzt werden durch das Nichtbewußte der extrastrukturellen Sphäre, des neuronalen Systems und der Kommunikation? Oder kann man mit der Systemtheorie nicht nur eine Rammbockpolitik betreiben, sondern sie so nutzen, daß die Einsichten Freuds, Lacans und der vielen anderen intelligenten Männer und Frauen, die sich damit auseinandersetzten, aufgehoben werden, ohne daß sich die Anschlußfä-

178 Vgl. meine Studie über Psychoanalyse in Luhmann/Fuchs, *Reden und Schweigen*, a.a.O.

179 In interessanter Engführung kann man sehen, daß Freud (als Aufklärer) die Tradition der Tilgung der Geister (des Spuks, der Dämonen) zwar fortsetzt, aber die Geister selbst (mit all ihrer Unheimlichkeit) in die Psychen verlagert. Mit Freud ist es der Moderne gelungen, unheimlich zu bleiben. Vgl. dazu instruktiv T. Castle, »Geisterhafte Politik. Der Glaube an Erscheinungen und die romantische Imagination«, in: W. Klein und W. Naumann-Beyer (Hg.), *Nach der Aufklärung? Beiträge zum Diskurs der Kulturwissenschaften*, Berlin 1995, S. 67-93, hier: S. 88 ff.

higkeit verliert? Kann man der Psychoanalyse ihr Subjekt, ihre Seele nehmen, ohne sie ihr zu nehmen?

1. Noch einmal: die Freudsche Innovation

Zwei Unterscheidungen spielen in der bisherigen Diskussion entscheidende Rollen, die von *bewußt/unbewußt* und die von *Kommunikation/Bewußtsein*. Sie aufeinander zu beziehen ist zunächst nicht sehr schwierig. Folgen wir Freud in seiner entscheidenden Innovation, dann wird Bewußtsein ersetzt durch das psychische System, *in* dem Bewußtsein und Unbewußtes vorkommt. Die Einheit des Psychischen wird nicht via Bewußtsein konstruiert, das nur eine (im Blick auf die Gesamtheit des Psychischen sogar inkompetente) Erscheinungsweise oder Funktion der Psyche ist. Es gibt vielmehr den Seelenapparat, die Topographie einer seelischen Landschaft, in der das Unbewußte und das Bewußte unterschiedene Strukturen (Formen) in *einem* Medium sind. Kommunikation (das Nichtpsychische) stünde in Differenz zu einem Komplettpsychischen, das intern differenziert ist. Man könnte schreiben (unter Beibehaltung unseres zentralen Terms):

Kommunikation/Psyche(Bewußtsein/Unbewußtes)

Erweitert man das Schema um die Lacanschen Einsichten, käme irgend etwas heraus wie:

Kommunikation/Psyche(Moi/Sprache/Je)[180]

Folgt man der systemtheoretischen Argumentation, die allerdings nur wenig ausgearbeitet ist, müßte man das Unbewußte durchstreichen und die Effekte, die geläufigerweise als unbewußt verbucht werden, auf andere Systemebenen verlagern[181]:

Kommunikation/Bewußtsein/Gehirn

180 Man könnte auch sagen, daß bei Lacan ein verkleideter *re-entry* stattfindet: Die Seite der Kommunikation (bei ihm: Sprache) wird eingespiegelt in die rechte Seite der Unterscheidung.

181 Vgl. etwa Luhmann, »Zeit und Gedächtnis«, a.a.O., S. 8, wo das unbewußte Operieren des Bewußtseins auf die neuronale Infrastruktur bezogen wird.

Wenn man die systemtheoretische Lösung des Schemas vorzieht, wird man sich darüber klar sein müssen, daß sie an der Freudschen Innovation vorbeigeht. Das Kopernikanische seiner Theorie und ihr anticartesisches Moment würden sich verflüchtigen, wenn man die Einheit des Psychischen wiederum im Bewußtsein fundieren wollte. Dies war der Punkt, auf den Freud immer wieder aufmerksam gemacht hat, sogar in seiner letzten Schrift, den »Some Elementary Lessons in Psycho-Analysis«.[182] Wir zeichnen das Argument noch einmal nach.

Der Irrtum, den (so Freud) alle gemacht haben, die Philosophen so gut wie die einfachen Leute auf der Straße, ist die Bindung des Psychischen an den »Charakter der Bewusstheit«.[183]

»Nun kann man nicht behaupten, dass mit dieser Entscheidung viel Licht auf das Wesen des Psychischen gefallen wäre, denn vor der Bewusstheit, einer der Grundtatsachen unseres Lebens, steht die Forschung wie vor einer Mauer ... Auch ergab sich durch die Gleichstellung des Seelischen mit dem Bewussten die unerfreuliche Folge, daß die psychischen Vorgänge aus dem Zusammenhang des Weltgeschehens gerissen und allem anderen fremd gegenübergestellt waren. Das ging doch nicht an, denn man konnte nicht lange übersehen, dass die psychischen Phänomene in hohem Grad von körperlichen Einflüssen abhängig sind und ihrerseits die stärksten Wirkungen auf somatische Prozesse üben. Wenn menschliches Denken jemals in eine Sackgasse geführt hat, so war es hier geschehen.«[184]

Der Weg aus der Sackgasse, das ist die Einsicht, daß Bewußtheit nur ein Aspekt des Psychischen sein kann, nicht einmal der zentrale Aspekt. Das Bewußtsein liefert »eine lückenhafte Erscheinungsreihe«, mehr nicht, wenn es auch die einzige ist, die wir registrieren; das Psychische als solches sei (schon Theodor Lipps zufolge) das Unbewußte, die Aufgabe der Forschung die Übersetzung der Ereignisse aus dem »Dunkel des Seelenlebens« heraus in jene Erscheinungsreihe, deren Lücken dadurch aufgefüllt

182 GW, Bd. XVII, S. 139-147. Vgl. zur Diskussion um diesen Text: J. Hardt, »Bemerkungen zur letzten psychoanalytischen Arbeit Freuds: ›Some Elementary Lessons in Psycho-Analysis‹«, in: *Jahrbuch für Psychoanalyse* 35, 1995, S. 65-85.

183 GW, Bd. XVII, S. 143. Wir haben auch, ich betone das, auf einen fundamentalen Irrtum aufmerksam gemacht, auf den Durchgriff des Menschen auf den Menschen.

184 Ebd.

werden. Wenn man (das war schon damals ein Argument) die unbewußten Vorgänge aus dem Psychischen herausnimmt und der Leibseite zuschlägt, »organischen Parallelvorgängen«, dann beseitigt man die orginäre Erkenntnisleistung der Psychoanalyse, die Bedingung ihrer Möglichkeit. Das Psychische ist, was immer es sein mag, *Eins*, und die Bewußtheit nur ein inkonstanter Teil des psychischen Geschehens.

Aber jener Vatermord geschähe auch dann, wenn man das Unbewußte in die Sprache verlegt, in die Kette der reinen Signifikanten, wenn man auf akrobatische Weise einen Teil des psychischen Parts exteriorisiert und dann interiorisiert. Die Einheit des Psychischen, diese Freudsche Revolution, würde ausgedünnt, und es fehlte nicht viel, man könnte gestützt auf Lacan und mit der Systemtheorie behaupten, das Unbewußte sei, wenn nicht die Sprache, so doch: die Kommunikation. Auch das erscheint wie eine kardinale Lösung (und manch einer wird sie erwartet haben und enttäuscht werden müssen): Sie gibt das Bewußtsein als Zentralinstanz nicht auf, sie erhält die cartesische Transparenz und fügt ihr die Differenz zu einer per se nicht bewußten Welt hinzu. Freud hätte, ich bin sicher, mit Lacan bis aufs Blut gestritten und ebenso mit einer Systemtheorie, die sich dahin verstünde, die Einheit der Psyche nur an die bewußte Operation zu knüpfen. Das tut sie zweifelsfrei, wenn sie von der Autopoiesis des Bewußtseins spricht, von der Verkettung bewußter Operationen in einem Netzwerk bewußter Operationen. Nichts ist in der Autopoiesis des psychischen Systems nicht bewußt.[185] Man kann sich kaum einen schärferen Gegensatz zu Freuds Theorie vorstellen.

Nun steht die Systemtheorie kaum in dem Verdacht, in die Kategorien der *heretics, modifiers, extenders* im Blick auf die Psychoanalyse eingeordnet zu werden.[186] Sie gehört ja nicht dazu und hat allenfalls selbst mit solchen Unterscheidungen im Blick auf ihre eigenen Betreiber zu kämpfen. Sie könnte also frei verfahren und die eigenen Unterscheidungen zur Beobachtung einsetzen. Andererseits scheint es mir wichtig zu sein, daß das

185 Vgl. Fuchs, *Die Umschrift*, a.a.O., S. 75 f. Siehe auch J.-P. Sartre, *Das Imaginäre, Phänomenologische Psychologie der Einbildungskraft*, Hamburg 1971, S. 51 ff.

186 Siehe dazu M. Bergmann, »Reflections on the History of Psychoanalysis«, in: *J. Am. Psychoanal. Assn.* 41, 1993, S. 929-955.

Problem des Unbewußten nicht einfach weggekürzt wird und vor allem nicht die Lösung Freuds, deren hohe Anschlußfähigkeit in der Gesellschaft dieses Jahrhunderts eher für als gegen sie spricht. Es muß etwas an seiner Lösung attraktiv und (wie ja noch heute) provokant gewesen sein. Und das ist etwas, das sich verlöre, wenn man das Prinzip der Einheit des psychischen Systems aufgäbe oder auf die Einheit bewußter Operationen verkürzte.

Spannungsbögen gehören nicht unbedingt in den Kontext der Wissenschaft, aber wir sind nun an der Stelle angelangt, wo Farbe bekannt werden muß. Welchen Begriff des Unbewußten könnte die Systemtheorie so modulieren, daß er in ihrem Rahmen konsistent die Frage nach der primordialen Fissur des Bewußtseins beantwortet, ohne gleich die Psychoanalyse und alle Psychologie, die mit dem Unbewußten arbeitet, auszuhebeln? Die Antwort wird nichts anderes sein können, die Kenner wissen das, als eine *instruktive Paradoxie*.

2. *Das Bewußtsein ist das Unbewußte*

Wir haben eine ganze Reihe von Vorbereitungen getroffen, mit deren Hilfe wir nun auf einen *seltsamen Chiasmus* aufmerksam machen können. Wenn das Bewußtsein ein autopoietisches System ist, dann operiert es absolut selbstblind, es ist sich seiner eigenen Operativität, wie wir weit oben erläutert haben, nicht bewußt. Es hat keinerlei *unvermittelten* Selbstzugriff. Was (um alte Metaphern aufzugreifen) auf seiner Bühne geschieht, inszeniert wird, ins Licht rückt, das ist nicht es selbst, das ist nicht der Operateur; das ist zur Gänze fremde Referenz, das ist der Prospekt, der aufgefüllt ist durch sozial angelieferte Unterscheidungen, auch dann, wenn es um Wahrnehmung geht, die auf das Unterscheidungslose ja nicht referieren kann.

Das führt zu dem seltsamen Befund, daß alles, was das Bewußtsein *bewußt* macht, der Verlautbarungswelt geschuldet ist, daß aber alles, was es dazu befähigt, seine gesamte Operativität, durch es selbst nicht bewußt *gemacht* werden kann. Jener seltsame Chiasmus fügt hinzu, daß alles, was das Bewußtsein weiß, von ihm nicht gemacht worden (es hat seine Quelle bewußtseinsextern) und in diesem Sinne ihm nicht bewußt ist. Wir bündeln das in die

Formulierung: *Das Bewußtsein ist das Unbewußte; was dem Bewußtsein bewußt ist, das ist es durch das sozial angelieferte Unterscheidungs- und Bezeichnungspotential.* Seine Projektionen liegen auf der Seite der Fremdreferenz, und das gilt auch für den Fall, daß es sich selbst in den Blick zu nehmen versucht. Jenseits dieser Projektionen ist terra incognita, die schiere Operativität. Diesseits existieren nichts weiter als kondensierte Effekte von Kommunikation.[187]

Insofern wird man die Freudsche Projektionsmetapher würdigen müssen: Das Bewußtsein ist die *Projektion einer Oberfläche*, oder in einer modernen Semantik: Die Operationen des Bewußtseins erzeugen ein *monitoring* im Verbalsinne des Wortes – ein Beobachten, ein Abhören. Aber die Erzeugung selbst entzieht sich, sie wird auf dem Monitor nicht mitabgebildet, sie ist nicht *re-entry*-fähig. In jedem Moment ist *alles bewußt unter Ausschluß der Leistungen des Systems, die dies ermöglichen.* Dies vorausgesetzt, wird klar, daß das psychische System nicht gekammert, nicht differenziert ist in Bereiche unterschiedlicher Grade von Bewußtheit.[188] Es ist die *Eins*, insofern es keine anderen Operationen gibt als diejenigen, die Bewußtheit produzieren, aber es ist die *Zwei*, insofern Operation und Beobachtung unterschieden werden. Es gibt das Unbeobachtbare des Bewußtseins (wir nennen es: das Unbewußte), und es gibt das, was das Bewußtsein beobachtet, sagen wir: das Aufblenden oder Inszenieren einer komplett fremdreferenten (eminent wahrnehmungsori-

187 Wir wollen das nicht ernsthaft tun, aber wenn man eine Transformation der Freudschen Theorie wollte, so ergäbe sich für das topologische Modell und für das Strukturmodell, daß das Unbewußte (bei uns: das System des Bewußtseins in seiner Operativität) das absolut Unzugängliche ist, das aktuelle Bewußtsein von etwas ein ephemeres Phänomen und das Vorbewußte all das, was an kommunikativ herangetragenen Unterscheidungen bewußt werden könnte, aber nicht muß und in seiner Totalität nie wird.

188 Als zusätzliches Argument könnte gelten, daß ein autopoietisches System ohnehin keine ›Dichtigkeiten‹ (*opacité*) entwickelt. Es hat ja keine Stelle, wo etwas sich verfestigen könnte. Siehe zu diesem Argument im Blick auf das ›Ego‹: Sartre, *Das Imaginäre*, a.a.O., S. 33 f. Das schließt nicht im Prinzip Differenzierung aus, wenn man festhält, daß Differenzierung nichts weiter bedeutet als Einbau von Engführungen, die nur bestimmte Operationen zulassen und andere nicht.

entierten) Welt. Soll die Operation des Bewußtseins angeleuchtet werden, müssen Beobachtungen sich ereignen, die aber nolens volens die Operation verdecken. Gott hat, als er sein *fiat lux* sprach, mit der Finsternis bezahlt, wenigstens und insoweit er das Bewußtsein meinte.

Wenn wir sagen, daß das Bewußtsein das Unbewußte ist, bezeichnen wir das Problem, daß Freud und Lacan (und andere) schier zur Verzweiflung brachte, die Unmöglichkeit der Operation bewußter Beobachtung, sich selbst zu beobachten, es sei denn in der tautologischen Form der bewußten Beobachtung selbst, also als *méconnaissance*, als systematische Verkennung. Jene Theoretiker nannten das, was sich ihnen entzog, das Unbewußte, und es gibt keinen Grund, sich ihnen nicht (mit unseren Modifikationen) anzuschließen. Sartre hat das, worum es hier geht, in der Metapher der Selbststrittigkeit formuliert:

»... die Seinsdimension jeder Tatsache des Bewußtseins ist Streitigmachen. Anders gesagt, Anwesenheit bei sich ist gleichzeitig in bestimmtem Maße Trennung von sich. ... Wir müssen ... ein elastischeres Vokabular benutzen, da wir feststellen, daß das Bewußtsein gleichzeitig das ist, was es nicht ist, da es Glaube ist, indem es einfach Bewußtsein von Glaube ist, das heißt, daß es schon etwas anderes als ein Glaube ist – und daß es zur gleichen Zeit nicht ist, was es ist.«[189]

Das, was die Metapher der Selbststrittigkeit evoziert, kann formanalytisch (unter Rekurs auf Spencer Brown) rekonstruiert werden. Dabei kann man einfach verfahren oder einen epistemologisch ungesicherten Pfad wählen.

Die einfache Variante bindet das Problem an einen Beobachter, der mit der Unterscheidung von bewußt/unbewußt (wie sie seit Freud zur Verfügung steht) arbeitet. Er bezeichnet Struktureffekte, die das beobachtete System zu steuern, zu irritieren, zu

189 Ebd., S. 43 f. U. Pothast, *Über einige Fragen der Selbstbeziehung*, Frankfurt am Main 1971, S. 80 f., kritisiert deshalb mit Recht die Metaphern der Helligkeit, der Transparenz: »Die auftretenden Qualitäten (des Bewußtseins, P. F.) sind sich aber nicht durchsichtig, im Gegenteil, sie sind sich so dunkel wie irgend etwas sonst; sie *sind* lediglich, mehr kann man von ihnen nicht sagen.« Vgl. auch ebd., S. 109, wo selbst die Reflexion auf Reflexion als »besondere Aufmerksamkeitsverteilung« beschrieben wird, die bei einer Änderung der Einstellung erlischt und sozusagen nur noch zu spät registriert werden kann.

quälen scheinen, ohne daß es im System zu einer Registratur von Ursachen kommt, mit dem Term ›unbewußt‹, das Gegenteil mit dem Term ›bewußt‹. Im Falle eines psychoanalytischen (und heute des psychologisch instruierten) Beobachters liegt die Präferenz auf ›unbewußt‹. Dafür gibt es gesellschaftsstrukturelle Gründe, die wir jetzt ausblenden.[190] Auf der Ebene der Formanalyse kann man jedenfalls sehen, daß es dabei nicht zu einer iterierenden Bezeichnung des Unbewußten kommt, also zur *condensation*, zum Ausschluß einer Ausarbeitung des Begriffes, sondern zu einer Wiederholung des *crossing*, des Kreuzens der Grenze zwischen den Terms: vom Unbewußten zum Bewußten. Das führt (wir haben das oben unter dem Stichwort der Sinngenese erörtert) zur Ausweitung, zur Amplifikation beider Unterscheidungsseiten. Der Beobachter gewinnt an Komplexität, und da er asymmetrisch beginnt (er bezeichnet das Unbewußte und dann das Bewußtsein), wird das Bewußtsein (für den Beobachter) gleichsam von seiner Gegenseite her profiliert. Man könnte auch von einer asymmetrischen Interpunktion sprechen. Zwar wird der Beobachter vor der Wiederholung des ersten *crossing* ein *recrossing* durchführen (zurückkreuzen), aber die erste Wiederholung hat vor der Wiederholung des *re-crossing* einen zeitlich unaufholbaren Vorsprung. In gewisser Weise entsteht eine *unkorrigierbare Perspektive*. Der Beobachter gewinnt dabei eine eigene (!) und irreversible Geschichte, und dies mag das Verhängnis, aber auch die Faszination der Geschichte der psychoanalytischen Bewegung (gewesen) sein.

Der zweite schwierige Weg ist derjenige, auf dem man beobachtet, daß ein Beobachter mit dieser Unterscheidung beobachten kann, aber als Beobachter in den Phänomenbereich fällt, den er durch die eigene Unterscheidung aufspannt. Das System ist ein bewußtes System, und das heißt (nach allem, was wir gesagt haben), daß es nicht nur einfach die Unterscheidung bewußt/unbewußt einsetzen kann, also über die entsprechende Semantik verfügt, sondern daß es selbst ein System mit dem Unterschied zwischen Operation und Beobachtung ist. Das Schema bewußt/unbewußt (und hier bewegen wir uns auf schwierigem Gelände) ist das Schema eines Beobachters, in dem das Schema *fungiert*.

190 Vgl. die Studie über Psychoanalyse in Luhmann/Fuchs, *Reden und Schweigen*, a.a.O.

Das klingt ontosemantisch, ist aber zunächst nur eine logische Deduktion aus dem Prinzip der Autopoiesis. Wir könnten uns diese Widerborstigkeit, diese Zirkularität sparen, aber sie eröffnet (deswegen springen wir hinein) die Möglichkeit, am *fungierenden Schema* andere Eigenschaften zu entdecken als am Schema, das ein Beobachter einsetzt.[191] Wir unterscheiden also, und sei es für einen Augenblick, das *semantische Schema* vom fungierenden Schema[192], und wir tun das, obwohl klar ist, daß wir nur über semantische oder (im allgemeineren Sinne) sozial angelieferte Schemata disponieren können.[193]

Das fungierende Schema bewußt/unbewußt (Beobachtung/Operation) hat keine überschreitbare Grenze. Im Schema kann von einer Seite aus die andere nicht angesteuert werden.[194] Wenn im System des Bewußtseins Selbstbeobachtung betrieben wird, stößt das System, wir haben es unentwegt wiederholt, nur auf weiteres Bewußtsein, niemals auf etwas anderes, wie sehr dies Andere, die Operation, vorausgesetzt ist. Wir haben in einem fort *condensation* vor uns, die sich immerzu wiederholende operative Bezeichnung desselben. Das ist zweifelsfrei ein tiefer Grund für eine Tradition, mit der Freud sich auseinanderzuset-

191 Ich deute hier nur an, daß ich mich also auch im Rahmen einer naturalen Epistemologie bewege, die davon ausgeht, daß es Systeme gibt und daß es wenig Sinn macht, von einem Beobachter zu reden, der kein System ist. Dies vorausgesetzt, kann man etwas wissen über die allgemeinsten Attribute beobachtender Systeme. Im übrigen bewegen wir uns auch hier in den feinen Venen der Freudschen Theoriebildung, die natürlich auch zirkulär gebaut ist und in jeder Aktualität eine Doppelsicht betreiben kann: die bewußte Beobachtung, die immer zugleich unbewußt ist. Vgl. etwa W. I. Grossmann, »Technischer Gebrauch und psychische Funktionen der Theorie in der klinischen Arbeit. Das Beispiel des ›analysierenden Instruments‹«, in: *Jahrbuch der Psychoanalyse* 36, 1996, S. 9-34, hier: S. 10.

192 Ohne viel über Konsequenzen nachzudenken, könnte man formulieren, daß jede Operation ein fungierendes Schema ist.

193 Wir gehen also (und das kann so sinnvoll sein wie der ganz weit oben zitierte Langstrumpfsche Spunk) vor wie Chr. Fr. Krause: »Aufgabe: die Selbstanschauung ›Ich‹ ausführen. Auflösung: Man führt sie ohne weiteres aus.« Zitiert nach E. Mach, *Die Analyse der Empfindungen*, a.a.O., S. 16, Anm. 2.

194 Das könnte eben nur ein Beobachter, der semantisch operiert.

zen hatte wie mit sonst keiner: der Bewußtseinslastigkeit aller auf Psyche bezogenen Theorien.

Mit der Unüberschreitbarkeit der Grenze im fungierenden Schema ergibt sich eine weitere Konsequenz. Zeit wird nicht (im Spencer-Brownschen Sinne) ausgefällt durch das Kreuzen der Seiten im Schema, also durch zeitbeanspruchende Übergänge. Sie muß sich formieren auf der Seite der *condensation*, und was immer das nun heißen mag[195], es bedeutet, daß die Gegenseite (die Seite der Operativität) aus der Zeit herausgezogen erscheint. Sie ist jedenfalls nicht in einem Zeitschema beobachtbar, so wenig wie im Schema von Affirmation/Negation oder in irgendeinem differentiellen und differenzierenden Modus, weil alle Differentialität Zeit benötigt bzw. konstituiert. Das sind aber exakt die (Nicht-)Modalitäten des Unbewußten, wie Freud sie beschreibt. Das Unbewußte ist für das Bewußtsein das Unbeobachtbare schlechthin, weil mit ihm der unterscheidungsfreie Raum bezeichnet ist, der alle Unterscheidung und Bezeichnung erst ermöglicht. Das System des Bewußtseins ist für jede Beobachtung, die es ermöglicht, zutiefst opak, wie strahlend und transparent seine Beobachtungen manch einem auch erscheinen mögen.

Mit alledem wäre nicht sehr viel gewonnen, wenn man nicht wie Freud, wie Lacan einen Schritt weiter geht. Ihr Projekt war ja die Beobachtung dessen, was sich nicht beobachten läßt, und wir haben es nur auf die Spitze getrieben, indem wir festgehalten haben, daß das Beobachtungsinstrument selbst das Unbewußte ist: Das System des Bewußtseins produziert Bewußtheit unbewußt, es ist der einzig verbliebene Kandidat für eine Theorie, die mit diesem Begriff arbeiten will. Die Psychoanalyse im Schlepptau ihrer Protagonisten ließ es aber von allem Anfang an nicht bei der Paradoxie bewenden. Sie erfand die Idee des lückenhaften Bewußtseins, das die Komplettheit des Psychischen durch Interpolation der Lücken erraten muß. Und sie war ebendeshalb (zumindest in ihren schwächeren Formen) genötigt, das Unbewußte zu hypostasieren. Aber auch wenn wir diese Möglichkeit durchstreichen, indem wir auf Autopoiesis setzen (die eine Hypostasierung ausschließt), wird gefragt werden können (und dies ist eine brisante Frage), ob die Systemtheorie noch etwas darüber

195 Man könnte zum Beispiel sagen, dies erkläre, daß die Amplifikation des Systems an Semantizität oder im weiteren Sinne an Sozialität (also an Unterscheidungsfähigkeit) gebunden ist.

sagen kann, wie das Unbewußte (also das Bewußtsein in seiner Operativität) sich formiert. Läßt sich etwas über Struktur und Strukturgewinn auf der Ebene der Operationen so mutmaßen, daß Anschlüsse an die Tradition der Psychoanalyse, an deren Formenkanon möglich erscheinen? Das wäre erforderlich, wenn die Systemtheorie auch noch etwas über Träume, über den Witz, über Fehlleistungen, über Neurosen und Psychosen sagen wollte, kurz, über die Morphogenese eines psychischen Systems, das ein autopoietisches System ist und in diesem Sinne ein *EinsZwei-System*, also eines, das Operationen benutzt, die etwas beobachten, Operationen, die blind sind und deshalb zur Sicht führen.

3. Die Zeitmauer oder: Wie etwas im Anderswo der Zeit des Beobachters liegen kann

Operationen sind in psychischen und sozialen Systemen Unterscheidungen, die einen Unterschied *markieren*. Sie sind an ihrer Zeitstelle blind, insofern sie selbst die Unterscheidung, die sie markieren, nicht noch einmal unterscheiden können. Sie sind, was ihre Identität anbetrifft, ins Register der Nachträglichkeit eingehängt. Und dies gilt für jede Operation. Autopoietische Systeme arbeiten deshalb in jeder Aktualität *zeitverschoben*. Oder anders, obgleich eine zutreffende Sprache dafür fehlt: Sie existieren in einer verschobenen Aktualität. Der Beobachter kann dann sagen, daß man es irgendwie mit einer Differenz von Aktualitäten zu tun habe, mit der gleichsam absoluten Aktualität der Operationen und mit der verschobenen *(Selbst-)Epiphanie* des Systems. Die Barre der Differenz ist knochenhart, sie ist eine *Zeitmauer*.

Das klingt sehr sperrig. Der Einwand könnte erhoben werden, daß man doch unter diesen Voraussetzungen sofort und ohne alle Umstände von der *einen* Aktualität des Systems reden sollte. Eine absolute Aktualität von Ereignissen sei nichts weiter als das Ergebnis einer verdeckten Ontologie, die zur Absurdität zweier Aktualitäten führe.

Glücklicherweise kann man das Problem illustrieren mit einem Beispiel aus einer absurditätenreichen, gleichwohl der vorschnellen Ontologisierung wenig verdächtigen Disziplin, der Physik. Wir sehen nie die aktuelle Sonne. Die Sonne, die wir sehen, sehen wir zwar aktuell. Ein Ereignis aber, das auf der Sonne stattfindet (oder gar das Kollabieren der Sonne selbst), fällt nicht in unseren Ereignishorizont. Die Kunde vom Ereignis (oder die Wirkung) erreicht uns um die acht Minuten zu spät. Jede Kunde aus irgendwelchen Entfernungen steht unter diesem Gesetz des Zu-Spät, aber bei kosmischen Entfernungen wird das Phänomen plastisch. Dasselbe gilt umgekehrt: Es gibt kein Ereignis, das wir erreichen können, ohne schon zu spät zu sein. Die Lichtgeschwindigkeit (oder sagen wir: die Zeit selbst) verhindert das. Auch hier tritt *mutatis mutandis* das Phänomen zweier Aktualitäten auf, die Differenz zwischen der Aktualität des Beobachters (ich sehe die Sonne jetzt) und der Aktualität des Beobachteten (die Sonne jetzt sehe ich nicht). Die Gegenwart des Beobachters ist, bezogen auf seine aktuellen Beobachtungen, durch die ausschließliche Sicht auf Vergangenes gekennzeichnet, so daß er nicht einmal wissen kann, ob die Sonne noch existiert, während er sie sieht.

In Anlehnung an Formulierungen Stephen Hawkings folgt daraus, daß die Jetztsonne (die Sonne, die ich acht Minuten später sehe) im *Anderswo* der Zeit des Beobachters liegt.[196] Von ›dort‹ aus kann kein aktuelles Ereignis eine aktuelle Wirkung auf die Aktualität des Beobachters ausüben, es ist kausal abgeschnitten. Dennoch würden diese ganzen Überlegungen keinen Sinn machen, wenn man nicht davon ausginge, daß es trotz dieser Bewandtnisse die Gleichzeitigkeit von Aktualitäten gibt, die sich nur nicht in *einer* Aktualität erreichen. Der Beobachter der Sonne beobachtet eben ›verschoben‹, und das kann nur dann formuliert werden, wenn man angibt, im Blick auf was die Verschiebung thematisiert wird, nämlich im Blick auf die gleichzeitige, aber unbeobachtbare Aktualität der Sonne.

Ähnlich können wir sagen, daß die Barre zwischen Operation und Beobachtung im Selben (die Operation ist die Beobachtung) die Zeit des Nachtrags von einem *Anderswo* trennt, das nicht im Horizont der Beobachtungsmöglichkeiten des Beobachters liegt.[197] Das Ereignis der Operation liegt außerhalb des Ereignis-

196 St. W. Hawking, *Eine kleine Geschichte der Zeit. Die Suche nach der Urkraft des Universums*, Hamburg 1988.

197 Und wieder sehen wir im Umkreisen unseres Problems, daß der Beobachter, der das *Anderswo* sehen will, auf die Freudschen Eigenschaften der Zeit- und Negationslosigkeit trifft. Beinahe hätte ich vergessen, darauf hinzuweisen, daß dieses *Anderswo* bei Kant

horizontes von Beobachtung. Es liegt damit aber auch außerhalb jeder beobachtungsgebundenen Weltkonstruktion, also außerhalb jeder Konstruktion. Dieses ›Anderswo‹ ist (so könnte man auch Lacan verstehen) die fungierende Realität.[198] Und deshalb sind wir in der Lage, die These, das Bewußte sei das Unbewußte, feinzustellen und nun zu formulieren: *Das Unbewußte ist die fungierende Realität des Bewußtseins.* Oder kürzer: Das Unbewußte ist die Realität des Bewußtseins. Und daraus folgend dann das weitere Paradox: Das Bewußtsein (seine Epiphanie, sein *monitoring*) ist der Effekt einer unbeobachtbaren Ursache, die nicht in der Vergangenheit liegt, sondern im *Anderswo* der fungierenden Realität.

Der Beobachter, der bewußt/unbewußt unterscheidet, bezeichnet mit der rechten Seite der Unterscheidung das fundamental Nichtbezeichnungsfähige, und da er selbst ein bewußtes System ist, operiert er auch dann, wenn er gerade dies tut, im Modus der Nichtbezeichnung, im *Anderswo*. Die Psychoanalyse, die sich im Blick auf ihren großen Vater Freud ernst nimmt, hat hier, wie wir wissen, einen gemeinhin als tödlich eingeschätzten circulus vitiosus (sie erkennt durch das, was sie erkennen will), den sie aber in einen fruchtbaren Zirkel transformiert, indem sie tut, was sie tut: Sie beobachtet Beobachter, die für sich selbst oder andere Beobachter aus dem Ruder laufen, und nimmt als Ursache das Unbewußte, das sie zwar selbst nicht beobachten kann, an dessen Stelle sie aber ein (für sie) nicht arbiträres Muster von manifesten Ef-

Noumenon heißt. Und da ich gerade leichtsinnig bin, erinnere ich an Hegel und an seine Vorstellung, daß das Sinnliche nur als Allgemeines gesagt werden kann. G. W. F. Hegel, *Phänomenologie des Geistes*, neu hg. von H.-F. Wessels und H. Clairmont, Hamburg 1988, S. 71. Interessant ist, daß bei Hegel die Wahrnehmung (ihr Inhalt) im Prinzip bewußtlos ist. Im übrigen gibt es in der Psychoanalyse harmlosere Verwendungen des Wortes ›Anderswo‹, etwa im Sinne bloßer Latenz. Vgl. etwa F. Grohmann, »Wund, unfaßbar, anderswo. Die Frage des Begehrens auf dem Weg der Generationen«, in: Verein für Psychoanalytische Sozialarbeit Rottenburg und Tübingen (Hg.), *Fragen zur Ethik und Technik psychoanalytischer Sozialarbeit*, Tübingen 1995, S. 60-106.

198 Zu erinnern ist daran, daß diese fungierende Realität die komplette Realität ist, also alles einschließt, auch (in den Terms Lacan) das Imaginäre und das Symbolische. Deswegen kann man nicht scharf genug betonen, daß jede Beobachtung eine Operation ist.

fektverteilungen plaziert, von denen aus sich Wirkungen nicht beobachtbarer Ursachen errechnen lassen. Freud hat in seiner *Traumdeutung* dafür das Vorbild geliefert.

Wir müßten in unserer Fragestellung die Formierung des *Anderswo* (auf die gleiche paradoxe Weise) beobachten, wenn wir zu einer ›Morphologie‹ des Bewußtseins/Unbewußten gelangen wollen.

4. *Die singuläre Nichtsingularität oder die Individualität des Bewußtseins*

Wir haben uns darauf verständigt, daß das Bewußtsein nach der Seite seiner Beobachtungsmöglichkeiten durch und durch sozial geprägt ist; es hat sich selbst nur als das Andere, als das Unterscheidungs- und Bezeichnungspotential, an das es durch seine Sozialisation angeschlossen wurde. Jede bewußte Operation ist bewußt nur in dem Maße, in dem sie eine Unterscheidung einsetzt, um etwas zu bezeichnen.[199] In diesem Sinne ist jedes Bewußtsein *allgemein* oder eine *Nichtsingularität*. In dieser Form ist es, wenn man so will, der Sozialität auf Gedeih und Verderb eingepaßt. Selbst wenn es sich dagegen wehrt, bleibt ihm nur die Wahl aus einer Serie von Alternativen, die sozial verstanden werden können.[200] Nach der Seite seines *Anderswo* (der nackten Operativität) ist das Bewußtsein sich mit keiner sozialen Unterscheidung zugänglich. Deshalb liegt hier die Chance für Singula-

199 Das gilt auch dann, wenn Operationen vorkommen, die zwischen Unterscheidungsseiten oszillieren und sich festlegen wollen. Dann ist die strittige Unterscheidung operativ bezeichnet, also die Wahlmöglichkeit selbst. Im übrigen erinnere ich daran, daß auch bei Freud gilt, daß wir das Unbewußte nur als Bewußtes kennen – nachdem es umgeschrieben wurde.

200 Selbst die Simulation von Kommunikation auf der Körperebene, die Mitteilung einer Abwehr, eines Widerstandes, einer Verzweiflung durch Symptome, funktioniert im eigentlichen Sinne nur, wenn verstanden wird, also Anschlüsse folgen. Der Hörsturz, um ein beliebtes Klischee zu wählen, trifft denjenigen, der nichts mehr hören will oder den niemand mehr hören will. Er macht Sinn dann, wenn in der Umgebung des Betroffenen sorgsamer kommuniziert wird (leiser zum Beispiel) oder wenn man sich dazu versteht, dem Patienten zuzuhören.

rität, sofern man hierin noch eine alteuropäische Option sieht, die man nicht verspielen sollte. Wenn das so ist, dann wäre das Bewußtsein eine *singuläre Nichtsingularität, ein spezielles Allgemeines, eine nichtindividuelle Individualität.*[201]

a) Die Nichtsingularität – Die A-Reihe von Erschütterbarkeiten des Bewußtseins

Die Operation ist im *Anderswo* der Beobachtung oder, als klassisches Paradox: Sie ist die Beobachtung, und sie ist sie nicht. Worüber das Bewußtsein verfügt, das sind seine sinngeladenen Beobachtungen. Den Sinn hat es dabei nicht von sich; insofern ist jede Beobachtung und der Zusammenhang aller Beobachtungen im Bewußtsein sozial präpariert. Und insofern ist kein Bewußtsein im *Selbststand.* Es ist in diesem Sinne zu sich selbst *exzentrisch positioniert.* Es wird durchlaufen von den Feldlinien sozial gewonnenen Sinns. Das ist seine Allgemeinheit, auch dann, wenn es sich selbst als idiosynkratisch einschätzt, denn diese Einschätzung (und der Bedarf dazu) entsteht nicht in einem Bewußtsein ohne das Schema *einzigartig/trivial.* Und das Schema ist selbstverständlich sozial. Man kann nicht oft genug daran erinnern, daß kein Gedanke eines Bewußtseins unterscheidungsfrei vorkommt, und wenn – so ist er nicht kommunikabel, nicht einmal im Selbstkontakt. Man könnte auch sagen, er sei nicht reflexionsfähig. Im *System des Anfangs* mögen Operationen ablaufen, die gleichsam leer sind, reine Wahrnehmungen, aber man wird kaum zustimmen, wenn behauptet wird, diese Operationen seien bewußt.

Die Allgemeinheit oder Universalität des Bewußtseins verdankt sich der Kommunikation.[202] Nur in dieser Form hat ein Bewußtsein Zugriff auf die Welt. Nur als Nichtsingularität kann es an Kommunikation partizipieren und seine Formen von Sinnentnahme bzw. Weltkonstruktion anschlußfähig halten. Selbst ein hoch sensibles, ausgearbeitetes, unterscheidungsreiches, kün-

201 Oder im frechen Zugriff auf Kant: empirisch und transzendental.

202 Ich erinnere noch einmal an die Derridasche Parallelargumentation im Blick auf Schrift. Vgl. dazu und zur Notwendigkeit der Subjektfreiheit Fuchs, *Die Umschrift*, a.a.O., Kapitel über die Kommunikationsmaschine.

stlerisch und/oder philosophisch gestimmtes Bewußtsein ist inklusionsfähig nur dann, wenn die Kommunikation seine Äußerungen als Ereignisse behandelt, die für sie traktierbar sind; wenn nicht, dann nicht. Umgekehrt könnte Kommunikation nicht funktionieren, wenn sie es mit rein idiosynkratischen Bewußtseinen zu tun hätte.[203]

Diese Allgemeinheit läßt sich nicht einschränken (jede Äußerung ist allgemein), aber sie ist immer eine *profilierte oder empirische Allgemeinheit*. Kein Individuum ist im Blick auf Kommunikation komplett inkludiert.[204] Es hat seine Allgemeinheit auf dem Hintergrund eines individuellen Inklusions-Exklusions-Profils. Oder anders: Die ihm mögliche Bedienung sozialer Unterscheidungen läßt sich als Selektion aus einer Unendlichkeit von kommunikativen Möglichkeiten beobachten, sei sie schichtungsbedingt, in der Biographie verankert oder (im Falle ungewöhnlich starker Inklusion) durch die bloße Kürze der individuellen Lebenszeit verursacht.[205] Wie auch immer, diese Selektivität ist für das Bewußtsein selbst nicht beobachtbar, denn sie ist *der*

203 Das ist so einleuchtend, daß man es künstlich mit Unwahrscheinlichkeit aufladen muß. Fast alle Science-fiction-Romane, die ich kenne, sind gezwungen, die *Aliens*, die unvorstellbar Fremden, auf irgendeine Weise nichtidiosynkratisch zu halten. Meistens deformiert man dann den Körper ins Monströse oder man löst ihn auf, bis nur noch ein vagabundierender Geist bleibt, aber bei alledem wird, wenn Kontakte stattfinden, das fremde Subjekt anschlußfähig gehalten: Es hat auch eine Sprache, und wenn das nicht, ist es telepathiefähig. Nur selten gelingt es, das Monströse des komplett Anderen im Absurden verweilen zu lassen, aber selbst dann ist der Modus der Auseinandersetzung *Konflikt*, also ein soziales System, in dem auch der Fremde weiß, daß er seine Ressourcen mobilisieren muß, soll es ihm gelingen, den anderen zu vernichten.

204 Ich will nicht versäumen, im Vorübergehen darauf aufmerksam zu machen, daß dies soziologisches Normalwissen ist, dessen Reformulierung nur andere Anschlußmöglichkeiten eröffnet. Aber das ist ja der Sinn des Wortes ›Reformulierung‹. Man findet, wovon hier die Rede ist, gewöhnlich unter dem Stichwort Kultursoziologie oder Kulturforschung und natürlich unter dem Stichwort Sozialisation.

205 Die Klage Goethes, wie man denn leben könne, wenn andere Menschen leben, läßt sich verstehen als Blick auf die Selektivität des Eigenen, die durch die Selektivität des Anderen sich als unvollständig erweist.

Bestand seiner Unterscheidungsmöglichkeiten. Das Bewußtsein ist immer komplettes Bewußtsein, eine historische Maschine, die zwar neue Unterscheidungen einbauen, aber niemals über den Rand ihrer selbst hinausschauen kann. In etwas kryptischer Formulierung, aber keineswegs traditionslos: Das Bewußtsein kennt nicht seinen Grund.[206] Das Woraus seiner Selektivität ist nicht aufgreifbar.

Man kann diese Überlegung ausbauen in die Richtung Individualität (darauf komme ich zurück), aber in dem Thema, das wir bewegt haben, lohnt es sich, etwas anderes festzuhalten: *Weil das Bewußtsein immer komplett ist, ebendeshalb ist es erschütterbar.* Eben deshalb kann es zu Friktionen kommen durch im aktuellen Bewußtsein nicht verfügbare, aber gleichwohl kommunikativ traktierte Unterscheidungen.

Vielleicht kann man das an einer kleinen Geschichte verdeutlichen[207]: Einem Knaben wird bei Gelegenheit erzählt, was Fieber ist und bis zu welchen Höhen es steigen darf, ohne lebensgefährlich zu werden. Wenn jemand über 42 Grad Fieber habe, wird ihm von glaubwürdigen Personen bedeutet, sei er in Lebensgefahr. Dann erkrankt das Kind, man mißt Fieber, aber nicht auf der Celsius-Skala, sondern im Fahrenheit-System. In diesem System wird die Zahl 42 weit überschritten. Das Kind vernimmt das und weiß, daß es im Begriffe ist zu sterben. Aber niemand scheint sich darüber sonderlich aufzuregen, im Gegenteil: Hin und wieder schaut jemand ins Zimmer, indes der Junge (sprachlos) liegt und psychisch stirbt. Irgendwann wird die Sache aufgeklärt, aber es bedarf nicht übermäßiger Phantasie, um sich vorzustellen, daß das Kind ein reales Trauma erfährt, das der Todesangst, und schlimmer noch, das der Exklusion selbst in diesem Fall.

Die Erschütterung dieses Bewußtseins ist dem Umstand ge-

206 Hier ließe sich die Brücke schlagen zur sozialen Funktion der Religion. Vgl. N. Luhmann, *Funktion der Religion*, Frankfurt am Main 1977.

207 Ich habe diese Geschichte vor vielen Jahren gelesen. Ich glaube, sie ist von Hemingway und entsprechend kurz und prägnant. Ich weiß auch nicht, ob ich sie halbwegs korrekt wiedergebe, aber eigentlich dreht es sich ja auch nur um das Prinzip. Dennoch wäre es nett, wenn ein Leser, eine Leserin, die bis zu dieser Fußnote durchgekommen ist und auch noch die Geschichte kennt, mir deren Fundort mitteilte.

schuldet, daß es aktuell ein komplettes Bewußtsein war und dennoch selektiv gestellt. Die Kommunikation spülte etwas heran, was nicht im Horizont dieses Bewußtseins verfügbar war und gleichwohl Wirkungen zeitigte in diesem Bewußtsein. Man kann von einem *psychisch wirksamen Mißverstehen* sprechen, obwohl es für Kommunikation gleich ist, ob sie über richtiges oder falsches Verstehen weiterläuft.[208] Dieses besondere Mißverstehen wird, wie ich vermute, mit zunehmender Komplexität von Kommunikation immer wahrscheinlicher. Es ist mehr als je zuvor ausgeschlossen, daß ein Bewußtsein alle in einer Gesellschaft relevanten Unterscheidungen benutzen kann.[209] Es gibt sehr viele

208 Entscheidend ist, daß es nicht einfach nur um Mißverständnisse geht, über die Kommunikation aufgenommen werden kann. Wenn jemand etwas falsch gehört hat, dann hat er es ja nicht ›falsch‹ gehört; er hat sehr wohl authentisch gehört, er hat nicht das ›Falsche‹ gehört. Die Falschheit kommt via Kommunikation ins Spiel. In den Anschlüssen des Falschhörers macht sich ein Fehler bemerkbar, er bringt Salat statt Fleisch, und dann siegt meistens die Mehrheit der Beteiligten, die darauf insistiert, daß das Richtige gesagt, aber das Falsche gehört wurde. Dann kann der Falschhörer nur intern noch knurren, aber nicht darauf bestehen, daß er ›richtig‹ gehört hat, obwohl er ja ›richtig‹ gehört hat. Das ist, am Rande bemerkt, das Problem vieler harthöriger Menschen. Immerhin ist es aufklärbar, immerhin stehen soziale Routinen dafür zur Verfügung. Aber eben das ist anders, wenn wir von psychisch wirksamem Mißverstehen reden. Ein Vater sagt zu einer vierzehnjährigen Tochter, sie prostituiere sich – und die Tochter, zutiefst verwirrt, hat jahrelang Probleme, weil sie den Verdacht in eine konternde Lebensführung umsetzt. Dabei steckt die Schwierigkeit einzig und allein darin, daß der Vater das Fremdwort korrekt verwandte (also ohne Referenz auf Sexualität) und die Tochter ›Prostitution‹ verstand. Die andere Bedeutung von ›sich prostituieren‹ befand sich im Anderswo des Bewußtseins der Tochter, die Unterscheidung der Tochter im Anderswo der Beobachtungsmöglichkeiten des Vaters. Ein externer Beobachter kann sich dann noch fragen, wie es gerade zu dieser Mißverstehenskonstellation kommen konnte, aber da geraten wir schon in die Zone professioneller Analyse, also einfach nur zu feineren Unterscheidungen.

209 Ich hätte sogar Zweifel im Blick darauf, ob ein archaisches Bewußtsein dazu in der Lage gewesen wäre, wenn und insoweit man einrechnet, daß die archaische Gesellschaft Kommunikation auch über invisible Selbstreferenz laufen ließ. Die Ratschlüsse der Götter sind aber, wie man weiß, mit irdischen Unterscheidungen kaum zu be-

(vielleicht sechs Milliarden) Komplettbewußtseine, die jederzeit mit den Effekten von für sie idiosynkratischen Unterscheidungen konfrontiert werden können, die im *Anderswo* der eigenen Komplettheit praktiziert werden.

Das kann harmlos sein (der Normalfall der modernen Gesellschaft)[210] oder ins Pathologische abdriftende psychische Systeme erzeugen. Eine Lösungsmöglichkeit ist im Blick darauf die soziale Introjektion der Unterscheidungen, denen das psychische Mißverstehen zugerechnet werden kann, kurzum: die Analyse von Kommunikationsprozessen.[211] Die Allgemeinheit des Bewußtseins im empirischen Profil ist zugleich die Chance für Korrekturprozesse, und die Chance der Chance, das fügt sich wie von ungefähr, ist, daß eine der zentralen Funktionen von Kommunikation *error correction* ist, das Zurückbiegen von Auslenkungen, die andernfalls zu idiosynkratischem Verhalten führen würden, zu dem, was Kommunikation nicht verträgt.[212] Intervention ist hier der Versuch, eine Vollständigkeit (das Bewußtsein) mit seiner Nichtvollständigkeit zu konfrontieren, oder weniger paradox: Information über Selektivität, die der Selbstbeobachter aufgrund seiner Vollständigkeit (und nicht aufgrund seiner Unvollständigkeit) nicht registrieren kann.[213]

zeichnen. Dazu bedurfte es einer Domestikation, also zum Beispiel der Scholastik. Vgl. zu Problemen der archaischen Kommunikation Fuchs, »Die archaische Second-Order Society«, a.a.O.

210 Modernität ist gekennzeichnet durch Fragmentarität oder Dividualität. Vgl. Fuchs, *Moderne Kommunikation*, a.a.O.; ders., *Die Umschrift*, a.a.O.

211 Das geschieht allenthalben, wenn auch ohne zureichenden Kommunikationsbegriff, und es geschieht so, daß die analysierende Kommunikation mitanalysiert wird in den Mißverstehensmöglichkeiten, die durch die Komplettheit aller in den Analyseprozeß verwickelten Bewußtseine entstehen. Worauf es mir hier ankommt, ist, daß es Analyseformen gibt, die sich auf dieses besondere Mißverstehen beziehen. Mir scheint, daß man dafür keine Psychologen brauchte, sondern Soziologen oder entsprechende Rollenhybriden.

212 Die weitere Chance liegt darin, daß das Bewußtsein solchen Versuchen entgegenkommt, weil sein zentrales Bemühen das Aufrechterhalten von Adressabilität ist. Wo dies noch ausfällt, wird die Situation sehr schwierig. Siehe etwa meine Studie über Autismus in Fuchs, *Die Umschrift*, a.a.O.

213 Vielleicht kann man sagen, daß der Interventionsbegriff in den meisten Fällen so eingesetzt wird, als ginge es um die Unvollständigkeit

Um uns die Lage zu vereinfachen, wollen wir in überaus loser Analogie zu den Zeitreihen McTaggerts[214] die Serie von Ereignissen, die auf die beschriebene Weise zu psychisch relevantem Mißverstehen führen, die *A-Reihe* nennen. Sie entsteht an der Differenz zwischen der Komplettheit des aktuellen Bewußtseins und seiner Inkomplettheit im Blick auf kommunikativ sonst noch traktierte Unterscheidungen. Die Ursache solcher Ereignisse ist nicht das Bewußtsein und ist nicht die Kommunikation, sondern die Differenz. Wir stellen uns vor, daß sehr viele Therapeuten, ob sie es wissen oder nicht, Spezialisten für die *A-Reihe* sind. Das heißt aber auch, daß sie Spezialisten für Nichtsingularität sind.[215] Und sie können natürlich nichts anderes sein als Spezialisten für Kommunikationsprozesse.

Diese Schematisierung, die zwischen der *A-Reihe* und (gleich) der *B-Reihe* unterscheidet, hat vielleicht den Vorteil, daß man sagen kann, in der *A-Reihe* werden Strukturveränderungen psychischer Systeme (und eben auch diejenigen, die als pathologisch, als Leiden verursachend beobachtet werden) an Bewandtnisse der Differenz von Kommunikation und Bewußtsein geknüpft. Die entsprechenden Interventionen haben es deshalb nicht im mindesten mit dem Unbewußten im Sinne Freuds oder Lacans zu tun, sondern mit Struktureffekten der Beobachtungen des Bewußtseins auf weitere mögliche Beobachtungen desselben Bewußtseins. Die Therapeuten der *A-Reihe* haben es mit, sagen wir, *Sinnzerrüttungen* von Bewußtseinen zu tun und sind deshalb (oder sollten es sein) Experten für Antinomien, Paradoxien, für psychisch unzuträgliche Kommunikation in der beschriebenen

und nicht um diese sonderbare und paradoxe Einheit der Unterscheidung von komplett/inkomplett.

214 Vgl. dazu W. Bergmann, *Die Zeitstruktur sozialer Systeme. Eine systemtheoretische Analyse*, Berlin 1981, S. 31.

215 Watzlawicks Arbeiten mögen als Beispiel dienen, weil sie immens viele Beispiele enthalten. Im übrigen kann ich hier nur darauf aufmerksam machen, daß die A-Reihe mit der Differenz komplett/inkomplett zu tun hat und daß es deshalb naheliegt, sich vor Augen zu halten, daß jedes Bewußtsein ständig auf anderes komplettes und (vor dem Hintergrund der Kommunikation) inkomplettes Bewußtsein trifft. Die psychische Reizbarkeit der Gesellschaft läßt sich dann auch fassen als Ergebnis einer De-limitation: Jedes Bewußtsein kann (spätestens seit Freud) als inkomplett beobachtet werden, obwohl es komplett ist. Das schafft erhebliche Unruhe.

Form.[216] Man könnte auch formulieren, sie arbeiten an der Analyse von psychisch relevanten Irritationen, die an der System/Umwelt-Differenz entstehen zwischen sozialen und psychischen Systemen.

b) Singularität und Interpenetration – Die B-Reihe von Erschütterbarkeiten des Bewußtseins

Das Bewußtsein ist das Unbewußte, das haben wir behauptet, wenn und insoweit es im Blick auf die nackte Autopoiesis selbst, auf seine Operativität, schlichtweg im Blick auf die Unbeobachtbarkeit seiner Operationen beobachtet wird. Aus der Idee der Autopoiesis selbst (also auch aus der Idee der verschobenen Aktualität) leiten sich zwanglos die Freudschen Attribute des Unbewußten ab: Zeit- und Negationslosigkeit. Damit ist nicht im mindesten ausgeschlossen, daß auf der Ebene der Operativität Unterschiede existieren, aber es wird die These gesetzt, diese Unterschiede seien keine Unterscheidungen, keine Bezeichnungen, keine Beobachtungen, die sich unterscheiden ließen. Nach der Seite der Verkettung von Beobachtungen haben wir von deren konstitutiver Allgemeinheit gesprochen und in diesem Sinne von *Nichtsingularität mit einem empirischen Profil*; nach der Seite der Operation werden wir von *Singularität* reden und damit meinen, daß jedes empirische Bewußtsein ein *Einmal-Ereignis*[217] ist, und zwar nicht im trivialen Sinne, daß es (jedenfalls wird das seit Ewigkeiten so behauptet) nur einmal vorkommt, sondern im schwierigeren Sinne, daß dieses *Einmal-Ereignis im System seines Anfangs (also vor aller Allgemeinheit) formatiert wird, in einer Zeitzone mithin, die dem System nie wieder zugänglich ist, weil, wie wir es jetzt schon oft gesagt haben, das System nach seinem Anfang nur noch mit sozialen Unterscheidungen unterscheidet.* Es hat deshalb nie anders unterschieden, und doch liegt es in

216 Mir scheint, das klassische Buch dazu ist mittlerweile F. B. Simon, *Unterschiede, die Unterschiede machen. Klinische Epistemologie: Grundlage einer systemischen Psychiatrie und Psychosomatik*, Berlin 1988, Frankfurt am Main 1993. Unbedingt zu erwähnen sind die ebenso bedeutsamen Arbeiten von Helm Stierlin, die ich hier also in toto zitiere.

217 Ereignis hier *sub specie aeternitatis.*

guter soziologischer Tradition, festzuhalten, daß jene Formatierung, jene Erstausstattung mit Limitationen, obwohl sie sich dann jeder (Selbst-)Beobachtung entzieht, immer noch dem Imperium der Sozialität zugerechnet werden muß.[218] Dem Kind begegnet nichts, was nicht sozialer Präformation unterläge.

Dennoch könnte es sich lohnen, die Prozesse dieser Erstausstattung, diese primären und unauslöschlichen Limitationen des Systems zu prüfen. Wir stellen deshalb noch einmal die Frage nach der Form der Operation. Das ist zunächst eine Unterscheidung (eine Referenz), die im Falle der Beobachtung mit der Bezeichnung einer der Seiten der Unterscheidung kombiniert wird, die, das ist zentral, post hoc als solche identifiziert wird, und zwar ohne die Beteiligung der gerade eben noch aktuellen, jetzt aber in der Vergangenheit verschwundenen Unterscheidung selbst. Die Form der Operation ist deshalb die eines *unterschiedenen Unterschiedes, einer Diskontinuität*, die sich nicht selbst unterscheidet von anderen Unterscheidungen, aber unterschieden wird von einer Diskontinuität des gleichen Typs, die auf dieselbe Weise unterschieden werden wird und nur darin ihre befristete Identität gewinnt. Die aktuelle Operation ist ein *Unterscheidenbezeichnen*.[219] Das gilt für psychische wie für soziale Systeme.

Aus alledem folgt, daß keine Operation existiert, die für sich allein vorkommt. Sie wäre keine Beobachtung, wenn sie nicht auf etwas folgte, und sie wäre keine Operation, wenn nicht ein nächstes Ereignis erschiene, das das in der Operation Bezeichnete unterschiede. Alles dreht sich damit um die autopoietische Konnexität, um die Erzeugung von Anschlüssen in einem Netzwerk. Wenn das Bewußtsein die Projektion einer Oberfläche ist, dann hängt viel davon ab, wie die unbezeichneten Wahrnehmungen

218 Es ist originär soziologisches Wissen, daß die diffusen Innenzustände des Anfangs selbst in Lust und Unlust sozial überformt werden, man denke etwa an Parsons' kathektisches Lernen. Und insofern bewegen wir uns, auch wenn es mitunter anders klingt, in der Soziologie.

219 Insofern wäre es mitunter sinnvoll, im Blick auf die Operation nicht Verbalsubstantive (Unterscheidung, Bezeichnung), sondern die Verben selbst zu wählen. Die Operation unterscheidet, bezeichnet, markiert, sie ist eine Aktivität, die im System auftritt, aber die niemand tut. Man müßte diese Verben in subjektfreien Sätzen plazieren können.

im System des Anfangs transformiert werden in Vorstellungen (Imaginationen), die systemintern verknüpfungsfähig sind, irgendwann dann auch in der Form von Sinn. Die Verknüpfung ist, daß in einer Vorstellung (Vor-Stellung) eine andere Vorstellung vorgestellt wird, wobei alles Vorgestellte (alle Signifikate), alles, was repräsentiert wird, hinter der Zeitmauer (der *différance*) verschwunden ist. Was im System des Anfangs geleistet werden muß, das ist die Erzeugung von Strukturen der Verknüpfbarkeit von Operationen, die Erzeugung eines, wie man sagen könnte, zunächst vorprädikativen, präsymbolischen Kombinationsspielraumes. In der Freudschen Terminologie entspräche das der Relationierung von Sachvorstellungen, die noch nicht an Wortvorstellungen gebunden sind. Wir könnten auch sagen, wir haben es mit einer Kombination von Imaginationen (Halluzinationen, würde Freud formulieren) zu tun.

Für die Beschreibung dieser präsymbolischen (und dann kommunikativ besetzbaren) Konnexität der Systemoperationen steht in der Systemtheorie der Begriff der *Interpenetration* zur Verfügung.[220]

»Im Bereich der Intersystembeziehungen soll der Begriff Interpenetration einen engeren Sachverhalt bezeichnen, der vor allem von Input/Output-Beziehungen (Leistungen) unterschieden werden muß. Von *Penetration* wollen wir sprechen, wenn ein System die eigene *Komplexität* (und damit: Unbestimmtheit, Kontingenz und Selektionszwang) *zum Aufbau eines anderen Systems zur Verfügung stellt*. In genau diesem Sinn setzen soziale Systeme ›Leben‹ voraus. *Interpenetration* liegt entsprechend dann vor, wenn dieser Sachverhalt wechselseitig gegeben ist, wenn also beide Systeme sich wechselseitig dadurch ermöglichen, daß sie in das jeweils andere ihre vorkonstituierte Eigenkomplexität einbringen.«[221]

220 Siehe als Auswahl St. Jensen, »Interpenetration – Zum Verhältnis personaler und sozialer Systeme«, in: *ZfS*, 7, 1978, S. 116-129; R. Münch, »Über Parsons zu Weber: Von der Theorie der Rationalisierung zur Theorie der Interpenetration«, in: *ZfS* 9, 1980, S. 18 bis 53; N. Luhmann, »Interpenetration bei Parsons«, in: *ZfS* 7, 1978, S. 299-302. Für uns hier maßgebend ist das Kapitel »Interpenetration« in Luhmann, *Soziale Systeme*, a.a.O., S. 286-345. Daß der Begriff (das Wort) nicht sehr glücklich gewählt ist, dürfte bekannt sein. Es ist viel zu sehr räumlich konnotiert. Vgl. auch ebd., S. 295. Die sexuellen Untertöne mögen an dieser Stelle der Diskussion den Psychoanalytikern aber vielleicht Freude machen.

221 Ebd., S. 290.

Dieser Begriff hat die Eigentümlichkeit (und auch das Problem), daß er, angewandt auf psychische und soziale Systeme, auf der Seite der psychischen Systeme eine Mehrheit von je eigenen psychischen Komplexitäten voraussetzen muß, deren Aufeinanderbezug über das soziale System reguliert und ermöglicht wird. Deswegen macht es Sinn (und trotz aller theorieästhetischen Bedenken, die mich hier quälen), die Relevanz, die ein psychisches System für ein anderes haben kann, bei Fixierung des begrifflichen Inhaltes von Interpenetration unter dem Titel *zwischenmenschliche Interpenetration* zu verbuchen.[222] Luhmann empfiehlt, Verhältnisse, die auf diese Weise zustande kommen, Verhältnisse der *Intimität* zu nennen.[223]

Wir wollen, erheblich abkürzend, einfach davon ausgehen, *daß das System des Anfangs in der Regel in genau diesem Sinne in ein Intimitätsarrangement (Familie bzw. Äquivalente) einmontiert ist.* Dabei ist, das haben wir oben schon oft gesehen, dieses Arrangement in der einschlägigen Literatur zusammengeschnurrt auf die Mutter/Kind-Dyade.[224] Maßgeblich für uns ist, daß die zwischenmenschliche Interpenetration kein einfaches Aktions-/Reaktionsmuster darstellt, sie etabliert sich nicht nur im Nacheinander von Ursachen und Wirkungen in beiden Systemen in einer Sequenz. Selbstverständlich kann das ein Beobachter so sehen, der mit dem Schema Vorher/Nachher arbeitet und seine Aufmerksamkeit erst auf die (im übrigen willkürlich gewählte) Aktion des einen Systems und dann auf die des anderen verteilt.[225] Da spricht einer, dort entgegnet jemand etwas, aber diese

222 Ebd., S. 303. Siehe als das Ergebnis solchen Verfahrens N. Luhmann, *Liebe als Passion. Zur Codierung von Intimität*, Frankfurt am Main 1982.

223 Luhmann, Soziale Systeme, a.a.O., S. 304 ff.

224 Das ist für unser Argument ziemlich gleichgültig, obwohl wir der Einfachheit halber ebenfalls von Müttern und Kindern sprechen werden. Es liegt ja auf der Hand, daß es nicht immer die Mütter waren, die als relevant vorkonstituierte Eigenkomplexität in Betracht kamen, sondern zum Beispiel Ammen.

225 Im Normalfall kann der menschliche Beobachter jedenfalls nicht zwei räumlich disparate Ereignisse zur gleichen Zeit beobachten. Er müßte schon erheblich schielen oder die Augen sehr weit außen an der Schläfe tragen. Es scheint, daß seine Fähigkeit darin besteht, blitzschnell zu oszillieren zwischen Da und Dort und die entstehenden Informationslücken zu interpolieren. Man denke an einen

beobachtungstechnisch gewonnene Sequenz schließt alles aus, was *gleichzeitig* geschieht.[226] Gleichzeitig hört der, der spricht, sich selbst, hört der Angesprochene, was einer sagt, denken beide Systeme, nehmen beide Systeme Ähnliches aus verschiedenen Perspektiven wahr, synthetisiert die Kommunikation ihre eigene Autopoiesis. Das sind ungemein komplexe Prozesse, die sich im allgemeinen auf das Aktions-/Reaktionsschema vereinfachen, Mitteilungen als Handlungen beobachten, Mitteilende identifizieren (Adressen im oben diskutierten Sinne) und vieles systematisch wegblenden, was dann nur noch unter der Bedingung von Sonderaufmerksamkeit wahrgenommen wird: Wer konzentriert sich schon darauf, sein eigenes Sprechen, indem er spricht, zu hören?[227] Oder gar: Wer lenkt seine Aufmerksamkeit darauf, die

Tennisplatz. Wenige werden in der Lage sein, gleichzeitig die Aktion des einen Spielers und die Beinarbeit des anderen zu beobachten. Viele werden aber nach dem Spiel so reden, als hätten sie es doch gekonnt. Die meisten haben ganz einfach ein Nackenmuskel- und Kopfdrehtraining hinter sich. Siehe jedenfalls zu entsprechenden Analysen unter den Stichworten ›attentionales Alternieren/Oszillieren‹: Markowitz, *Verhalten im Systemkontext*, a.a.O.

226 Forschungen der konversationsanalytischen Art berücksichtigen genau diesen Aspekt, wenn man etwa das videotechnische Protokoll einer Interaktion so schneidet und aufbereitet, daß ein Beobachter post festum die Äußerung des einen Beteiligten mit dem gleichzeitigen Verhalten des anderen konfrontieren kann.

227 Entsprechende Fälle sind gleichwohl vorstellbar auf einer Bandbreite von Schauspielerei bis zur Eitelkeit des Politikers. Es ist bezeichnend, daß man in einem gewissen Genre von Romanen häufig die Wendung (und eine Fülle ihrer Äquivalente) findet: »Plötzlich hörte er sich selbst sprechen ...!« Aber im Normalfall, denke ich, wird Sich-selbst-hören-beim-Sprechen zu aufwendig, um ständig bewußt zu sein. Es ist übrigens interessant, wie relevant dies aber wird, wenn das Gehör ausfällt oder erheblich eingeschränkt ist. Eigene biographische Erfahrungen haben mir gezeigt, daß es sehr schwer ist, normal zu sprechen, wenn man sich selbst kaum oder völlig verfälscht hört. Jenseits solcher Erfahrungen bewegen wir uns hier in einem alten Topos. Vgl. etwa die Raffinessen, die in der Romantik (im Rahmen der Entdeckung der Schriftlichkeit) möglich waren, P. Utz, *Das Auge und das Ohr im Text. Literarische Sinneswahrnehmung in der Goethezeit*, München 1990, S. 205, 228 et passim. Ich glaube, die bekannten Einlassungen Derridas brauchen wir nicht mehr eigens zu zitieren.

Effekte miteinzukalkulieren, die dadurch zustande kommen, daß der andere Sprechende sich selbst hört?

Die kompakte (opake) Gleichzeitigkeit interpenetrierender Systeme zwingt erst in die Selektivität der Anschlüsse, in den Aufbau von Sequentialität, in die *Installation von Beobachtbarkeiten für schwache (zeitgebundene) Beobachter* hinein. Bestimmte Ereignisse werden mit Bedeutsamkeit aufgeladen, in der Regel diejenigen, die sozial vorgewählt sind.[228] Wichtig ist, daß es dabei zu einer eigentümlichen ›Mehrfachgabelung‹ kommt. Zunächst sind ja alle beteiligten Systeme autopoietisch, das heißt: autonom in ihrer Informationsverarbeitung. Wenn sie sich wechselseitig vorkonstituierte Eigenkomplexität zur Verfügung stellen, ändert sich nichts daran. Diese Komplexität wird nicht transferiert, verschoben, sie wird in gewisser Weise durch die interpenetrierenden Systeme einander offeriert.[229]

Die Systeme verschmelzen nicht, sie durchdringen sich nicht, sie bleiben füreinander Gegebenheiten ihrer jeweiligen Umwelt. Ebendies transformiert jedes Ereignis in ein *Mehrfachereignis*, in eine Polyvalenz, die in der Aktualität wahrnehmungstechnisch konvergiert, aber in jedem der beteiligten Systeme andere Anschlüsse, andere Vernetzungsbedingungen findet.[230] Im Blick auf die Mutter/Kind-Dyade liegt nahe, daß jedes Ereignis in jedem beteiligten System ganz andere Anschlüsse findet, auch wenn für Wahrnehmung gleiche Ereignisse erscheinen: In der Küche pfeift der Teekessel, die Mutter rennt hinaus, das Baby schreit. Wenn das öfter geschieht, mag das System des Anfangs Aversionen gegen gellende Geräusche entwickeln. Eine Verknüpfung wird ge-

228 Die Blähungsbehebungserscheinungen, die Flatulenzen eines Säuglings, eines Kleinkindes mögen sozial noch mit Heiterkeit registriert werden, aber es werden keine Mechanismen der Forcierung eingesetzt, sondern eher die eines ›Wegschliffs‹ des sozial Unerwünschten. Die Komplexität der Mutter ›enthält‹ unter anderem Vorstellungen über Peinlichkeit, die ihre Heiterkeit, wenn man so will, mit leicht hochgezogenen Augenbrauen ausstattet.

229 Das ist der Hauptgrund, warum Interpenetration ein nicht nur unästhetischer Begriff ist, sondern einer, der in die Irre leitet, wenn man sich durch Assoziationen leiten läßt.

230 Unter anderem folgt daraus, daß sich nicht in einem System etwas ändert und nicht in dem anderen, sondern daß jede Änderung beide Systeme ändert.

stiftet, die sicher noch nicht sinnhaltig ist. Alles kommt dann darauf an, daß diese Verknüpfungsstiftungen nicht völlig arbiträr werden.[231]

Das führt zurück auf das Fundamentalschema Inklusion/Exklusion, das wir oben unter dem Stichwort ›Adressabilität‹ behandelt haben.[232] Interpenetration inkludiert, insofern die Komplexität des einen Systems vom anderen zum Aufbau eigener Strukturen eingesetzt wird. Entscheidend ist, daß dies dann und nur dann gelingt, wenn die beteiligten Systeme füreinander Adressen darstellen, kommunikative Inkludierbarkeiten. Die Eigenkomplexität der Systeme darf nicht ignoriert werden, auch nicht die des Systems des Anfangs. Wir hatten gezeigt, daß dies tödliche Effekte hätte. Damit verbunden ist aber die Kehrseite des Schemas: Inklusion (Adressabilität generell) setzt Exklusion voraus, und sei es in dem minimalen Sinne, daß *unterschieden werden muß, was sich aufeinander bezieht, nämlich die strukturell differente Autopoiesis der Systeme.* Wie immer ist auch hier der Unterschied der Systeme zentral, daß nämlich der Eine der Eine, der Andere der Andere und daß das soziale System noch etwas ganz anderes ist.

Für uns wichtig ist, daß die Separation der Systeme Inklusion und Exklusion zugleich auswirft, daß also stärkere Interpenetration stärker inkludiert, aber auch höhere Exklusionskosten verursacht. Das läßt sich leicht auch auf diejenigen Überlegungen beziehen, in denen wir uns mit der Form der Kommunikationsprozesse beschäftigt haben, die das System des Anfangs überziehen. Wir hatten dort von Augmentation und Amplifikation gesprochen, von der im Krisenfall auftretenden Vermehrung und Differenzierung von Kommunikation, man könnte an dieser Stelle sagen, von einem *Komplexitätsüberfall*, der zugleich das Inklusions-/Exklusions-Spiel eröffnet, die Notwendigkeit, Adresse zu sein und sich ebendeshalb absetzen zu müssen im Prozeß einer Selbstkonturierung, die letztlich auf *Individualisierung* hinausläuft. Diese Selbstkonturierung geschieht gerade dadurch, daß jedes Ereignis im Interpenetrationsprozeß mehrfach

231 Das muß man vielleicht nicht mehr eigens betonen, aber daß hier kein einseitiger Prozeß vorliegt, ist klar. Irgend jemand pfeift, das Kind schreit, die Mutter gibt ein Mittel gegen Blähungen.

232 Vgl. Luhmann, *Soziale Systeme*, a.a.O., S. 299 f.

verbucht wird und in jedem System andere Abzweig-, andere Vergabelungsrichtungen einschlägt.

Die frühen Ereignisse (jene Wiederholungen, die die Sinnform vorbereiten) haben es dabei ohne Zweifel mit relevanten Personen zu tun, finden also statt im Arrangement der Intimität, und das ist im wesentlichen (jedenfalls bevor Sinn verfügbar wird) ein *Arrangement des Aufeinanderbezugs von Körpern*, eine Art Tanz, in dem taktile, akustische, optische, olfaktorische Momente, die Wärme und die Kälte, die Nähe und die Ferne an Körpern (anwesenden oder abwesenden) instruktiv werden. Oder in einer anderen Metapher: Die zunächst unverbundenen (Lacan zufolge: chaotischen) Wahrnehmungen nach innen/nach außen disziplinieren sich an der Relevanz der Körper, sie werden in einer Art Magnetfeld ausgerichtet, gleichsam an Feldlinien entlang gelegt, die durch Wiederholung und Variation körperlichen Verhaltens entstehen. Der Aufbau von Komplexität im System des Anfangs, der Aufbau von Komplexität im System der Betreuung läuft über die vorkonstituierte Eigenkomplexität der beteiligten Körper.[233]

Das ist kein überraschender, sondern ein durch einschlägige Forschung gut bestätigter Befund, den wir für unsere Zwecke präparieren, indem wir sagen, der Komplexitätsaufbau im System des Anfangs vollzieht sich zunächst auf der Ebene zwischenmenschlicher Interpenetration, körperbezogen und in diesem Sinne infrastrukturell zu den Bezeichnungsleistungen der Kommunikation. Die diffuse Wahrnehmung wird auf dieser Ebene kalibriert, enggeführt auf die Wiederholung und Variation von an Körper gebundenen Ereignissequenzen, die ein Muster der Verknüpfung von Vorstellungen (Imaginationen) erzeugen.

233 Dabei ist wichtig, daß wir auf den ersten Blick auf eine asymmetrische Verteilung von Komplexität stoßen: die Mutter ist, scheint es, ein komplexeres System als das Baby. Aber die meisten Forschungen weisen meines Erachtens auf eine hohe Komplexität des Säuglings hin, die im gewissen Sinne funktional diffus ist. Es muß erraten werden, was gerade abläuft, und damit sind die betreuenden Systeme auch den ganzen lieben langen Tag beschäftigt. Das führt dann wieder auf die Funktion von Augmentation, Amplifikation, *error correction*: in der Interaktion mit dem Kind und in der Kommunikation über das Kind. Ich denke, daß die eigentliche Asymmetrie darin liegt, daß die Komplexität des Kindes zunächst biologisch ist, das Körperverhalten der betreuenden Personen aber komplett sozial determiniert.

In der Freudschen Terminologie wäre dies die Verbindung von Sachvorstellungen, die später in Kontakt mit Bezeichnungsleistungen (Wortvorstellungen) geraten. Das Muster der frühen Verknüpfungen wird zur Struktur, durch die das System beobachten wird, ohne jemals das Gerät des Sehens, dieses Muster, mit sehen zu können. Das Bewußtsein ist in gewisser Weise, wenn es arbeitet, die Form des Ausgestanzten der frühen Kombinationsmöglichkeiten, das Stehengelassene, das gleichsam mit sozialen Unterscheidungen aufgefüllt wird bis zum Rand, der mit diesen Unterscheidungen selbst nicht mehr bezeichnet werden kann, da die Unterscheidungen nur von innen unterscheiden und nicht von außen. Die Autopoiesis des Bewußtseins ist, bündig formuliert, schon immer strukturierte Autopoiesis.[234] Die Operationen verknüpfen sich in einem Netzwerk von Operationen, sie stellen in einem Netzwerk Vorstellungen vor. Die Prozesse der zwischenmenschlichen, körperbezogenen Interpenetration etablieren die primären Strukturen, so daß man sagen kann: Das Bewußtsein ist, wenn es beginnt, schon determiniert durch Strukturen, die gerade nicht durch Beobachtungen, durch Bezeichnungsleistungen zustande kamen.

Diese primäre Determination begründet Singularität (Individualität), denn sie formiert sich im *Schnittpunkt von Zufallsreihen von Ereignissen*.[235] Das System des Anfangs ist immer in einer einmaligen (nicht wiederholbaren) singulären Konstellation, und das in sachlicher, zeitlicher und sozialer Dimension. Die frühen (unbezeichneten) Verknüpfungen von Imaginationen strukturieren sich an dieser singulären Konstellation. Sie formatieren die Operativität des Systems, und wieder: jenseits der Zeitmauer für ein System, das dies noch bezeichnen wollte.[236] Wir

234 Das gilt auf die gleiche Weise auch für Kommunikation.

235 Ich spiele hier an auf die Philosophie von Gilles Deleuze, in deren Zentrum (vor allem in der Auseinandersetzung mit Leibniz und Spinoza) die Frage von Komplikation und Singularität steht. Siehe dazu die Beiträge in F. Balke und J. Vogl, *Gilles Deleuze – Fluchtlinien der Philosophie*, München 1996.

236 Es ist vielleicht ein schwaches Bild, aber vielleicht läßt sich der ganze Prozeß mit der Erzeugung und Implementation eines Betriebssystems bei einem Computer vergleichen. Neben den Bahnen, die dadurch gezogen werden, läuft nichts, und alles, was läuft, läuft nur in diesen Bahnen.

fügen hinzu, daß die wahre Ontologie des Systems (im Sinne einer kompakten Unauflösbarkeit) sich aus dem Singularitätsgefüge des Anfangs errechnet.[237]

Die Ereignisse, die im Prozeß der Interpenetration diese Formatierung (diese internen Verknüpfungsmöglichkeiten der Operationen) bewirken, möchte ich der Einfachheit halber nun die B-Reihe nennen, die Reihe der zufallsbedingten Produktion singulärer Strukturen, die für kein Individuum dieselben sind. Die Experten, die bei Auftreten von Störungen, im Falle devianter Morphogenesen psychischer Systeme, auf die B-Reihe zuzugreifen versuchen, sind die Psychoanalytiker oder im weiteren Verständnis die Tiefenpsychologen. Sie sind deshalb, deutlich erkennbar, Spezialisten für Interpolation, Spezialisten für eine Hermeneutik der Operativität des psychischen Systems.[238] *Sie können evidenterweise nach allem, was wir ausgeführt haben, ihre hermeneutischen Verfahren nicht empirisch rechtfertigen, sie sind auf Zufälle angewiesen, sie können keine Heilungen garantieren, und sie können nichts von dem, was sie sagen, auf eine nur irgend denkbare Art beweisen. Freud hat das gewußt, als er das Unbewußte in die Zeit- und Unterscheidungslosigkeit verlegt.*

All das heißt nicht, daß die Psychoanalyse wissenschaftlich schwach ist; es heißt nur, sie ist keine Wissenschaft, sondern eine Form von ›angewandter hermeneutischer Intellektualität‹, eine Form der Produktion unabschließbarer Literatur oder unabschließbarer Mythologie.[239] Die Gegner stoßen nur dann ins

237 Man kann einwenden, daß das gesamte Leben der Menschen dadurch bestimmt ist, daß sie immer im Kreuzungspunkt von Zufallsereignisreihen stehen, so daß nicht eine Biographie identisch ist mit irgendeiner anderen. Das ist, denke ich, richtig, aber im Kontext dieser Argumentation ist entscheidend, daß alles, was geschieht, nachdem das System zu Bewußtsein gekommen ist, unter der Direktive der sozialen Unterscheidungen, also der Allgemeinheit abläuft.

238 Siehe zur gegenteiligen Auffassung, bezogen auf Lacan: A. Juranville, »Transmission der Psychoanalyse und Lektüre. Eine Lektüre des Wolfsmannes«, in: *RISS-Materialien* 1, 1995, S. 63-97, S. 64 ff. Diese Argumentation läuft im Prinzip darauf hinaus, daß jede Lektüre den Text erzeugt und nicht einen Urtext auslegt.

239 Nicht umsonst wurde und wird die Psychoanalyse so häufig in die Nähe der Religion gerückt. Sie entwickelt aus einem unlösbaren Problem (der Selektivität des Anfangs) ein Stattdessen der Lösung.

Leere, wenn sich die Psychologie nicht als Wissenschaft ausstaffiert, sondern erklärt, daß sie mitunter überzeugende, oft faszinierende Entwürfe liefert, die sich an der Aporie der Selbstbeobachtung des Bewußtseins entzünden. Die Psychoanalyse ist in Wahrheit, aber wer hätte das nicht gewußt, eine Weltanschauung. Aber das ist nicht verwunderlich, wenn man sagt, daß sie es als Disziplin mit der Paradoxie nichtsingulärer Singularität zu tun hat, mit der Paradoxie des unbewußten Bewußtseins.

Siehe als ein Beispiel für das, was herauskommt, wenn sich Psychoanalytiker als Wissenschaftler gerieren: Psychoanalytisches Lehr- und Forschungsinstitut »Stuttgarter Gruppe« (Hg.), *Der Einzelne und die Gesellschaft, Beiträge zur psychoanalytischen Praxis*, Frankfurt am Main 1995.

IV. Die soziale Funktion des Unbewußten

Das ist nun alles sehr seltsam, sehr sperrig. Was sich sehen ließ, das war, daß sich auf das Problem der Selbstbeobachtung des Bewußtseins geradezu ungeheuerlich viel intellektuelle Energie konzentrierte und noch immer konzentriert. Der Versuch einer systemtheoretischen Rekonstruktion führte im Grunde, wenn auch ohne die Erzeugung von Mythologien, auf die fundamentale Paradoxie, die Freud und Lacan und viele andere schon formuliert haben: Das Unbewußte ist das Unbeobachtbare des Bewußtseins, das, was an einem Bewußtsein nicht mehr bezeichnungsfähig ist, weil es nie bezeichnungsfähig war. Das haben wir, in gewisser Weise monistisch, zugespitzt. Das psychische System ist kein System von Kammern, von Vorderansichten und Rückansichten. Das Bewußtsein ist das Unbewußte, ist (das Theoriesyndrom der Autopoiesis vorausgesetzt) immer Operation *und* Beobachtung, die Erzeugung einer Sicht, die sich nicht selbst noch einmal sehen kann. Die optischen Metaphern Freuds weisen darauf hin, daß er dies kaum anders beurteilt hat, und seine Einschätzung, das Unbewußte sei zeit- und unterscheidungslos, bestätigt diese Einschätzung.

Eine Autopoiesis, deren Operationen aus verschwindenden Ereignissen bestehen, ist immer sehend und blind zugleich. Das ist alles, das ist beinahe beschämend wenig. Das heißt ja nur, daß es für Menschen unmöglich ist, sich mit Hilfe ihres Bewußtseins anders zu erreichen, anders zu beobachten als mit den Mitteln der Verlautbarungswelt. Das Bewußtsein bleibt sich selbst ein Rätsel. Es ist im Blick auf seine Operativität die Unkontrollierbarkeit selbst. Es ist durch und durch sozial und einmalig zugleich, eine singuläre Nichtsingularität.

Über die Nichtsingularität kann man reden, über die Singularität muß man schweigen, es sei denn, man produziert Formen (Gedichte, Musik, Mythen etc.), in denen sie sich beschwören, aber natürlich nicht greifen läßt.[1] Mit Lacan wird man das Nichterreichbare des Bewußtseins *Realität* nennen dürfen.

1 Die Bedeutung meines Faches (ich würde boshaft sogar sagen, die Suprematie) ergibt sich meines Erachtens daraus, daß jeder Beobachter (auch die Psychologie) der Dominanz der Verlautbarungswelt un-

Aber das hindert nicht daran, zu fragen, wie es denn kommt, daß diese besondere Unbeobachtbarkeit, diese Referenz auf die primordiale Fissur, eine so unglaubliche Karriere gemacht hat.[2] Woher kommt das Interesse für unbeobachtbare Binnenprozesse des psychischen Systems? Welcher Bedarf wird sozial gestillt dadurch, daß sich die moderne Gesellschaft in enormem Ausmaß *psychische Reizbarkeit* gönnt? Schließlich hat sie eigentlich andere Sorgen als das Problem der fundamentalen *méconnaissance* des Bewußtseins. Die Antwort kann nicht nur sein, daß mit der Entdeckung der Nachtseite der Psyche Kommunikation über Individuen unabschließbar wird. Allerdings könnte diese Unabschließbarkeit ein Symptom sein. In unserer Diskussion hatten wir sie das Phänomen der Augmentation und Amplifikation von Kommunikation im Krisenfall genannt. Das legt nahe, sich auf die Suche nach der Krise zu machen. Dafür gibt es viele Kandidaten, wie man weiß. Die Frage ist, ob die Krise, die es hier zu formulieren gilt, lamentofrei identifiziert werden kann.

A. Noch einmal: Adressabilität

Inklusion und Exklusion, das wurde gezeigt, stellen *ein* Schema, eine Unterscheidung dar. Inklusion ist ohne Exklusion nicht zu haben, Exklusion nicht ohne Inklusion. Das wird dramatisch deutlich am Problem der Individualität: Das Individuum kommt nicht zustande ohne Inklusion, oder schärfer: Kein Mensch kann ohne Inklusion (die im Normalfall im Arrangement der Intimität geschieht) Bewußtsein entwickeln, das im diskutierten Sinne singulär und nichtsingulär ist, individuell und allgemein, partizipations- und deswegen separationsfähig. Aber die Nichtsingularität, die Allgemeinheit, die Partizipationsfähigkeit setzen ihre Gegenteile voraus. Die Dominanz der Verlautbarungswelt fußt auf einer diskontinuierlichen Infrastruktur unterschiedener Be-

terliegt. Deren professioneller Beobachter ist die Soziologie. Da besteht kein Grund zu ostentativer Bescheidenheit.

2 Ich bin dieser Frage verschiedentlich nachgegangen, so in der Studie über Psychoanalyse in N. Luhmann und P. Fuchs, *Reden und Schweigen*, Frankfurt am Main 1989, auf anderen Pfaden wandelnd in meinen Überlegungen zum nebulosen Displacement in Fuchs, *Moderne Kommunikation*, Frankfurt am Main 1993.

wußtseine, also exklusiver psychischer Systeme. Die an Kommunikation beteiligten psychischen Systeme müssen diskriminiert, exklusiv gesetzt werden, damit Inklusion funktionieren kann. *Und Inklusion ist nichts anderes als die Identifikation einer exklusiven Adresse, die durch Kommunikation angesteuert werden kann.*

Das hat uns dazu geführt, die Rede vom *Begehren* zu einer Rede über Zweitrangiges zu erklären. Begehren kann nur, begehrt werden kann nur, wer die Hürde der Adressabilität übersprungen hat, wer in Frage kommt als Adresse, als Anvisierpunkt für Kommunikation. Wem dies nicht gelingt, wem es nirgends gelingt, Referenzen aus beliebiger Kommunikation auf sich zu ziehen, der ist buchstäblich tot.[3] Wem es nur ein bißchen gelingt oder nur durch Inkaufnahme devianter Morphogenese, der hat erheblich zu leiden.[4] Das Schema Inklusion/Exklusion und das Problem der Adressabilität, als dessen Regulantien die Schemaseiten auftreten, bezeichnet aus der Sicht der Soziologie das *to be or not to be* menschlicher Existenz, das *anthropologische, also soziale Fundamentalproblem.* Es geht immer nur darum.

Das Schema im operativen Einsatz wirft die historischen Inklusions-/Exklusions-Profile psychischer Systeme aus. Ihre Geschichte ist die ihrer Inklusionen/Exklusionen. Dabei kann es zu Verwerfungen kommen, die der *A-Reihe oder/und der B-Reihe von Erschütterbarkeiten des Bewußtseins* geschuldet sind, zu gelingenden, mißlingenden Inklusionen/Exklusionen (einem Gelungenheitsmißlungenheitsmix).[5] Und es kann zu typischen For-

3 Er landet etwa in der cloaca maxima Roms, wie es schwer behinderten Säuglingen geschah. Überhaupt ist die Geschichte des Umgangs mit schwer Behinderten hier historisch instruktiv. Aber ebenso instruktiv ist die Geschichte der Versuche, Adressabilität zu tilgen durch Vernichtung von Körpern, auf einer Bandbreite von Hinrichtungen bis hin zur Mißhandlung von Säuglingen, die sich zu sehr bemerkbar machen.

4 Wie die Kinder, die (zum Beispiel wegen Fettleibigkeit oder Sprachstörungen oder was zum Teufel auch immer) gezwungen sind, den Kaspar zu machen, um Referenzen auf sich zu vereinigen. Natürlich könnte man hier die ganze Geschichte der Kompensations- und Kompensationskompensationstheorien anschließen.

5 Es trifft sich, daß das Wort ›Verwerfung‹ mehrdeutig ist. Es trifft sich ferner, daß auch Freud es eingesetzt hatte im Sinne von Verwerfen als Nichtbejahen im Gegensatz zur Verdrängung. Vgl. F. Grohmann,

men der Inklusion/Exklusion kommen, zu einer sozial weitverbreiteten Typik des Ein- und Ausschlusses von Personen, die für etwas als Adresse gehandelt oder nicht gehandelt werden. Man kann von Geburt und Stand oder ein Paria sein, behindert oder nicht, schön oder häßlich, CDU-Mitglied oder grün, ausgestattet mit Kommunikationschancen, weil es schon die Eltern waren oder nicht. Man kann Prüfungen bestehen oder nicht bestehen, Liebeschancen haben oder nicht haben ... All das geschieht, für all das gibt es Routinen der Bewältigung, der Kommunikation über Gelingen und Mißlingen, und seit einiger Zeit nachgerade überschießende Kommunikation, die – symptomatisch – die Totalinklusion fordert.[6]

Man kann aber nicht das Problem der Adressabilität selbst eliminieren. Sie ist das mit der Kommunikation zugleich auftretende Universalproblem, das immer in irgendeiner Weise Lösungen erzwingt, ohne gelöst oder verbraucht zu werden. Insofern ist es (wie zum Beispiel auch doppelte Kontingenz) *katalytisch*. Aber die Universalität des Problems impliziert nicht die Universalität von Lösungsversuchen.[7] Für den europäisch geprägten Denk- und Kommunikationsraum gilt, daß die Adresse, die erzeugt wurde, die eines Individuums war. Seit der kopernikanischen Wende Freuds ist es die eines für sich nicht kontrollierbaren Individuums, einer Einheit, die sich ihrer selbst nicht bemächtigen kann. Man kann beinahe sagen, daß seit Freud Individualität an diese Nichtkontrollierbarkeit geknüpft wird und daß sich deshalb eine Welt von Spezialisten für Re-Kontrollierung entwickelt hat, die aber – sonst würde sie sich auflösen – darauf angewiesen ist, gleichzeitig die Idee der Nichtkontrollierbarkeit zu stabilisieren.

»Wund, unfaßbar, anderswo. Die Frage des Begehrens auf dem Weg der Generationen«, in: Verein für Psychoanalytische Sozialarbeit Rottenburg und Tübingen (Hg.), *Fragen zur Ethik und Technik psychoanalytischer Sozialarbeit*, Tübingen 1995, S. 60-106, hier S. 101.

6 Vgl. P. Fuchs, »Das Phantasma der Gleichheit«, in: *Merkur* 570/571, 1996, S. 959-964.

7 Ich habe am Beispiel Japans gezeigt, daß es andere Formen der Regulierung des Problems gibt. Vgl. Fuchs, *Die Umschrift*, Frankfurt am Main 1995. Die im gleichen Buch enthaltene Studie über Autismus führt vor, daß das Problem so dominant werden kann, daß es destruktiv wirkt.

B. Die Verwerfungen von Adressabilität: die Geburt des Dividuums

Das Individuum wird idiosynkratisch gesetzt, und es wird mit für es selbst nicht beobachtbaren Bewußtseinszonen ausgestattet. Das geschieht mit dann rasant zunehmender Wucht im 19. Jahrhundert. Wie immer gibt es auch hier Vorläufer, vor allem, wenn es um Phänomene extrem sensitiver Selbst- und Fremdbeobachtung geht. Da ließe sich als eines der zentralen Arrangements die katholische Beichtpraxis nennen[8], aber auch die Versuche, herauszufinden, woran man einen Heiligen von einem Schwindler unterscheiden könne. Die mystische Selbstbezweiflung der eigenen Erlebnisse gehört in diesen Kontext. Man könnte sich der *Empfindsamkeit* entsinnen, der Seelengrübelei und Seelenzergliederung, die zu endloser (brieflicher) Kommunikation führt. Das gleicht wiederum der Unabschließbarkeit, dem Fragmentarischen des Bewußtseins, auf das die Romantik stößt, die sich antiklassisch geriert, aber dann in Goethe jemanden finden kann, der die Nachtseiten, die Labyrinthe der Seele wie den Tod fürchtet, weil er sie kennt, vielleicht mehr als jene, die sie heraufbeschwören. Man muß erleben, daß ein Buch wie *Werther* Menschen zum Selbstmord treibt, daß also bloß Geschriebenes das Bewußtsein von Menschen so entzünden kann, daß sie sich umbringen, als hätten sie erlebt, was sie nicht erlebt haben. Der Mesmerismus zieht über Europa hin und entmächtigt das Bewußtsein in seiner Selbstbeobachtung: Es bemerkt nicht, was ihm geschieht. Hypnose desgleichen: In ihr wird vorgeführt, daß Menschen Taten begehen können (an der Grenze der Evidenz in der posthypnotischen Suggestion), deren Ursache sie nicht kennen, obwohl das Bewußtsein angeschaltet erscheint. Dann die Hysterie vor allem der Frauen, die Produktion nicht somatisch bedingter Erscheinungen am Körper, Lähmungen, Blindheiten, die großen Anfälle, die dem Orgasmus aufs Haar gleichen. Das sind dann Erscheinungen, die in Trancezuständen ausfallen, in

8 Siehe nur A. Hahn, »Beichte und Biographie«, in: M. Sonntag (Hg.), *Von der Machbarkeit des Psychischen. Texte zur historischen Psychologie* II, Pfaffenweiler 1990, S. 55-76; ders., »Beichte und Therapie als Formen der Sinngebung« (zusammen mit H. Willems und R. Winter), in: G. Jütte u. a. (Hg.), *Die Seele. Ihre Geschichte im Abendland*, Weinheim 1991, S. 493-512.

Wachzuständen wiederkehren. Es ist ausgemacht, das Bewußtsein des Menschen kann sich selbst nicht komplett beobachten. All das, und vieles mehr ließe sich nennen, läuft auf Freud zu, auf seine kopernikanische Wende, und über ihn wie über eine Relaisstation laufen Effekte, die die Gesellschaft psychisch reizbar machen.

Beobachtet man den Zeitraum, in dem diese Phänomene sozial relevant werden, so kann man auf die Idee kommen, daß die Entmächtigung des Bewußtseins (bei gleichzeitiger Ermöglichung eines unbewußten Schicksals) bezogen werden können auf die Umstellung des Gesellschaftssystems von der stratifizierten Differenzierung zur funktionalen Differenzierung. Und da wir uns für das Management von Adressabilität interessieren, könnte im Zentrum unserer Überlegungen das Geschick der Unterscheidung von Inklusion/Exklusion im Übergang von der einen zur anderen Gesellschaftstypik stehen.

Grob gesagt gilt, daß der Inklusionsmodus der stratifizierten Ordnung entweder eindeutig identifizierte Adressen auswarf oder auf sehr harte Weise exkludierte.[9]

In jenem uns interessierenden Fall war das Individuum insofern ›beheimatet‹, als seine Schichtzugehörigkeit automatisch alle Orientierungen produzierte, die für die Lebensführung erforderlich waren. Man hatte es (mit Ausnahme des Adels, der überregionale Kommunikationschancen nutzte) mit weitgehend geschlossenen Lebenskontexten zu tun, mit scharf umrissenen ›Habitaten‹, deren Bewohner im wesentlichen gleiche Orientierungen hatten. Die Wahlmöglichkeiten im Blick auf Lebensent-

9 Wir argumentieren hier sehr schematisch, sehr abstrakt im Interesse unserer Hauptargumente. Dies alles müßte mit Fleisch gefüllt werden, das sich aus der einschlägigen sozialhistorischen Forschung im reichen Maße beziehen läßt, aber aus meiner Sicht noch nicht ausreichend bezogen wird. Ich sehe da nach wie vor ein Desiderat. Vgl. im übrigen zum Exklusionsmodus für viele einschlägige Arbeiten die Aufsätze in B.-U. Hergemöller (Hg.), *Randgruppen der spätmittelalterlichen Gesellschaft. Ein Hand- und Studienbuch*, 2., neu bearbeitete Auflage, Warendorf 1994. Man muß es kaum erwähnen, aber es ist klar, daß Foucaults Forschungen sich als Analyse des Exklusionsphänomens als Negativabdruck von Inklusion verstehen lassen. Siehe nur M. Foucault, *Histoire de la folie à l'âge classique*, Paris 1961 (deutsch: *Wahnsinn und Gesellschaft*, Frankfurt am Main 1969.

würfe waren erheblich eingeschränkt, auch dort, wo wie im Adel oder im hohen Klerus weitreichende Kommunikation getrieben und Vitalinteressen befriedigender durchgesetzt werden konnten als in niedrigeren Schichten. Das änderte nichts daran, daß vom Edelmann bis zum Bauern paradigmatische Modelle existierten, die, das ist entscheidend, *idiosynkratische Individualität* ausschlossen oder – wenn sie sich doch einstellte – zur harten Exklusion führten auf Narrenschiffen, in Hungertürmen, auf dem Rad.

Im Inklusionsbereich lagen die Dinge (wie hart, wie tragisch, wie tödlich sie im einzelnen sein mochten) ordentlich. Selbst der Einbruch des Dämonischen war im Umgreifenden einer metaphysischen Ordnung erwartbar, einer Ordnung, die zugleich garantierte, daß die immanente Ungleichheit der Lebenschancen im Jenseits ausgeglichen würde. Das Individuum war, um Lacans beliebte Metapher noch einmal aufzugreifen, eingehängt in ein klar strukturiertes Register, in dem alle seine relevanten Orientierungen dicht beieinander lagen. Es war eine *strukturierte Eins* mit vollständigen Selbstbeobachtungsmöglichkeiten. Ausnahme allein die Beobachtung durch Gott, dessen Beobachtungsergebnisse (dessen Ratschluß) immanent unerforschlich waren, Ausnahme auch die Beobachtung durch den Satan, der die Kunst versteht, die Selbstbeobachtungsmöglichkeiten des Menschen befristet zu inhibieren, so daß er in Sünde fallen kann, als ein (so oft durch das Weib) Verführter freilich, der hätte wachsamer sein sollen, der mehr hätte beten müssen.

Genau das ändert sich mit der funktionalen Differenzierung der Gesellschaft. Die strukturierte Eins mit der Komplettheit ihrer Selbstbeobachtungsmöglichkeiten wird disloziert. Jenes klar strukturierte Register der Orientierungen, so könnte man auch sagen, wird heterotopisch. Die wesentlichen Funktionen, die für die Lebensführung notwendig sind, werden in autonom operierenden Funktionssystemen auseinandergezogen, es gibt Wirtschaft, Recht, Wissenschaft, Erziehung, Religion, Kunst etc., die auf der Basis binärer Codierungen Programme ausführen, die von der Komplettheit betroffener Individuen abstrahieren. Es gibt keinen sozialen Ort der Komplettbetreuung der Person, es sei denn, wie Luhmann es vorschlägt, die Familie und das Arrangement der Intimität. Inklusion wird fragmentarisiert oder partialisiert. Das Individuum bleibt thematisierbar, aber angesichts dieser Situation als etwas der Gesellschaft Externes, als etwas, das keinen kommunikativen Kontext findet, in dem es, um es tautologisch zu sagen, kontextfrei als Einheit behandelt werden könnte.

Die Gesellschaft gewinnt die Form der Polykontexturalität.[10] Das heißt neben allem, was der Begriff sonst noch besagt, sie gewinnt eine Form der Nichteinheit, einer fundamentalen Diversität, in der jede Perspektive auf die Gesellschaft eine bedingte Perspektive ist, der andere ebenso bedingte Perspektiven gegenüberstehen. Es gibt keine *notwendige* Perspektive, keinen legalen Beobachter, der seine Sicht verpflichtend für alle Beobachter machen könnte. Ebendies gilt auch für jeden psychischen (externen) Beobachter, der an gesellschaftliche Kommunikation andocken will. Er rutscht, indem er Kommunikables mitteilt (und gerade nicht seine Individualität, die inkommunikabel bleibt), in diese Polykontexturalität hinein, er wird selbst diversifiziert, dividualisiert, ohne auf Einheitsformeln eines »Das bist du ...!« zu stoßen, die nicht als Ideologie entlarvbar wären. Das läßt sich zuspitzen in die Formel, das moderne Individuum sei das *Dividuum*, oder auch, weniger plakativ: Das moderne Individuum ist nicht monokontextural, es ist polykontextural.[11] Eine weite-

10 Siehe dazu P. Fuchs, *Die Erreichbarkeit der Gesellschaft. Zur Konstruktion und Imagination gesellschaftlicher Einheit*, Frankfurt am Main 1992.

11 Wir müssen das nicht negativ sehen. Schließlich scheint es so, als hätten wir uns in gewisser Weise komfortabel daran gewöhnt. Jedenfalls lassen wir uns mittlerweile sehr überraschen, wenn Einheitszumutungen an uns gerichtet werden, wenn man statt Geld in einem wirtschaftlichen Kontext Liebe von uns verlangt, in Liebeskontexten wissenschaftliche Wahrheiten, in der Wissenschaft religiöse Aussagen, in der Religion wirkliche Armut. Alltäglich stößt man jedenfalls selten auf durchgehaltene Konsistenzansprüche. Der Eindruck läßt sich gar nicht vermeiden, daß derjenige, der dies versucht, in die Rolle des sozialen Sonderlings gerät. Auffällig ist nur, daß die damit befaßten Diskurse sich weiterhin an einem monokontexturalen Kontext orientieren, also das authentische Individuum, den komplett um eine Einheit arrangierten Menschen fordern oder seinen Verlust beklagen. Deshalb wird oft nicht gesehen, daß die Systemtheorie in der Luhmannschen Version das Individuum tatsächlich hochhält, indem sie seine Externalität behauptet. Man müßte eigentlich Luhmannianer sein, wenn es einem um den Menschen geht.

re Pointierung würde heißen: *Das moderne Bewußtsein verfügt über keinen für es legalen Selbstbeobachter, es beobachtet sich immer verschieden.*[12]

Zwar ist es so, daß wir im Blick auf die Inklusions-Exklusions-Modi der stratifizierten Vormoderne einen Befund haben, der sagt, daß die Inklusion in den jeweiligen *strata* abläuft, also kein Individuum einen Komplettzugriff auf Inklusionsmöglichkeiten hat, die in anderen Schichten offenstehen, denen dann wieder andere Inklusionsmöglichkeiten verwehrt sind; die entscheidende Differenz wird aber dadurch markiert, daß in der funktional differenzierten Moderne jeder (und sei es nur dem Prinzip nach) an allen Funktionssystemen partizipieren können muß und genau dadurch ›fragmentarisiert‹ wird – mit nachgerade eherner Notwendigkeit. Insofern ließe sich im Blick auf das Inklusionsmodell stratifizierter Ordnungen von der Erzeugung einer lokal kompletten Adresse sprechen und im Blick auf die funktional differenzierte Ordnung von einer universalen, aber dislozierten Adresse für die Kommunikation, die deshalb multiples Bewußtsein auswirft oder multiple Individuen.

Es ist dieses Problem, das im 19. Jahrhundert spürbar wird und im 20. Jahrhundert die Klage über das verlorene Subjekt auslöst bzw. Strategien zur Wiedergewinnung der lokalen Einheit der Adresse zu erzwingen scheint.

C. Das polykontexturale Bewußtsein, die polykontexturale Adresse

Nehmen wir die Dinge hart, nehmen wir sie ernst. Die moderne Gesellschaft formatiert das mit ihr koevoluierende Bewußtsein polykontextural. Das Modell Freuds ist aus dieser Perspektive der genaue Ausdruck dafür. Freud zermalmt die Idee der Selbstzugänglichkeit des Bewußtseins. Es nimmt nicht wunder, daß seine Entwürfe des psychischen Systems auf Topologien hinauslaufen, deren kuriose Hilflosigkeit er selbst immer wieder bemerkt und diskutiert hat. Er verfügte nicht über die Idee polykontexturaler Weltstrukturen, aber er ahnte (und formulierte

12 Aber es bemerkt das nur hoch indirekt. Vgl. noch einmal die Studie über japanische Kommunikation in Fuchs, *Die Umschrift*, a.a.O.

nahe an diesen Einsichten), daß Polykontexturalität (und mit ihr Heterarchie) graphisch nicht darstellbar sind.[13]

Entscheidend dürfte die Frage sein, warum die moderne Gesellschaft mit dieser Form des Bewußtseins Probleme hat. Abgesehen davon, daß es die Semantik der Individualität schwermacht, auf die durch sie verheißenen Anspruchsmöglichkeiten zu verzichten, könnte man ja nach einem strukturellen Problem fragen und dabei auf die Idee kommen, daß es das Problem der sozialen Ordnung selbst ist, das sich durch polykontexturales Bewußtsein in der Umwelt einer polykontexturalen Gesellschaft auf eine neue und eindringliche Weise stellt. Der Betrieb der Gesellschaft ist, soweit dürfte soziologischer Konsens reichen, auf stabile Erwartungsproduktionen angewiesen, auf durchgehaltene Verbindlichkeit von Entscheidungen und Erwartungen[14], und dieser Betrieb hat, soweit man sieht, Routinen des Umgangs mit Erwartungsenttäuschung entwickelt. Vorausgesetzt ist ein domestiziertes Bewußtsein, das sich weitgehend störungsfrei für die Konstruktion stabiler Adressen gebrauchen läßt oder, was auf dasselbe hinausläuft, nur in erwartbaren Bandbreiten Irritationen produziert. Das Bewußtsein darf nicht ›dämonisch‹ angesetzt, es darf kein Proteus sein, sonst könnte die Gesellschaft nur als *wonderland* existieren.

Alles kommt mithin darauf an, Überraschungsmöglichkeiten abfangen zu können, auf die Blockade idiosynkratischen Verhaltens. Dabei hat die Gesellschaft zurückgegriffen auf das Konzept des Individuums, auf die numerische Eins, die trotz ihrer Einzigartigkeit als eine Adresse ansteuerbar ist, auf die sich Verantwortung für Folgen applizieren läßt. Das bedeutete vor allem, das Individuum als eine Adresse zu behandeln, die über Bewußtsein verfügt, also über die Möglichkeit der Selbstbeobachtung, und über ein Gedächtnis, mit dem seine Verantwortungsfähigkeit weitgehend zeitfrei gestellt ist. Das Individuum hält sich in der Zeit durch, wenigstens soweit es als gültige Adresse angepeilt werden kann. Treten Diskontinuitäten auf (Krankheiten des Bewußtseins, des Gedächtnisses), wird die Vollgültigkeit der Adresse eingeschränkt, aber keineswegs das Prinzip erschüttert,

13 Vgl. Fuchs, *Die Erreichbarkeit der Gesellschaft*, a.a.O.

14 Sie ist natürlich, wie wir seit Durkheim wissen, auch auf die Produktion von Erwartungsabweichungen angewiesen, aber auch die Abweichungen sind erwartbar.

daß die meisten Menschen zugleich zurechnungsfähige Individuen seien.[15]

Das polykontexturale Bewußtsein ist nun genau nicht eine numerische Eins. Ein Beobachter würde formulieren können, daß es eine Einheit habe, aber es wäre die der autopoietischen Reproduktion selbst (so wie die Gesellschaft ihre Einheit einzig in ihrem Reproduktionsmodus hat) und in nichts sonst, vor allem nicht in einer einzigen *repraesentatio identitatis*, in einer maßgeblichen Instanz, die alle Systemereignisse konsistent halten könnte. Das polykontexturale Bewußtsein verfügt nicht über dieses eine zentrale Arrangement, es ist deswegen selbstüberraschungsfähig und ebendeshalb auch: sozial überraschungsfähig. Es kann das für es selbst Unerwartete tun und damit das für andere nicht Erwartbare.

Damit verändert sich die Adressabilität von Bewußtsein für Kommunikation. Noch immer wird Bewußtsein unterstellt, noch immer muß (sonst wäre Sozialität nicht möglich) die Kommunikation sich Zurechnungspunkte für Mitteilungen schaffen, also in diesem Sinne Handelnde identifizieren, aber die Adresse hat nun andere und problematische Merkmale: Sie ist nicht komplett selbstbeobachtungsfähig, sie ist keine zeitfest durchgehaltene Identität, sie changiert, das heißt: Sie wechselt die Verhaltensstandards situativ. Und ihr kann nur unter hohem Aufwand Verantwortlichkeit für die Folgen von Handeln nachgewiesen werden, weil es keinen gleichsam kausalen Ankerpunkt dafür gibt, wenn das Bewußtsein sich selbst nicht transparent ist. Eine Metapher dafür wäre, daß die kommunikative Konstruktion einer Adresse unter modernen gesellschaftlichen Bedingungen die Konstruktion eines Feldes ist, einer Transgression, und eine wei-

15 In unserem Argumentationsduktus ist klar, daß diese Konstruktion von Adressabilität auf die psychischen Befindlichkeiten so konstruierter Adressen durchschlägt. Das heißt, daß ein Bewußtsein, das gelernt hat, sich entsprechend zu beschreiben, mit Entsetzen auf Überraschungen durch es selbst reagieren wird. Nur ein solches Bewußtsein hat es mit Peinlichkeiten zu tun, derenthalben es sich selbst schämt, ohne die Verantwortung auf die kontingenten Peinlichkeitskonstellationen der Gesellschaft zurückzuschieben. Das Bewußtsein, diese numerische Eins, ist scharf selektiv im Blick auf sich selbst, es muß verdrängen, was ja nur bedeutet: etwas nicht denken.

tere Metapher dafür wäre, daß die Konstruktion des Feldes unter die Bedingungen einer Unschärfenrelation gerät: Es läßt sich sozusagen nicht gleichzeitig, es läßt sich nicht komplett beobachten. Die Unterscheidung, die jeweils zur Beobachtung der Adresse benutzt wird, verwischt aktuell die Möglichkeit, zur gleichen Zeit andere Beobachtungsmöglichkeiten mitzuführen.[16]

All das können wir bündeln in der Vorstellung, das mit der funktionalen Differenzierung koevoluierende Bewußtsein sei *vom Typ unterbrochener Selbstreferenz*, die es formatierende Adresse entsprechend problematisch als ein Feld von nicht durchgängig kontrollierbaren Überraschungsmöglichkeiten, also von unsicherer Selbstreferenz, was dann heißt, daß immer unklar ist, ob es gehandelt hat oder nicht, ob es verantwortlich, partiell verantwortlich oder überhaupt nicht verantwortlich ist. Die soziale Ordnung gerät unter den Druck, daß ihre Adressen, ihre Zurechnungspunkte nicht mehr sichere Größen sind, sondern Irritationsquellen, die sich nicht selbst domestizieren können. Die Einheit der Kommunikation wird ihrerseits bedroht dadurch, daß die Selektion der Mitteilung in einen dadurch be-

16 Das ist, ich erinnere daran, im Blick auf Beobachtungslogik ohnehin richtig, aber hier kommt es darauf an, daß diese Effekte (nicht schon die Ursachen) sozial sichtbar werden. Vielleicht wird die Härte des Ausgangspunktes an folgender Überlegung deutlich: Wenn es das polykontexturale Bewußtsein gibt (die soziale Konstruktion einer polykontexturalen Adresse), dann verlieren Religionen ihren Sinn, die auf ›Schuld‹ und ›Erlösung‹ setzen, oder sie müßten ihren Sinn anders formulieren. Der Beobachter ›Gott‹ könnte ja mit der Fähigkeit ausgestattet sein, komplett zu beobachten, was sich selbst nicht komplett beobachten kann; aber die moderne Theodizeefrage müßte lauten, wie er es fertigbringt, daraus Heil oder Verdammnis abzuleiten, wenn das Bewußtsein, über das er urteilt, keine vollständigen (ja allenfalls geringe) Selbstbeobachtungsfähigkeiten hat. Ich sehe noch nicht, daß die moderne Theologie sich in dieser Schärfe mit der Schuld und der Erlösung des polykontexturalen Bewußtseins auseinandergesetzt hat. Es ist aus meiner Sicht bezeichnend, daß dort, wo der in der Form von *preadaptive advances* vorgetragene Angriff der Psychoanalyse aufgenommen wird, Religion sich säkularisiert und ihre Spitzen verliert. Drewermann wäre dafür ein Beispiel: Er bricht die Bizarrerien weg und fasziniert damit eine Klientel, die für kosmische Dramaturgien keinen Sinn mehr hat, damit aber auch kein Problemniveau, auf dem all dies diskutiert werden müßte.

dingten Unsicherheitszustand gerät und mit ihr selbstverständlich auch, was dann als Information, was dann noch als Verstehen gelten kann.[17]

D. Die Problemlösung

Die dividuale oder polykontexturale oder selbstreferenzunterbrochene Konstruktion kommunikativer Adressen führt, um es pointiert zu formulieren, in das hinein, was man die Nichtsolidität der Gesellschaft nennen könnte. Die moderne Gesellschaft ist aus dieser Perspektive zutiefst unsolide. An entsprechenden Diagnosen fehlt es auch nicht. Häufig sind sie kulturkritisch gestimmt, häufig apokalyptisch. Mitunter sind diese Diagnosen auch ohne theoretische Untermauerung schlagend, vor allem dann, wenn sie aus dem Bereich der Literatur kommen. Die Arbeiten, die man bedeutend finden könnte, kreisen um das Problem der Selbstvergewisserung des Subjekts, um das Doppelgängermotiv der Romantik (aber man darf Goethes *Wahlverwandtschaften* nicht vergessen), um die Einzigartigkeitsprobleme Baudelaires und Mallarmés, um Proust, Joyce, Kafka, Musil, um nur die sichersten Kandidaten für subtile Beobachtungen aufzulisten. Ihr Problembewußtsein ist so stark, daß das Thema der vorliegenden Untersuchung auch an diesen Beispielen hätte durchexerziert werden können – mit der einen Schwäche aber, daß diese Autoren, wie berühmt sie auch immer sein mögen, im Blick auf gesellschaftliche Kommunikation kaum strukturell durchgeschlagen haben, jedenfalls dann nicht, wenn man ihre Effekte mit denen der Psychoanalyse vergleicht. Es gibt kaum noch Kommunikation (auch nicht in den alleralltäglichsten Zusammenhängen), die nicht jederzeit die Referenz auf die unterbrochene Selbstreferenz der beteiligten Subjekte nehmen könnte, auf die

17 Darauf bezogen, entwickeln sich kommunikative Displacements, die ich in Fuchs, *Moderne Kommunikation*, a.a.O., zu identifizieren versucht habe. Die Chancen der Kommunikation werden in der Stärkung oder Schwächung einzelner ihrer Selektionen gesucht. Das romantische (artistische) Displacement setzt auf die Mitteilung, das aufklärerische Displacement auf Information unter Minimierung der Mitteilung, das nebulose (psychologische) auf eine besondere Art des Verstehens.

ihnen selbst nicht zugänglichen Zonen der Motivbildung, auf die Unmöglichkeit ihrer kompletten Selbstbeobachtung.

Zunächst ist das Modell der Psychoanalyse das einzige, das problemgenau auf die Polykontexturalität der kommunikativen Adressen paßt. Es formuliert offen die Selbstunzugänglichkeit des Bewußtseins, es hebelt die Selbstreferenz im Konzept des Menschen aus. Aber es bleibt nicht bei der Diagnose, bei einer philosophischen Aussage, die die Passungen des Befunds mit der alteuropäischen Tradition vergleicht und dann das Menschenbild neu formuliert, an dem weitere Anschlüsse bis auf weiteres sich zu orientieren haben. Die Diagnose ist von allem Anfang an mit der Möglichkeit und der Notwendigkeit von Therapie, also von Heilung, durchsetzt, mit der Verheißung der Domestizierbarkeit psychischer Idiosynkrasien. In unserer Sprache würde zu formulieren sein: Das psychoanalytische Modell geht mit der Verheißung der Re-Inklusion, mit der Verheißung der Restitution von sicherer, erwartbarer Adressabilität einher. Verluste an Individualität sind einkalkuliert, insofern diese Restitution ein im Sinne Freuds ermäßigtes Leben erzeugt.

Die kommunikative Adresse, die mit ihrer ›Feldförmigkeit‹ zu tun bekommt, die für sich und für andere Irritationen produziert, durch die sie sich aufzulösen beginnt, kann also restauriert werden. Die Restauration beginnt dabei damit, die drohende Exklusion durch eine Spezialinklusion zu ersetzen, durch die Spezialinklusion des psychoanalytischen Settings oder vergleichbarer Arrangements. Alle Konzepte von Übertragung und Gegen-(gegen-)Übertragung verweisen darauf, daß diese Arrangements auf der Ebene zwischenmenschlicher Interpenetration liegen, also im Bereich der Intimität. Die berühmte Grundregel ist nichts anderes als die Installation einer Möglichkeit, für jemanden (für den Therapeuten) Komplettadresse zu sein, in allen Hinsichten relevant. Nirgends sonst (nicht einmal in der Familie, würde ich hinzufügen, es sei denn, man bezieht sich auf das System des Anfangs) muß die Individualität des Bewußtseins ganz kommuniziert werden – ohne Rücksicht auf irgendwelche Peinlichkeiten –, und nirgends sonst ist das Ziel der Kommunikation, die Adresse zur Einheit zu bringen mit allem, was das dahinterliegende, durch die Adresse angesteuerte Bewußtsein denken mag oder erlebt haben kann.[18] Daß das Arrangement der

18 Daß dies schwierig ist und scheitern kann (muß), rechtfertigt die

Therapie als solches befriedigt, dafür steht das Indiz geringer Heilerfolge. Daß therapeutische Settings diesen selbstsatifikatorischen Charakter haben, ist für uns ein Indiz dafür, daß es um die Konstruktion eines Ortes geht, an dem das moderne Individuum in toto berücksichtigt wird oder sich als berücksichtigenswert erfahren kann.

Aber jenseits solcher Verfahren zur Spezialinklusion (aber mit dem, was sozial im Blick darauf kolportiert wird) führt das psychoanalytische Modell in die Gesellschaft die Möglichkeit ein, Irritationen durch sich idiosynkratisch gebärdende Adressen auszusortieren. Die Adresse kann immer noch ›lokalisiert‹ werden, wenn idiosynkratisches Verhalten Begründungen erfährt, die gleichsam in die unzugängliche Tiefe des Bewußtseins hineinrechnen und unterstellen, daß das beobachtete Bewußtsein diese Operation selbst nicht vollziehen kann. Niemand kann sicher sein, daß sein Verhalten, insofern es von anderen beobachtet wird, nicht diesem Beobachtungsprozeß unterliegt, daß als dessen Ursachen Prozesse angenommen werden, die er selbst nicht erreichen kann. Damit verknüpft ist die Drohung, daß solche Beobachtungen zum Ergebnis kommen können, die Adresse, um die es geht, laufe aus dem Ruder, sie müsse den psychotherapeutischen Instanzen der Gesellschaft übergeben werden, damit sie wieder normale Konturen (normale Ansteuerbarkeit) erreiche. Diese, sagen wir einmal, psychotherapeutische Drohung, diese neuartige Sanktionsmöglichkeit für Erwartungsabweichungen, führt zu einer Selbstdomestikation des dividualen Bewußtseins. Es muß Verhalten vermeiden, durch das die Feldförmigkeit seiner Adresse sichtbar werden könnte.

Zugleich reichert das Modell das Bewußtsein mit Ideen an, durch die es seine Einzigartigkeit denken und aufrechterhalten kann. Es kann sich zwar verfehlen, aber das Verfehlte (seine tiefe, seine wahre Identität) ist deshalb nicht schon geborsten. Die Adresse ist untergrundaktiv konzipiert, sie vibriert, ihre Virtualität kann mitgedacht, kann problematisiert, kann in unabschließbaren Kommunikationen thematisiert werden, ohne daß die soziale Funktion der Adresse gesprengt wird. Das psychoanalytische Modell läßt Raum für eine Ich-Stelle, die verantwortungsfähig ist, der Mitteilungshandeln zugerechnet werden kann,

langwierige Ausbildung für Spezialinklusionsexperten, ihre Alleinzuständigkeit.

und es läßt zugleich Raum für das Eintreten idiosynkratischen Verhaltens; sonst könnte sie nicht als Instanz der Heilung auftreten, der Zurechtrückung eines aus den Fugen geratenen Bewußtseins. Folgerichtig verwickelt sie sich in Paradoxien, wenn sie sich selbst (wie so oft bei Lacan) die Heilungskompetenz bestreitet, an der Endlosigkeit der psychoanalytischen Kommunikation festhält und damit zur *talking cure* wird, zu einem *chimney sweeping* ohne das Ziel der Katharsis.

Im Ergebnis gelingt es mit diesem Modell (und dann der Unzahl seiner Filiationen), die Nichtsolidität dividualer Adressen in der modernen Gesellschaft aufzuheben *und* beizubehalten. Ausgehend von den Motiven Freuds, durchsetzt sich diese Gesellschaft mit psychischer Reizbarkeit, mit Psychologie und alltäglich kursierenden Psychologemen. Sie stattet sich aus mit einem neuartigen Modell von Adressabilität, das psychische Turbulenzen nicht mit einem Exorzismus überziehen, aber auch nicht auf die Intentionen von an Kommunikation beteiligtem Bewußtsein zurechnen muß. Die Störungen kommen aus der nahezu unkontrollierbaren Tiefe des Unbewußten, aber genau darauf bezogen, gibt es ein erklärendes respektive Heilung in Aussicht stellendes Expertenwissen, das in alle Alltagszusammenhänge diffundiert. Das polykontexturale Bewußtsein, das durch die Struktur der modernen Gesellschaft gleichsam ausgefällt wird, bleibt in geordneter Weise ansteuerbar. In etwas sonderbarer Weise formuliert: Das individuelle Bewußtsein kann in einer antihegelianischen Gesellschaft hegelianisch bleiben, und noch sonderbarer formuliert im Kontext der Systemtheorie: Es bleibt einzigartig und allgemein, singulär und nichtsingulär, kontrollierbare Adresse und unberechenbarer Hintergrund zugleich auf Kosten eines grandiosen Verblendungszusammenhanges, dessen Projektor seit Freud zur Verfügung steht.

Er ist weit entfernt davon, seine Arbeit einzustellen. Allen Unkenrufen zum Trotz hat er vielleicht gerade erst richtig damit angefangen.

Nachwort

Man kann ornamental strukturierte Überlegungen schlecht zusammenfassen. Sie schlingen sich so hin und her, selbstähnlich in gewisser Weise, und sie lassen sich deswegen nicht auf die Formulierung eines Gewinnes, eines wissenschaftlichen Ertrages hintrimmen. Man könnte vielleicht sagen, daß die vorangegangene Arbeit den Status eines Experiments hat, in dem zwei sich universalistisch gerierende Theorien gezwungen werden, Kontakt aufzunehmen, dies ohne die Absicht, die eine durch die andere aufsaugen zu lassen, aber auch nicht so, daß die Perspektive, aus der dieser Kontakt sich gestaltet, verdeckt bleibt. Es ist ohne Frage die Systemtheorie, die mit ihrer Beobachtungsdifferentialität den Kontakt ausarbeitet, aber dieser Vorteil wird auf satte Weise ausgeglichen dadurch, daß sie es damit ist, die sich der Gefahr aussetzt, als zu schwach beobachtet zu werden. Sie könnte als arrogant entlarvt werden, wenn sie das Problemniveau nicht trifft, das durch die psychoanalytische Theorie (jedenfalls im Blick auf ihre Meister) etabliert wurde. Das Verfehlen dieses Niveaus wäre aber nicht so tragisch (und im Zweifelsfall dem Autor zuzurechnen), wenn gezeigt werden konnte, daß es jedenfalls darum gehen könnte, dieses Niveau nicht zu verfehlen, und daß die Systemtheorie interessante Mittel dafür anzubieten wüßte.

Der Kontakt selbst läuft nicht auf einen Theorievergleich hinaus, eher, um in der Metapher zu bleiben, auf den Versuch, Funken zu schlagen, eine befristete Lichtbrücke zu installieren, kurzum: die Dinge weiterzutreiben. Die Stoßrichtung ergibt sich aus der Vorstellung, daß auch die Beobachtung des Bewußtseins durch die dafür eingesetzten Bewußtseinsexperten auf Kommunikationsprozesse umgeschrieben werden könne. Es geht also um die weitere Radikalisierung des Projekts der Umschrift psychisch gedeuteter Prozesse auf Sozialität. Das Mittel dazu war die Konstruktion des Problems der Selbstbeobachtung des Bewußtseins, das immer, wenn es sich beobachtet, soziale Unterscheidungen einsetzt, und immer dann, wenn es dies nicht tut, sich nicht sieht. Mit Lacan (leicht modifiziert) könnte man sagen, daß es verzweifelt das Begehren unterhält, etwas nicht Benennbares unbenannt (unbezeichnet) zu halten.[1] Die Idee war, daß bestimmte Strukturveränderungen der Gesellschaft plötzlich dazu nötigten, aufmerksam zu werden auf die Selbstbeobachtungsmöglichkeiten des Bewußtseins. Dabei fielen zugleich die Nichtselbstbeobachtungsmöglichkeiten des Bewußtseins auf, eben das Problem, daß es sich nicht selbst findet, wenn es sich sucht. Die gesellschaftlich folgenreiche und ebendarauf beziehbare Erfindung war die Psychoanalyse, die das Bewußtsein konzipieren konnte als Teil eines umfassenderen psychischen Systems, das in seiner Selbstreferenz unterbrochen ist, also nicht in Gänze, ja nur zum minimalen Teil selbstbeobachtungsfähig ist. Das paßte haarscharf auf die Konstruktion polykontexturaler Adressabilität, auf das Konzept feldförmiger Nichtidentitäten, die für die Kommunikation gleichwohl als Identitäten, als Zurechnungspunkte auftreten müssen.

Dadurch, daß man die soziale Funktion eines Phänomens erkennt, wird aber das Problem, mit dessen Hilfe man die Funktion beschreibt, noch nicht gelöst. Es gibt ehrgeizigere Ziele, zum Beispiel die Beantwortung der Frage, die im Problem der *méconnaissance* des Bewußtseins gestellt ist. Kann man die psychoanalytische Lösung (die Erfindung/Entdeckung des Unbewußten) systemtheoretisch einholen, oder besser: Kann die Systemtheorie selbst eine Antwort liefern auf die Frage, auf die Freud mit dem Unbewußten geantwortet hat?

Die Antwort ist mehrfach geschichtet: Das Bewußtsein ist das Unbewußte, insofern es operierende Autopoiesis ist. Keine Macht der Welt erreicht das Bewußtsein, das operiert. Dann: Das operierende Bewußtsein formiert sich durch sozial induzierte Unterscheidungen, und: Über die Prozesse dieser Formatierung läßt sich etwas ausmachen. Das, was sich ausmachen läßt, bestätigt das Problembewußtsein Freuds, dann Lacans. Die Differenz liegt in begrifflichen Beobachtungsmöglichkeit, die diesen Personen nicht verfügbar waren. Zentral ist, daß der Grundbegriff des Begehrens sich als etwas erwies, das soziologisch reformulierbar ist: als Notwendigkeit der Inklusion, als die Lebenswichtigkeit der Erzeugung von Adressabilität. Und die Kommunikation,

1 Das ist vielleicht das »Begehren nach nichts Benennbarem«. Vgl. J. Lacan, *Das Ich in der Theorie Freuds und in der Technik der Psychoanalyse. Das Seminar*, Buch II, Weinheim/Berlin 1991 (2. Auflage), S. 284.

ihre Synthesis, erzwingt diese Lebensbedeutsamkeit. Endlich: Die Systemtheorie stößt, indem sie diese Dinge in ihrem Herzen bewegt, auf das Konzept der polykontexturalen Adresse und, durchgreifend, auf das polykontexturale (dividuale) Bewußtsein, das keine andere interne Einheit hat als seinen Operationsmodus selbst, keine bevorzugbare Identitätsstelle.

Hier spätestens wird es ernst, hier wird die kopernikanische Wende Freuds, die Aushebelung des Bewußtseins als Zentralinstanz des Psychischen, erst vollzogen. Die Systemtheorie nimmt nicht an, daß es andere psychische Instanzen als das Bewußtsein gebe, aber dieser Monismus gipfelt in der Idee der Selbstunzugänglichkeit ebendieses Bewußtseins. Es gibt nicht in dieser Argumentation das Bewußtsein und das andere Psychische, es gibt nur das Bewußtsein, aber das ist unter Einheitsgesichtspunkten nicht beobachtbar. Es ist polykontextural. Die Theorie gestattet den Verzicht auf die Hypostasierungen nichtbewußter psychischer Instanzen. Sie ist in dieser Hinsicht eine schlanke Theorie, die nur die Differenz von Bewußtsein und Kommunikation benötigt, um die Unbeobachtbarkeit des Bewußtseins festzuschreiben. Alles andere, die Nachträglichkeit, die Nichtoriginalität, die Nichtauthentizität des Bewußtseins ergibt sich dann wie von selbst.

Was fängt man damit an? Ich weiß nicht. Ich sehe nur, daß es zwei Wege gibt, einen schwachen und einen starken Weg. Der schwache Weg nimmt das polykontexturale Bewußtsein metaphorisch, ohne zu bestreiten, daß es polykontexturale Kommunikationsadressen gibt. Anders gesagt: Er hält fest an der Einheit des Bewußtseins, an seiner Identität, am Ich, am Subjekt, und nimmt nur an, daß diese opaken Einheitsbeschreibungen unter Druck geraten sind. Man müßte sie dann retten, damit ihre alteuropäische Form erhalten bleibt. Der starke Weg verzichtet auf die Idee der Einheit des Bewußtseins, er formuliert ontosemantisch: Das Bewußtsein ist polykontextural und selbstblind. Und es ist dies, weil die moderne Gesellschaft polykontextural und selbstblind ist.

Das aber hätte unabsehbare epistemologische Folgen. Schlimmer noch: Diese Einsicht, gesellschaftlich kommuniziert oder gar akzeptiert, würde das, was dann noch an Kommunikation möglich ist, dramatisch verändern. Alle kommunikativen Zurechnungsroutinen und -strategien würden erodiert. Das Bewußtsein müßte seine Sozialität entdecken, die absolute Dominanz der Verlautbarungswelt. Das entscheidende ›Wesen‹ wäre die Gesellschaft, die jedes einzelne Bewußtsein gleichsam so durchflutet, daß es sich selbst nicht anders als mit den so angelieferten sozialen Unterscheidungen entdecken kann. Statt ›Wesen‹ würde man sagen können: Subjekt. Das entscheidende Subjekt, das allem Untergelegte, wäre nicht das Bewußtsein, sondern die Verlautbarungswelt. Und – horribile dictu – : Die Wissenschaft der Wissenschaften wäre die Soziologie, die Lehre von den sozialen Unterscheidungen.

Wenigstens diese letzte Konsequenz wird niemand wirklich wollen, aber der Punkt ist, es kommt auch nicht auf ein Wollen an. Die Evolution hat die Gesellschaft polykontextural gemacht und entsprechendes Bewußtsein in der Form polykontexturaler Adressen bereitgestellt. Möglicherweise hält die Gesellschaft dem Druck nicht stand und gruppiert sich neu; möglicherweise stellt sie die Differenzierungstypik um auf eine Form, die wir nicht kennen, aber die das Problem der Polykontexturalität vermeidet, damit auch das Problem entsprechender Adressen und entsprechenden Bewußtseins. Wir haben oben angedeutet, daß der soziale Funktionsbezug der Psychoanalyse im weitesten Sinne das Problem der Bedingung der Möglichkeit sozialer Ordnung betrifft, und die Frage wäre dann: Ist soziale Ordnung unter polykontexturalen Voraussetzungen möglich, oder ist sie vielleicht gerade noch möglich, oder ist sie schon nicht mehr möglich?

Vielleicht sind das gar keine gescheiten, sondern müßige, bizarre Fragen eines idiosynkratischen Bewußtseins. Aber wenn es gefragt würde, wie es zu seinen Fragen, zu seinen kuriosen Unterscheidungen gekommen ist, müßte es jetzt antworten: Es ist ihm gesagt worden. Und wenigstens diese Antwort müßte verstehbarer geworden sein.